読解力３年 目次

テスト 1　標準レベル

一、物語文（1）

時間 10分　合格点 80点　　点

1 次の文章を読んで、後の問いに答えなさい。

> かがみにうつっていたのは、なつかしいジェンナのこきょうの風けいでした。
> その中には、ジェンナの年とった両親のすがたもありました。ジェンナは思わず、
> 「お父さん、お母さん。」
> と、聞こえるはずもないのに、かがみに向かってさけんでいました。
> 「鳥の［★］つばさがあったら、今すぐとんでいけるのに。」
> ジェンナは強く思いました。しかし、こきょうはあまりにも遠く、ジェンナには、帰るための時間がありませんでした。

（1）かがみには、何がうつっていましたか。【一つ10点…20点】

（　　・　　）の風けい。

（　　・　　）のすがた。

（2）［★］に入る言葉に○をつけなさい。【15点】

（　）白い　　（　）ように

（　）ために　（　）かわりに

（3）——線は、どこに帰るための時間ですか。【15点】

（　　　）の（　　　）

2 次の文章を読んで、後の問いに答えなさい。

> 「もうすぐ、夕食のしたくが整います。どうか食べていってくださいな。」
> 女主人はそう言って、旅人にほほえみました。旅人は、㋐見ず知らずの人に、そこまで世話になれないと思い、
> 「いや、おなかはすいていないので。」
> とことわりました。ところが、言い終わったとたん、旅人のおなかがぐうと鳴ったのです。旅人は［★］のあまり、顔が赤くなりました。女主人は㋑やさしさから、何も気づかないふりをして、こう言いました。
> 「ぜひ、少しでも食べてください。」

（1）——線㋐の意味に○をつけなさい。【15点】

（　）少しは知っている。

（　）まったく知らない。

（　）むかしは知っていた。

（2）［★］に入る言葉に○をつけなさい。【15点】

（　）むずかしさ　（　）さみしさ

（　）はずかしさ　（　）うれしさ

（3）——線㋑の「やさしさ」が表れている女主人の様子を、九文字でぬき出しなさい。【20点】

テスト2 標準レベル

一、物語文 (1)

● 次の文章を読んで、後の問いに答えなさい。

花子が売られると聞いて、みつえは大急ぎで学校から帰ってきました。花子は、生まれたての子牛のころから、みつえが大切に育てた牛でした。このごろやっと、ちちが出せるようになったばかりなのです。みつえが、牛小屋の入り口にたどり着いたとき、ちょうど父親が花子につなをつけて、つれ出すところでした。みつえは、

「どこに行くの。花子は売らないって言ったのに、とうちゃんの［★］。」

と言うと、口を真一文字にきつくむすび、小さな手をできるだけ広げて、㋐とうせんぼしたのです。そんなみつえに対して、父親は下を向いたまま、目を合わせようとしませんでした。そして、㋑ぼそぼそと聞き取りにくい声で、

「花子を売って、かりた金を返すんだ。しょうがないんだ。わかってくれ。」

と言いました。

そんな父親は、みつえより、ずっと悲しそうに見えました。

（1）みつえはなぜ、大急ぎで帰ってきたのですか。【20点】

（　　　）が（　　　）から。

（2）「花子」とは、何ですか。くわしく書きなさい。【20点】

（　　　）と（　　　）

（3）［★］に入るもっともよい言葉に○をつけなさい。【15点】

（　）なきむし
（　）よわむし
（　）うそつき
（　）こわがり

（4）――線㋐で、何をとうせんぼしたのですか。【15点】

［　　］に［　　］をつけて、［　　］からつれ出す［　　］をとうせんぼした。

（5）父親は、どうして花子を売るのですか。【15点】

（　　　）を（　　　）ため。

（6）――線㋑の意味で、よいものに○をつけなさい。【15点】

（　）歩きながら話す様子。
（　）相手に遠りょして話す様子。
（　）ひくく小さな声で話す様子。

時間 10分　合格点 80点　　点

テスト3

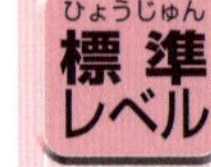

一、物語文（1）

時間 10分　合格点 80点　点

● 次の文章を読んで、後の問いに答えなさい。

　空のかたすみに、ぽつんと小さな黒いかげがあらわれました。それは、しだいに大きく広がって、やがてかがやく星を飲みこんでいきました。[あ]、地上の人びとは、㋐空に起きている出来事に、気づきもしません。のん気にいつも通りの生活を、送っていました。[い]、黒いかげの広がりはとどまるところを知らず、とうとう空の半分近くから光という光をうばっていったのです。そうなると、いくらのん気な人間でも、[★]の様子がすっかりかわってしまったことに、㋑気づかないわけはありません。

「たいへんだ。星がないぞ。どうなっているのだ、オリオンもすばるもないなんて。」

「ああ、おそろしい。この世の終わりだ。神様がわれわれにばつをあたえたのだ。」

ある者はわめきちらし、ある者は神にいのり、そしてのこりの者はどうしていいかわからずにただうろうろと歩き回るだけでした。そんな人びとのおどろきとは㋒うらはらに、いつの間にか黒いかげは、広がることをやめていました。

（1）[あ]と[い]には、同じはたらきをする言葉が入ります。入らないものを一つえらんで、×をつけなさい。【10点】

（　）けれども　（　）しかし

（　）ところが　（　）すると

（2）――線㋐の「空に起きている出来事」とは、どんなことですか。【一つ5点…30点】

[　]の[　　　]にあらわれた

[　　]な[　]い[　　]が広がって、

[　]を飲みこんで

いったこと。

（3）[★]に入る言葉を次から一つえらんで、（　）でかこみなさい。【10点】

［　かげ　・　空　・　光　］

（4）――線㋑の「気づかないわけはありません」とは、どういう意味ですか。よいほうに○をつけなさい。【10点】

（　）気づいた。

（　）気づかなかった。

（5）おどろいた人びとは、どんなことをしましたか。三つ書きなさい。【一つ10点…30点】

・[　　　　　　]た。

・[　]に[　　　]た。

・[　　　　]と[　　　]った。

（6）――線㋒の「うらはらに」と同じ意味の言葉を、（　）でかこみなさい。【10点】

［　同じに　・　かん係なく　・　あべこべに　］

テスト4

ハイレベ（ハイレベル）

一、物語文（1）

時間 10分　合格点 70点　　点

● 次の文章を読んで、後の問いに答えなさい。

アンジーは、一つ一つの言葉に心をこめて歌いました。それは、昔アンジーのおばあさんが教えてくれたことでした。おばあさんはアンジーに、

「歌は口先だけで歌ってはだめよ。心のこもってない歌は、だれも聞いてくれないからね。どんなときでもどんな歌でも、心をつくして歌いなさい。」

と、くり返し言いました。アンジーは、㋐その教えをわすれていなかったのです。

そんなアンジーの歌声は、聞いていた町の人びとの心を大きく動かしました。気むずかしいフレッドじいさんがえ顔になり、なかの悪かったパン屋の兄弟までなか直りしたくらいです。そして、多くの人は感げきのあまり身動きできず、㋑はく手をすることさえわすれていました。そのため、アンジーが歌い終わると会場は㋒しずまりかえったのです。アンジーはこれをかんちがいして、

「わたしの歌がひどかったから、みんなをがっかりさせたのね。」

と悲しくなりましたが、それもいっしゅんでした。すぐに、アンジーはわれんばかりのはく手とかん声につつまれました。

（1）――線㋐は、だれの教えですか。【20点】

（　　　　）の（　　　　）

（2）――線㋐にあるよい歌い方と、悪い歌い方を書きなさい。【一つ20点…40点】

よい歌い方

どんな□でもどんな□でも、□を□て歌う歌い方。

悪い歌い方

□だけで歌う、□の□てない歌い方。

（3）――線㋑は、どうしてですか。よいものを一つえらび、○をつけなさい。【20点】

（　）気むずかしいフレッドじいさんが、え顔になったため。

（　）なかの悪かったパン屋の兄弟が、なか直りしたため。

（　）多くの人が感げきのあまり身動きできなかったため。

（4）――線㋒と反対の様子を表す二十二文字の部分をさがし、はじめの六文字を書きなさい。【20点】

□□□□□□

テスト5

ハイレベ（ハイレベル）

一、物語文（1）

時間 10分　合格点 70点　　点

● 次の文章を読んで、後の問いに答えなさい。

それまでだまって話を聞いていたさむらいが、はじめて口を開きました。

「では、わたしがそのつづみを打ってみせましょう。そして、見事に音が出たら、そのときは㋐やくそく通り小ばん百両をはらっていただくということでよろしいですね。」

そう言うと、さむらいはすべるようななめらかな動きで、㋑問題のつづみに近づき、手に取り、かたにかつぎ、せすじをのばして打ち出したのです。［あ］、今までだれが打っても鳴らなかったつづみが、ポンポンと耳に心地よい音をひびかせ始めました。これには、その場にいただれもが目を丸くしておどろきました。

「あの鳴らずのつづみの音が聞けるとは、ゆめを見ているようだ。しんじられない。」

人びとのおどろきをよそに、さむらいはしばらくの間、㋒すずしい顔でつづみを打ち鳴らしました。［い］、さむらいが打つのをやめたとき、その手には、つづみの代わりに一ぴきの夕ヌキがにぎられていました。［う］、さむらいは、顔色を少しもかえずに、

「これが㋓ふしぎの正体です。十分にこらしめたので、もう悪さはしないでしょう。」

と言いました。こうして、つづみの持ち主だったご服屋の主人は、目の前から家のたからが消えうせた上に、小ばんを百両もはらうことになったのです。［え］、とてもがっかりして、元気をなくしてしまいました。

（1）――線㋐の「やくそく」は、だれとだれのやくそくですか。【20点】

（　　　　）と（　　　　）

（2）――線㋑の「問題の」を、ほかの言葉で言いかえたところがあります。四文字でぬき出しなさい。【20点】

□□□□

（3）［あ］～［え］に入る言葉をえらんで、（　）に記号を書きなさい。【20点】

（　）そして　（　）すると

（　）そのため　（　）それでも

（4）――線㋒の「すずしい顔で」は、どういう意味で使われていますか。よいものに○をつけなさい。【20点】

（　）何もかん係ないような顔で

（　）今にもなき出しそうな顔で

（　）つらいことを、がまんしているような顔で

（5）――線㋓の「ふしぎの正体」は、何でしたか。【20点】

□□□に化けて□□をしていた□□□。

テスト6

ハイレベ（ハイレベル）

一、物語文（1）

時間 10分　合格点 70点　　点

● 次の文章を読んで、後の問いに答えなさい。

春になって、わたり鳥たちが次つぎと北の国に旅立っていくのを見て、王子はとても悲しい気分になりました。そこで、まわりの者が止めるのも聞かずに、王子は池に向かったのです。人のせたけよりも高いあしの原をかき分けて見晴らしのよい岸べに出ると、水面にぽつんと一羽だけ、㋐白鳥がのこっていました。それを見た王子は、

「シルヴィアータ。何てことだ、帰らなかったのか。」

と、白鳥によびかけました。すると、王子の声が聞こえたのか、白鳥は一声高く鳴くと、すいすい泳いで王子のそばにやってきました。そして、長い首を王子の足にこすりつけて、よろこびをあらわしました。王子もとてもうれしそうでした。でも、㋑同時に、

「ああ、ぼくも会えてうれしいよ。でも、この国の★はとても暑くて、君にはすごせそうもない。今はそれが気がかりだ。」

と言って、ここにとどまった白鳥の身を心配したのです。そして、白鳥と人間がいっしょにいることはむずかしいと、つくづく思いました。そのため、王子は深いため息とともに、言いました。

「シルヴィアータ。君にかけられたまほうは、どうやったら☆のだろう。」

（1）――線㋐の「白鳥」の名前を書きなさい。【15点】

（2）白鳥はどこにのこっていましたか。【15点】

（3）――線㋑の「同時に」は、何と何が同時なのですか。よいものに○をつけなさい。【20点】

（　）王子の「悲しみ」と「気がかり」

（　）王子の「うれしさ」と「心配」

（　）王子の「悲しみ」と「うれしさ」

（4）★に入るきせつを漢字で書きなさい。【15点】

（5）なぜ、王子はため息をついたのですか。【一つ5点…20点】

□と□が□ことは□と、つくづく思ったから。

（6）☆に入る三文字の言葉を考えて、ひらがなで書きなさい。【15点】

テスト7

一、物語文 (1)

時間 20分
合格点 60点
点

次の文章を読んで、後の問いに答えなさい。

　列車の四角いまどからは、線路のそばの電柱が次から次に後ろへとび去っていくのが見えました。のぶおは、そんな㋐けしきを、まどにへばりついて楽しんでいました。

「ママ、田んぼが見えるよ。トラックが小さいねえ。ああ、山だ、トンネルだ。」

のぶおは、とっ急列車に乗って旅をするのがはじめてでした。だから、[あ]とかわるけしきにすっかりむちゅうになって、はしゃいでいたのです。すると、

「ぼうやは、いくつ。お母さんと二人で旅行なんて、いいわねえ。」

と、二人がけのざせきの向かいにすわっていたおばさんから、声をかけられました。のぶおは知らない人から声をかけられてびっくりしました。何も答えられず、もじもじしてなき出しそうになりました。だから、そんなのぶおに代わって、

「五才ですけど、㋑人見知りで、どうもすみません。うるさかったでしょうか。」

と、のぶおの母が答えました。それを聞いたおばさんは大わらいすると、

「[い]、わたしのところにも、同じ年くらいのまごがいるから、かわいらしくてねえ。つい声をかけてしまって、悪かったね。おわびに、みかんをあげましょう。」

と言って、おいしそうなだいだい色のみかんを二つさし出したのです。のぶおの母はみかんを受け取ると、もうしわけなさそうに[★]を軽く下げました。そして、

「ありがとうございます。ほら、のぶおもお礼を言いなさい。」

と言いました。それから、のぶおの手に、もらったみかんを二つとものせてあげました。のぶおは大すきなみかんを二つもらって、なき顔から急にえ顔になりました。

「おばさん、ありがとう。」

と、大きな声でお礼も言いました。そんなのぶおの子どもらしいすなおな様子に、おばさんはふたたび大わらいし、のぶおの母ははずかしそうに[☆]をしたのでした。

　それから[う]の間、のぶおは外を見ず、みかんを食べることにねっ中していました。みかんを食べているのぶおは、とてもしあわせそうでした。しかし、それを見守る母は、何だか少しさびしそうでした。みかんをあげたおばさんは、そんな母親の様子が㋒気になったので、おせっかいだと自分で思いながらも、

「わたしは次の駅でおりるけど、おくさんはどこまで行くつもりなの。この先には、温せんもないし、子どもがよろこぶ㋓遊園地もないけどねえ。」

と聞きました。のぶおの母は、おばさんの親切な気づかいがうれしくて、

「[※]じゃないんです。わたしのいなかがこの列車の終点で、この子のおじいちゃんがいるので、実はこの子をあずけに行くのです。」

と、むねの内にしまっておいた自分の思いを話したのです。そして、のぶおの母は話し終わると、しくしくとなき出してしまいました。

(1) ——線㋐の「けしき」について、書かれている部分をさがし、はじめと終わりの四文字をぬき出しなさい。【10点】

□□□□ 〜 □□□□けしき

(2) のぶおにとって、はじめてのことは何ですか。【10点】

(3) ——線㋑の「人見知り」の意味として、よいものに○をつけなさい。【10点】

( ) 知っている人にしか、え顔を見せないこと。

( ) 知らない人には、なつかないこと。

( ) 人に見つかると、すぐになきそうになること。

(4) ★に入る言葉を漢字一文字で書きなさい。【10点】

(5) ☆に入る言葉を一つえらんで、○をつけなさい。【10点】

( ) おわび ( ) 苦わらい

( ) せのび ( ) はなし

(6) ——線㋒は、何が気になったのですか。【10点】

□□□□そうにみかんを食べる□□□□を□□る母の□□□□そうな様子。

(7) ——線㋓の「気づかい」の意味に○をつけなさい。【10点】

( ) ていねいにあいさつすること。

( ) やさしくはげますこと。

( ) いろいろと心配すること。

(8) 母親がなき出したのは、なぜですか。【10点】

のぶおを□□□□□□に□□□に行くという、□□□の□に□□□□□おいた□□□を□□□から。

(9) あ〜うにあてはまる言葉をえらんで( )に記号を書きなさい。【10点】

( ) いやいや ( ) どうして

( ) しばらく ( ) はいはい

( ) みじかい ( ) つぎつぎ

(10) ※に入る二文字の言葉を、文中からぬき出しなさい。【10点】

□□

テスト8 標準レベル

二、伝記文 (1)

時間 10分
合格点 80点
点

1 次の文章を読んで、後の問いに答えなさい。

ヴィンセント・ヴァン・ゴッホは、一八五三年にオランダで生まれた画家です。絵の具がもり上がるくらいの力強い筆使いと、あざやかな色合いがとくちょうの絵をかきました。中でも、ひまわりをテーマにした作品は有名です。

[★]、かいた絵が広く知られるようになったのは、ゴッホが死んでからのことでした。生きている間は、画商である弟のテオの助けで絵をかきつづけました。一八九〇年、ゴッホはフランスでなくなりました。

(1) ゴッホの絵のとくちょうを二つ書きなさい。【一つ10点…20点】

(　　　　)
(　　　　)

(2) [★]に入る言葉に○をつけなさい。【10点】

(　) それから　(　) しかし
(　) ところで　(　) たとえば

(3) ゴッホは、どこでなくなりましたか。【10点】

(　　　　)

2 次の文章を読んで、後の問いに答えなさい。

がん真は、今から千三百年ほど前の中国のえらいおぼうさんです。日本のぶっ教をよくするために、まねかれて海をわたり、七五三年に[ア]に来ました。しかし、その旅には多くのこんなんがあり、あらしにあうなどして、五回も失ぱいしたのです。六度目に、やっと[イ]に着きましたが、その時には旅の苦ろうから、目が見えなくなっていました。

そんながん真は、当時の[ウ]の進んだ文化を[エ]につたえ、[オ]の発てんをささえました。

(1) がん真はなぜ、日本に来たのですか。【一つ10点…30点】

[　　]の[　　]を[　　　]ため、まねかれたから。

(2) [ア]～[オ]には、「日本」か「中国」の言葉が入ります。あてはまるほうを(　)に書きなさい。【一つ6点…30点】

ア(　　　)　イ(　　　)
ウ(　　　)　エ(　　　)
オ(　　　)

テスト9 標準レベル

二、伝記文（1）

時間 10分　合格点 80点　　点

● 次の文章を読んで、後の問いに答えなさい。

　しらせのぶは、今から百年ほど前の明じ時代に、日本人ではじめて南きょく大りくをたんけんした人です。一八六一年に秋田で生まれたしらせは、子どものころからたんけんにあこがれていました。そして、大人になると、ぐんたいに入って、北海道の北の、千島のたんけんにさんかしました。寒さのひどくきびしい北千島で三年間すごしたしらせは、寒さにたえる自しんがつきました。そこで、そのころだれもせいこうしていなかった、南きょくをたんけんすることにしたのです。

　こうして、一九一〇年、しらせは開南丸という木の船で、南きょくに向け出発しました。そして、一九一二年、南きょくにとう着したしらせはそのまま南い八十度五分の地点まで進み、そこを『大和雪原』と名づけました。南きょく点までは食べ物が足りずに行けませんでしたが、しらせのたんけんは、日本の南きょくかんそくのきそになっています。

（1）次の年にあったことを［　］からえらび記号で答えなさい。【20点】

① 一八六一年 □

② 一九一〇年 □

③ 一九一二年 □

㋐ しらせが南きょくに出発した。
㋑ しらせが南きょくにとう着した。
㋒ しらせが秋田で生まれた。

（2）ぐんたいに入ったしらせは、何をしましたか。【20点】

□□□ の □□□□ に □□□ した。

（3）（2）の答えによって、しらせが手に入れたものを九文字でぬき出しなさい。【20点】

□□□□□□□□□

（4）「大和雪原」と名づけたところは、どこの地点ですか。【20点】

（　　　　）の地点

（5）文章に合っているものには○を、合っていないものには×をつけなさい。【20点】

（　）しらせは世界ではじめて南きょくかんそくをした。

（　）しらせはぐんたいに入って、南きょくかんそくをした。

（　）しらせは日本の南きょくかんそくのきそをつくった。

テスト10

標準レベル

二、伝記文（1）

時間 10分
合格点 80点
点

● 次の文章を読んで、後の問いに答えなさい。

アルキメデスは、ふ力の原理を発見した有名な科学者です。王様から金でできたかんむりにまざり物がないか調べるように命ぜられ、それを調べる方ほうをおふろに入ったときに思いついたという話は、よく知られています。アルキメデスは、お湯の入った湯船に体を入れたときお湯があふれたのを見て、このあふれたお湯と物の大きさと重さのかんけいに気づいて、かんむりを調べる㋐ヒントにしたのです。このときアルキメデスは、自分の考えにむちゅうになって、はだかのまま町へとび出したと㋑いわれています。

そんなアルキメデスは、今から二千三百年くらい前に、シチリア島のシラクサという場所で生まれました。一時期、勉強のために島をはなれましたが、すぐに帰ってシラクサの王様に仕えました。そして、シラクサがローマという国にせめこまれたときも、投石するきかいなどを発明して国を助けました。しかし、さい後はローマのへいたいにころされてしまいました。

（1）アルキメデスは、王様からどんなことを命ぜられましたか。それが書かれている二十一文字（ふ号をふくまない）の部分のはじめの五文字を書きなさい。【15点】

□□□□□

（2）――線㋐の「ヒントにした」は、何を見てヒントにしたのですか。【20点】

□□に□を入れたときにあふれた□□を見て、ヒントにした。

（3）アルキメデスは、何を発見しましたか。□に合うように書きなさい。【15点】

□□□□□

（4）――線㋑の「といわれています」という書き方は、どんなことを表していますか。あてはまるものを一つえらんで、○をつけなさい。【20点】

（　）筆者が思い出した。
（　）筆者がつたえ聞いた。
（　）筆者が想ぞうした。

（5）アルキメデスについて正しいことには○を、まちがっていることや分からないことには×をつけなさい。【一つ5点…30点】

（　）シチリア島のシラクサという場所で勉強した。
（　）今から二千三百年くらい前に生まれた。
（　）シラクサの王様に仕えた。
（　）ローマという国を助けた。
（　）ローマのへいたいにころされた。
（　）科学者として有名である。

テスト11

ハイレベ（ハイレベル）

二、伝記文（1）

時間 10分　合格点 70点　点

● 次の文章を読んで、後の問いに答えなさい。

せいしょうなごんは、今から一千年ほど前の平安時代に、「まくらの草子」という有名なずい筆を書いた女の人です。この「まくらの草子」は、日本のずい筆文学の始まりで、同時代のむらさき式部によって書かれた「げんじ物語」とならぶ名作といわれています。

せいしょうなごんというのは、本名ではありません。天のうがくらす宮中ではたらいていたときのよび名です。このように宮中ではたらく女の人を女ぼうといい、天のうやそのおくさん（きさき）の身の回りの世話が仕事でした。その女ぼうの中には文学にすぐれた者も多く、むらさき式部やせいしょうなごんがそうでした。

女ぼうとして、天のうのきさきの定子に仕えていたせいしょうなごんは、宮中で見たこと、聞いたことなどを、自分の考えを入れて書きつづりました。頭の回転のよかったせいしょうなごんは、むだのない、リズムのいい文章で作品をまとめたので、当時の宮中で話題になりました。しかし、主人の定子がなくなった後は、女ぼうをやめて宮中から遠ざかり、さびしいくらしを送ったそうです。

（1）せいしょうなごんは、いつの時代の人ですか。また、有名な作品は何ですか。【一つ10点…20点】

（　　　）時代

（　　　）という作品

（2）女ぼうとは、どんな人のことですか。【一つ10点…20点】

（　　　）ではたらく（　　　）の人

（3）女ぼうは、どんな仕事をしますか。【20点】

（　　　）やその（　　　）の（　　　）

（4）女ぼうとしてはたらいていたせいしょうなごんは、だれに仕えていましたか。くわしく書きなさい。【20点】

（　　　）

（5）「まくらの草子」について、あてはまるものには○を、あてはまらないものには×をつけなさい。【一つ4点…20点】

（　）平安時代の有名な物語である。

（　）日本のずい筆文学の始まりである。

（　）むらさき式部によって書かれた。

（　）宮中で見たこと、聞いたことに、作者の考えを入れて書かれている。

（　）むだのない、リズムのいい文章でまとめられている。

テスト12

ハイレベ（ハイレベル）

二、伝記文（1）

時間 10分
合格点 70点
点

● 次の文章を読んで、後の問いに答えなさい。

しょうとく太子は、用明天のうの子どもとして、五七四年に生まれました。子どものころの名前を、「うまやどのおうじ」または、「とよとみみのおうじ」といいました。馬小屋で生まれたからとか、十人の話を一度に聞き分けることができるくらい頭がよかったからなどの理由がつたえられています。

十九才のとき、おばさんにあたる「すいこ天のう」が、はじめての女せい天のうになりました。そこで、しょうとく太子が、この女せい天のうを助け代わりに仕事をする「せっしょう」という役しょくについたのです。

「せっしょう」になった太子は、血すじや家がらではなくのう力によってくらいが決まる「かんい十二階」のせい度や、日本ではじめてのほうりつの「十七じょうけんぽう」をつくって、国を動かす役人の心がまえを表しました。さらに、このころ文化の進んだ国だった中国と直せつ交流することを決めました。そして、小野妹子らを「けんずい使」としておくりました。太子のこれらの仕事は、その後の日本の国づくりの土台になりました。

また、太子は深くぶっ教をしんじていたので、ほうりゅう寺や四天王寺など、お寺をたくさんたてました。中でも、ほうりゅう寺は世界でもっとも古い木のたて物です。

（1）しょうとく太子の子どものころの名前には、どのような理由がつたえられていますか。【二つ10点…20点】

「うまやどのおうじ」

「とよとみみのおうじ」

（2）しょうとく太子は、何という役しょくにつきましたか。【20点】

（3）「十七じょうけんぽう」とは、何を表したものですか。【20点】

（4）どこへけんずい使をおくりましたか。【20点】

（5）なぜ、太子は、お寺をたくさんたてたのですか。【20点】

深く□を□いたから。

テスト 13　ハイレベル（ハイレベル）

二、伝記文 (1)

時間 10分　合格点 70点　　点

● 次の文章を読んで、後の問いに答えなさい。

　ジェームズ・ワットは、じょう気の力できかいを動かすじょう気きかんの発明者です。この発明によって、それまで手でしていた仕事をきかいでできるようになり、物をたくさん作れるようになりました。そして、㋐そのことで世の中が大きくかわり、今のわたしたちのゆたかな生活のもとができあがったのです。

　そんなワットは、イギリスの船大工の子として、一七三六年に生まれました。子どものころから、きかいがすきで手先もき用でした。それで、十八才になると、グラスゴーという町で、㋑大学で使うきかいのしゅう理をするようになりました。

　そして、一七六三年に、ワットはニューコメンという人が考えたじょう気きかんのもけいをしゅう理することになりました。ふっとうした湯（じょう気）の力は昔から知られていて、それを使ってきかいを動かすことも考えられてきました。ニューコメンのじょう気きかんも、その一つでした。でも、ワットはそれを見て、いろいろなけっ点やむだを見つけたのです。そこで、一七六五年に、よりじょう気の力を㋒生かすように作りかえた新しいじょう気きかんを発明したのです。このワットの発明は、その後、フルトンのじょう気船、スチーブンソンのじょう気きかん車の発明へとつながっていきました。

（1）――線㋐でどんなことが、世の中を大きくかえましたか。【20点】

ワットの□□□□□□□の□□によって、□でしていた□□を□□□でできるようになり、たくさんの□を作れるようになったこと。

（2）ワットの親の仕事は、何ですか。【20点】

（　　　　）

（3）なぜ、――線㋑のようになりましたか。そのわけがわかる一文をさがし、はじめの三文字を書きなさい。【20点】

□□□

（4）――線㋒の「生かす」の意味として正しいものに○をつけなさい。【20点】

（　）目立たせる。

（　）役立たせる。

（　）長もちさせる。

（5）ワットの発明は、その後どのようなことにつながりましたか。【20点】

（　　　　）

テスト14

最レベ（最高レベル）

最レベに（最高レベル）チャレンジ

二、伝記文 (1)

時間 20分

合格点 60点

点

● 次の文章を読んで、後の問いに答えなさい。

北里しばさぶろうは、日本が世界にほこる細きん学者です。北里による「はしょう風」のちりょうほうや「ペストきん」の発見は、医学の進歩に役立ちました。

一八五二年にくま本で生まれた北里は、東京大学医学部で学び、そつ業後は、えい生局の東京しけん所で細きん学の研究をしました。さらに、北里はもっと進んだ研究をしたいと思い、そのころ医学の進んでいたドイツに行ったのです。ドイツでは、その分野の研究で実力のあるコッホのもとで勉強しました。コッホは、でんせん病がそれぞれ決まった病原きんによっておこることを発見し、その病気のもとの細きんをふやして研究する方ほうを考えた人です。

北里も、コッホから細きんをふやす方ほうを教わりました。そして一八八九年、三十七才のとき、㋐「はしょう風」というけがのきずからばいきんが入ってかかる病気の病原きんをふやすことにせいこうしたのです。細きんの研究には、ほかのきんがまじらない、じゅんすいなきんのかたまりがひつようでした。「はしょう風」の病原きんは、いろいろな細きんとまじり合っていて、取り出すことがとてもむずかしかったのです。北里のせいこうで、はしょう風きんに対する研究が進み、一八九一年には血せいりょうほうというちりょうほうが発明されました。そして、これを考え出したのも、北里とそのなかまのベーリングという人でした。

「血せいりょうほう」というのは、細きんのどくそになれた血えきの一部（血せい）を注しゃして、病気をなおす方ほうです。このちりょうほうは、「はしょう風」だけでなくジフテリアやコレラなどいろいろなでんせん病に使われるようになったので、北里の名前は世界で有名になりました。

［あ］、ドイツから帰った北里は、一八九二年、四十才のとき、ふくざわゆきちの助けを受けて、東京にでんせん病研究所をつくりました。北里は、㋑ここでも細きんの研究をつづけ、一八九四年にそれまでなぞだったペストきんを発見しました。こうした北里の仕事によって、やがて、この研究所は、ドイツのコッホ研究所、フランスのパスツール研究所とならぶ世界の三大研究所とよばれるようになりました。

［い］、一九一四年、六十二才のとき、でんせん病研究所が国のしせつになると、考え方のちがいから北里はべつに新しい研究所をつくって、そこにうつりました。新しい北里研究所では、それまで研究だけだったのを、病気の予ぼうにも力をつくすようになりました。のちに、黄ねつ病などの研究で有名になる「野口ひでよ」や赤りの病原きんを見つけた「しがきよし」も、ここで勉強した一人です。このように、北里しばざぶろうは医学に一生をささげました。

（1）大学をそつ業した北里は、まず、どこで何をしましたか。【10点】

（　　　　　　　　）

（2）コッホは、何をした人ですか。【10点】

［　　　　　］が［　　］った［　　　　］によっておこることを［　　］し、その［　　］のもとの［　　　］を［　　］して研究する［　　　］を考えた人。

（3）――線㋐の「はしょう風」とは、何ですか。【10点】

（　　　　　　　　）

（4）北里の名前が世界で有名になったのは、なぜですか。正しいものに○をつけなさい。【10点】

（　）新しい研究所をつくり、病気の予ぼうにも力をつくすようになったから。

（　）細きんをふやす方ほうを発見し、世界中に広めたから。

（　）発明した「血せいりょうほう」が、「はしょう風」い外のでんせん病にも使われるようになったから。

（5）［あ］・［い］に入る言葉をえらんで、記号を（　）に書きなさい。【一つ10点…20点】

（　）ですから　（　）その後

（　）ところが　（　）こうした

（6）――線㋑の「ここ」とは、どこのことですか。【10点】

［　　　　］から帰った北里が［　　　　　　　］の助けを受けて［　　］につくった［　　　　　　　　］

（7）北里研究所で勉強した二人の名前をかきなさい。【一つ10点…20点】

（　　　　）（　　　　）

（8）北里しばさぶろうがしたことのじゅんに番号をつけなさい。【一つ2点…10点】

（　）ペストきんを発見する。

（　）はしょう風の病原きんをふやすことにせいこうする。

（　）コッホから細きんをふやす方ほうを教わる。

（7）北里研究所をつくる。

（　）血せいりょうほうを発明する。

（1）ドイツに行く。

（　）東京にでんせん病研究所をつくる。

テスト15 標準レベル

三、詩

1 次の詩を読んで、後の問いに答えなさい。

ニワトリは人間に
朝を教え、たまごをあたえ、
おいしい食べ物にもなってくれる。
でも、人間はニワトリに
何をあげるのだろう。
牛もブタも羊も馬も犬もネコも
みんな［　　］の役に立っているのに、
そんな小さな者たちに人間は、
ありがとうと感しゃするのを
わすれている。
思い出せ、人間よ、
われわれも自ぜんの一部であることを。

（1）［　　］に入る二文字の言葉を、詩の中からさがしなさい。【15点】

［　　］

（2）――線は、だれが何をわすれていると言っていますか。【20点】

［　　］が、小さな者たちに［　　　　　］こと。

（3）作者は、人間にどんなことを思い出すように言っていますか。【15点】

（　　　　　　　　）

2 次の詩を読んで、後の問いに答えなさい。

時間 10分
合格点 80点
点

バレリーナになりたいな。
羽のように軽くとんで、
こまのようにくるくる回って、
ゆめのような美しいいしょうで、
たくさんのはく手をもらう。
そんな［あ］になれたらいいな。
今はまだ、［い］だから、
羽のようでも、こまのようでもない。
でも、練習を重ねたら、
いつかはぶ台の真ん中で
みんながうっとり見てくれる
バレリーナになれるかな。

（1）［あ］に入る五文字の言葉を、詩の中からさがしなさい。【15点】

［　　　　　］

（2）［い］に入る言葉をえらび、（　）に○をつけなさい。【15点】

（　）れんしゅう
（　）じょうず
（　）へたくそ

（3）練習を重ねると、どのようになれると思っていますか。【20点】

（　　　　　　　　）

テスト16 標準（ひょうじゅん）レベル

三、詩（し）

時間 10分　合格点 80点　　点

1 次の詩を読んで、後の問いに答えなさい。

プールであおむけに
ぷかりとういて、
空を見た。
よく晴れた青い[★]が、
[あ]見えた。
この美しい空とわたしの間には今、
さえぎるものが何もない。
広びろとした空を見ていると、
わたしの心も[い]、
この体からはみだして広がっていく。
それはまるで、
紙にしみ出すインクのよう。
空にのびていく入道雲のよう。

(1) [★]に入る漢字一字の言葉を、詩の中からさがしなさい。【10点】

（　　　　）

(2) [あ]・[い]に入る言葉を、——でつなぎなさい。【一つ10点…20点】

[あ]・　　・ぴったり
[い]・　　・だんだんと
　　　　　・どこまでも

(3) ——線の部分は、何をたとえたものですか。【20点】

[　　]が[　　　　]いく様子

2 次の詩を読んで、後の問いに答えなさい。

ぼくがねているとき、
ゆめの中のぼくは、起きている。
起きて、走ったりわらったり、
ごはんを食べたり学校へ行ったり、
ときには空をとんだりしている。
ぼくは一人のはずなのに、
[※]のぼくは、一体だれだろう。
にせ者のぼくだろうか。
だとすれば、会ってみたいよ。
そして、聞いてみたいんだ、
ぼくにそっくりな君に。
ぼくは今、ねているのか、
それとも起きているのか。

(1) [※]に入る言葉を、詩の中から四文字でぬき出しなさい。【20点】

[　　　　]

(2) ——線の「聞いてみたい」は、だれに何を聞いてみたいのですか。【一つ15点…30点】

・だれに（　　　　）

・何を（　　　　　　ということ）

テスト17 標準レベル

三、詩

1 次の詩を読んで、後の問いに答えなさい。

手のひらを見つめて思う。
二つ合わせても、
その広さは
たったこれだけ。
持てる物などかぎられている。
[あ]人間は、
どうしてこんなによくばりなのか。
生き物の命をほしがり、
[い]よりもはるかに大きな
この星のすべてを
その手でつかもうとしている。
自分の手のひらの大きさを
わすれてしまっているように。

(1) [あ]に入る言葉に○をつけなさい。【15点】

（　）たぶん　（　）なのに
（　）やっぱり　（　）だって

(2) [い]に入る言葉を、詩の中から四文字でぬき出しなさい。【15点】

(3) 作者が感じたことを二つえらんで、○をつけなさい。【二つ10点…20点】

（　）人間の手のひらは小さい。
（　）生き物の命は大切だ。
（　）動物の手は大きいものだ。
（　）人間はよくばりだ。

---

2 次の詩を読んで、後の問いに答えなさい。

さくらは、はらはらと
音もなくちる。
昼も☆も、
晴れていても★の日でも。
まるで声を出さずに
ないている［　］に。
何がそんなに悲しいのだろう。
もう、あたたかな春が来たのに、
生き物がかがやき出すきせつなのに、
さくらの花は、悲しげにちる。
みんなが美しいとほめたたえても
さくらの悲しみは止まらない。
今日もさくらは、はらはらとちる。

(1) ☆と★に入る言葉を、――でつなぎなさい。【二つ10点…20点】

☆・　　・雨
★・　　・雪
　　　　・空
　　　　・夜

(2) ［　］に入る二文字のひらがなを考えて書きなさい。【15点】

(3) さくらの花がちるのをどう思っていますか。よいものに○をつけなさい。【15点】

（　）やさしい　（　）美しい
（　）悲しげ　（　）あたたかい

時間 10分
合格点 80点
点

テスト18

ハイレベ（ハイレベル）

三、詩

● 次の詩を読んで、後の問いに答えなさい。

木馬君　こんにちは
㋐ここに来たら
いつも君を見ているんだ
ぐるぐる回って楽しそうだね
なか間もたくさんいて
ちっともさみしくないね

でも　どうして
いつも悲しい目をしているの
どうして
いつもうつむいているの
㋑元気を出そうよ
そうだ　ぼくといっしょに旅に出よう

今夜は星ふる夜だから
やくそく通り君をむかえに来たよ
□　㋒北の町に向かって出発だ
ぼくをせ中に乗せてとび立って

ほら　あれがオーロラだよ
きれいな色だろう
ほら　あれが流れ星だよ
ちゃんとおねがいしたかい

心がへこんだら
ときどきここにやってくるんだ
もう君も元気になっているはずだ
㋓上を向いている君はとてもいさましいよ

もうすぐ朝がやってくる
子どもたちが心配するから
メリーゴーラウンドに帰ろう
今度は君がみんなを楽しませてあげてね

（１）——線㋐の「ここ」とは、どこのことですか。あてはまるものに○をつけなさい。【20点】

（　）北の町　（　）すな場
（　）草原　（　）遊園地

（２）——線㋑は、だれがだれに言っていますか。【20点】

（　　　）が（　　　）に

（３）□に入るかけ声としてよいものに○をつけなさい。【20点】

（　）まあ　（　）こらっ
（　）さあ　（　）やあ

（４）——線㋒で、なぜ北の町にいくのですか。【20点】

（　　　）を見たり、（　　　）におねがいしたりすれば、木馬君が（　　　）になると思うから。

（５）——線㋓の「上を向いて」と反対の意味の言葉を、詩の中から五文字で書きなさい。【20点】

□□□□□

時間　10分
合格点　70点
点

テスト19 ハイレベ（ハイレベル）

時間 10分　合格点 70点　点

三、詩

● 次の詩を読んで、後の問いに答えなさい。

お姉ちゃんがわたしのいちごを
食べたので、わたしはないておこった。（ア）
わたしの口に入るはずの、
あの赤くてあまくてすっぱいいいちごは、
もうどこにもないのだ。

きっと、いちごもわたしに食べられる
つもりでいたのに、
お姉ちゃんに食べられるなんて、
やくそくがちがうと、
おこっているはずだ。（イ）

でも、お姉ちゃんは、
にやにやわらっている。
そのにやにやするいちごを食べた口が
にくらしかったので、
わたしはたたいた。
お姉ちゃんをたたいた。
［あ］の気持ちになってたたいた。

今度は、お姉ちゃんが
ないておこった。
二人で、しばらくないていた。
わんわん大声でないていた。

きっと、いちごもおなかの中で
ないている。
たくさんないて、なみだが［い］、
お姉ちゃんが「ごめん。」と言った。（ウ）

きっといちごが、
おなかの中のいちごが、
お姉ちゃんに言わせたのだ。

（1）——線（ア）で、なぜわたしはおこったのですか。【一つ5点…20点】

（　　　）が（　　　）の（　　　）を（　　　）から。

（2）——線（イ）とありますが、作者はだれがおこっているはずだと思っていますか。【20点】

（　　　）

（3）［あ］に入る三文字の言葉を詩の中からさがして書きなさい。【20点】

［　　　］

（4）［い］に入る言葉をえらんで、○をつけなさい。【20点】

（　）かすんで
（　）かれて
（　）うるんで
（　）光って

（5）——線（ウ）について、作者はどのように思っていますか。【一つ10点…20点】

（　　　）が（　　　）と思っている。

テスト20

最レベ（最高レベル）

最レベにチャレンジ

三、詩

時間　10分
合格点　60点
点

● 次の詩を読んで、後の問いに答えなさい。

もしもぼくが音楽家だったら
美しいメロディーをたくさん作って
いろんな人の★を楽しませよう

もしもぼくが画家だったら
すてきな絵をたくさんかいて
いろんな人の☆を楽しませよう

だけどぼくには㋐かなわないこと
ただすきな歌を口ずさむだけ
ただ紙切れのすみに落書きするだけ

もしもぼくが雲になれるなら
大きな入道雲になって
かわいたさばくに雨をふらそう

もしもぼくが風になれるなら
さわやかな風になって
病んだ地球をいやしてあげよう

だけどぼくにはかなわないこと
ただ㋑遠い空を思いうかべるだけ
ただ風にふかれるだけ

大きな鳥でも小さな鳥でも
鳥は自分のつばさを広げて
大空にとび立っていく

そう　鳥たちはぼくに
教えてくれる
「目の前の山に登ってみなさい」
「㋒青空に向かって登ってみなさい」
と…

（1）★と☆には、体の部分を表す言葉が入ります。漢字一字で答えなさい。【一つ10点…20点】

★…□　☆…□

（2）――線㋐の「かなわない」と同じ意味で使われている文に○をつけなさい。【20点】

（　）すもうしてもお兄ちゃんには、かなわない。

（　）悪口ばかり言う人は、かなわないなあ。

（　）ぼくのねがいは、かなわない。

（3）――線㋑の「遠い空」とは、どこの空のことですか。【20点】

（　　　　）があるところの空。

（4）――線㋒の「青空」は、何をたとえたものですか。よいものに○をつけなさい。【20点】

（　）自分の思い出

（　）自分のゆめ

（　）自分の幸せ

（5）作者はどんな人になりたいと思っていますか。あてはまるものに○をつけなさい。【20点】

（　）そんけいされる人

（　）大空をとべるような人

（　）世界の人びとに役立つ人

テスト21

リビューテスト（復習テスト）

1－①

時間 10分　合格点 70点　点

● 次の文章を読んで、後の問いに答えなさい。

陽一の手の中で、ハトがばたばたとあばれました。[あ]、ほんのいっしゅんのすきをついて陽一の手からのがれると、さっととび立っていきました。

「あっ、㋐まだだめだよ。きずの手当てをしていないのに。」

陽一は、聞こえるはずもないのに、とんでいったハトに向かってそう言いました。その声には、ハトを心配する思いとともに、自分をしんじてもらえなかったさびしさがにじんでいました。

陽一がきずついて弱ったハトを見つけたのは、きのうでした。

生き物が大すきな陽一は、これまでも、すから落ちたヒナや、けがをした動物の世話をしてきました。[い]、今回もきちんと手当てをしてから、空に放してあげようと思っていたのです。

「ぼくのどこが悪かったのかな。あんなにいやがらなくてもいいのに。」

と、陽一は思いつづけました。陽一には㋑わからなかったのです。どんなにきずついても体が弱っても、野生の生き物は、自由に生きたいと強くのぞむものだということを。

(1) [あ]・[い]に入る言葉をえらんで、○をつけなさい。【一つ10点…20点】

[あ]（　）つまり（　）そして

[い]（　）だから（　）しかし

(2) ――線㋐は何がだめなのですか。よいものを一つえらんで○をつけなさい。【10点】

（　）ばたばたあばれること。

（　）とび立つこと。

（　）きずの手当てをすること。

(3) ――線㋐と言ったときの陽一の気持ちに合うものに○を、ちがうものに×をつけなさい。【一つ5点…20点】

（　）心配だ　（　）うれしい

（　）こわい　（　）さびしい

(4) 陽一がこれまでに世話をしたものを、二つくわしく書きなさい。【一つ10点…20点】

（　　　　）

（　　　　）

(5) ――線㋑は、何がわからなかったのですか。それが書かれている一文のはじめの五文字を書きなさい。【10点】

□□□□□

(6) 陽一は、どんな子だと思いますか。□には考えた言葉を書きなさい。【一つ10点…20点】

（　　　　）がすきな□□い子

テスト22

リビューテスト（復習テスト）1−②

時間 10分　合格点 70点　点

● 次の文章を読んで、後の問いに答えなさい。

エドワード・モースは、大森貝づかを発見し、日本の考古学を発てんさせた動物学者です。貝づかというのは、今から三千年い上昔のじょう文時代の人びとが食べた貝がらが、すてられてつもった場所です。貝づかからは貝がらのほかにも動物のほねや木の実、土や石で作った道具などが見つかっていて、その時代の人びとの生活を知るのにたいへん役に立っています。このモースの発見は、日本において考古学という古い時代を研究する学問のきそになっていきました。

そんなモースは、一八三八年にアメリカ合しゅう国で生まれました。ハーバード大学で生物学を学び、日本には、一八七七年に海さん動物の研究のためにやってきました。そして、東京大学では動物学を教え、ダーウィンの進化ろんを日本にしょうかいしました。このほか、モースは日本人の生活にもきょう味を持ち、日本の皿やつぼなどのとうじきや生活用品を数多く集め、アメリカのボストンはく物館におさめました。これらはモースコレクションとして今も知られています。

（1）——線は、どんなことをする学問ですか。【20点】

（　　　　）を（　　　　）する学問

（2）貝づかとは何ですか。せつ明されている四十文字（、をふくむ）の部分のはじめと終わりの五文字を書きなさい。【20点】

□□□□□〜□□□□□

（3）貝づかから見つかったものを四つくわしく書きなさい。【一つ5点…20点】

（　　　　）（　　　　）（　　　　）（　　　　）

（4）エドワード・モースについて、正しいものには○を、そうでないものには×をつけなさい。【一つ5点…20点】

（　）ハーバード大学で考古学と動物学を学んだ。

（　）一八七七年に日本に来て、東京大学で動物学を教えた。

（　）進化ろんを考えて発表した。

（　）大森貝づかを発見した。

（5）モースが研究のほかにきょう味を持っていたことを六文字で書きなさい。【20点】

□□□□□□

テスト23 標準レベル

四、生活文

時間 10分　合格点 80点　　点

1 次の文章を読んで、後の問いに答えなさい。

おとなりのお姉さんから四つ葉のクローバーの話を聞いたので、友だちのよしおかさんと公園にさがしに行きました。［　　］、どんなにさがしても、見つかりませんでした。

「かんたんに見つからないからこそ、幸運のクローバーなんだよ。」

と、よしおかさんが言いました。わたしもそうだと思ったので、

「じゃあ、たくさんさいているこの花で首かざりを作ろう。」

と言いました。よしおかさんもさんせいしたので、二人で首かざりを作りました。

（1）［　　］に入る言葉をえらび、○をつけなさい。【10点】

（　）それから
（　）でも
（　）または

（2）文章に合うものには○を、合わないものには×をつけなさい。【一つ10点…40点】

（　）よしおかさんから四つ葉のクローバーの話を聞いた。

（　）公園では、花で首かざりを作った。

（　）となりのお姉さんも四つ葉のクローバーをさがしてくれた。

（　）わたしとよしおかさんは友だちで、いっしょに公園に行った。

2 次の文章を読んで、後の問いに答えなさい。

ぼくは、薬を飲むのが苦手です。口の中で、へんな味がするからです。だから、薬はいつもジュースに入れて飲みます。でも、この前、和田君はきゅう食が終わると、薬をそのまま口に入れて飲んだのです。ぼくはそれを見て、

「すごいね。薬をそのまま飲めるんだ。」

と、和田君に言いました。［　　］、

「だって、めんどうだろ。いろいろ入れたり、つつんだりするのは。」

と、和田君はわらって答えました。ぼくは、そんな和田君をかっこいいと思いました。

（1）ぼくは、どうして薬を飲むのが苦手なのですか。【20点】

（　　　　　　　　）から。

（2）和田君は、どのようにして、薬を飲みましたか。【15点】

薬を（　　　　　　　　）入れて飲んだ。

（3）［　　］に入る言葉に、○をつけなさい。【15点】

（　）しかも
（　）だから
（　）すると

テスト24 標準レベル

四、生活文

● 次の文章を読んで、後の問いに答えなさい。

ぼくたちの野球チームは、一点さで負けてしまいました。六年生たちは、みんなくやしそうにないていました。ぼくはしあいに出られなかったので、㋐心からくやしいと思えませんでした。ほかにもぼくのようにしあいに出られなかった人が四、五人いて、㋑ぼくと同じ思いなのが見て分かりました。

［あ］、ないていた㋒六年生たちが、ぼくたちの所にきたのです。①ぼくは、いっしょにくやしがらないことをおこられると思って、★をすくめました。②［い］、六年生たちは、

「さい後のしあいなのに、一点さで負けてくやしいよ。来年は君らががんばって、ぼくらの分も勝ってくれ。」

といって、手をさし出したのです。③［う］、しあいに出なかった人と、一人一人あく手をして回りました。④ぼくは手をぎゅっとにぎられて、はじめて、くやしくてなけてきました。⑤何だか手から、六年生の気持ちがつたわってくるようでした。

（1）六年生たちは、なぜないていたのですか。【一つ5点…25点】

［　　　］の［　　　］なのに［　　　］で［　　　］て、［　　　］かったから。

（2）——線㋐「心から」と同じような意味の言葉として、あてはまるものをえらび、○をつけなさい。【5点】

（　）やっと　（　）本当に
（　）たぶん　（　）かならず

（3）——線㋑は、どんな思いですか。よいものを一つえらび、○をつけなさい。【10点】

（　）しあいに出たかった。
（　）しあいに負けて、とてもくやしい。
（　）しあいに負けても、心からくやしいと思えない。

（4）［あ］～［う］に入る言葉に○をつけなさい。【一つ10点…30点】

［あ］（だから・すると）
［い］（しかし・それで）
［う］（そして・けれども）

（5）★には、体の部分を表す言葉が入ります。漢字一字で書きなさい。【10点】

（　　　）

（6）——線㋒は何をしにきましたか。それが書かれている文を①～⑤の文から二つえらび番号で答えなさい。【一つ10点…20点】

（　　）（　　）

時間 10分　合格点 80点　　点

テスト25　標準レベル

四、生活文

時間 10分　合格点 80点　点

● 次の文章を読んで、後の問いに答えなさい。

ひさしぶりにおばあちゃんの家に遊びにいった。そこには、㋐新しい犬がかわれていた。今まではシロという犬がかわれていたけど、きょ年の春、死んでしまったから、かわりにクロという犬がかわれていたのだ。シロはぼくによくなついていて、ぼくがようち園に通う前からたくさん遊んだ犬だった。

㋑その日、ぼくとクロははじめて会った。ぼくには［あ］のおもかげがあったので、シロと同じようになかよくなれると思った。だから、ぼくはクロにちっとも［★］をいだかなかった。

犬小屋の方へ行ってみると、ちょうど［い］がごはんを食べていた。［う］のときと同じように頭をなでようとしたら、クロは急にぼくの手にかみついてきた。おどろいたぼくはすぐに手をひっこめたけれど、手にクロの歯形がついて少し血が出た。おばあちゃんは、クロの鳴き声を聞きつけてかけよってきた。けがをしたぼくは、すぐにおばあちゃんと近所の病院に行って手当てをしてもらった。そのとき、お医者さんは、「ごはんを食べているときの犬には、くれぐれも注意しないといけませんよ。」㋒と言った。

(1) ――線㋐の「新しい犬」の名前は、何ですか。【10点】

（　　）

(2) ――線㋑の「その日」とは、いつの日ですか。【10点】

（　　）日

(3) ［あ］～［う］には、「シロ」か「クロ」の名前が入ります。（　）に名前を書きなさい。【一つ10点…30点】

あ（　　）
い（　　）
う（　　）

(4) ［★］に入る言葉に○をつけなさい。【10点】

（　）きぼう
（　）親近感
（　）けいかい心

(5) 文章に合うものには○を、合わないものには×をつけなさい。【一つ10点…30点】

（　）ぼくはクロの頭をなでることができなかった。
（　）おばあちゃんは、足をかまれてけがをした。
（　）けがをしたぼくは、一人で病院に行った。

(6) ――線㋒の「言った」をていねいな言い方に直しなさい。【10点】

［　　　　　　］。

テスト26

ハイレベ（ハイレベル）

四、生活文

時間 10分　合格点 70点　点

● 次の文章を読んで、後の問いに答えなさい。

かつおの家には、ア古いくらがあります。白いかべで、母屋とうら門の間にあって、使わなくなった物をしまっておくそう庫の［あ］ものです。中には使わなくなったなべやふとん、かつおが小さいころに遊んだおもちゃや三りん車がおかれています。かつおと弟のしんたは、その中をたんけんするのがイ楽しみでした。

ある日、かつおとしんたは、おふろのまきわりをしていました。ウそこにいとこのひろとがやってきて、三人でまきわりを始めました。かつおは六年生、しんたは四年生、ひろとはまだ一年生です。

まきわりが一だん落すると、三人でくらの中をたんけんしました。ふだんは行かない二階のおくまで行ってみると、めずらしい金色のびょうぶがありました。長い間くらの中においてあったようで、びょうぶのまわりはほこり［い］です。三人でそれを外に持ち出して広げてみました。すると、びょうぶの中の金色がとってもあざやかでした。そして、三人は［※］、そっとほこりをとってきれいにしました。

そのびょうぶを部屋にかざることにしました。ふすまを外すと、三つの部屋が一つになって、まるでおしろの広間のようです。おもしろくなってきた三人は、もっとめずらしい物はないかと、エまたくらの中をたんけんすることにしました。

（1）線アは、どこにありますか。くわしく答えなさい。【10点】

（　　　　　　　　　　）

（2）線イは、だれの楽しみですか。【10点】

（　　　　）

（3）線ウは、どこのことですか。【一つ10点…20点】

（　　　）（　　　）が（　　　）（　　　）ところ。

（4）［あ］と［い］に入る言葉に○をつけなさい。【一つ15点…30点】

［あ］（　）くらい　（　）ような　（　）らしい　（　）みたい

［い］（　）まみれ　（　）まさり　（　）まざり　（　）まぎれ

（5）［※］に入る文に○をつけなさい。【15点】

（　）すべすべになるように
（　）おばあさんがよろこぶように
（　）金色がはげないように

（6）線エのときの三人の気持ちに○をつけなさい。【15点】

（　）なつかしい　（　）てれくさい
（　）楽しい　（　）やさしい

テスト27

ハイレベ（ハイレベル）

四、生活文

時間 10分
合格点 70点
点

● 次の文章を読んで、後の問いに答えなさい。

長野さんは体そう教室に通っていて、運動がとく意です。走るのもとても速くて、クラスで一番です。だから、わたしはいつも二番にしかなれません。今度の運動会では、どうしても長野さんに勝って一番になりたいと思ったので、走る練習をすることにしました。

夕食のときに、㋐このことをお父さんに話すと、お父さんは、

「じゃあ、お父さんも走るよ。いっしょに練習しよう。明日の朝六時に起きるぞ。」

とはりきって言いました。わたしはうれしかったのですが、お父さんがちゃんと走れるのか、㋑心配でした。ふだんのお父さんは車にばかり乗っていて、ほとんど運動していないからです。わたしはお父さんに言いました。

「お父さん、本当に走れるの。後で会社に行くんでしょう。むりしなくていいよ。」

「だいじょうぶだよ。これでも学生のころは走るのが速かったんだ。」

お父さんが自しんたっぷりに言ったので、わたしは㋒その言葉をしんじることにしました。そして、走ってみると、本当にお父さんは速かったのです。わたしはびっくりして、お父さんを少し見直しました。

（1）わたしがいつも二番にしかなれないのはなぜですか。【一つ10点…20点】

□□□□がいつも□□だから。

（2）――線㋐が指していることには○を、ちがうことには×をつけなさい。【一つ5点…20点】

（　）長野さんが体そう教室に通っていること。

（　）今度の運動会で一番になりたいと思ったこと。

（　）運動会までに走る練習をすること。

（　）お父さんといっしょに練習をすること。

（3）いつから練習を始めようと、お父さんは言いましたか。【20点】

（　　　　）から。

（4）――線㋑のように思ったわけが書かれてある一文のはじめの三文字を書きなさい。【20点】

□□□

（5）――線㋒が指している一文のはじめと終わりの五文字を書きなさい。（ふ号はふくまない。）【一つ10点…20点】

はじめ…□□□□□

終わり…□□□□□

テスト28

ハイレベ（ハイレベル）

四、生活文

時間 10分

合格点 70点

点

● 次の文章を読んで、後の問いに答えなさい。

もうすぐわたしのたん生日です。この前、お母さんからプレゼントは何がいいか聞かれたので、わたしは、

「犬がいい。子犬を買って。ちゃんと世話をするから。ねえ、いいでしょう。」

と答えました。［あ］、お母さんは㋐むずかしい顔になって、

「犬ねえ。本当に世話ができるの。たいへんなのよ、生き物を育てるのは。」

と［★］しました。［い］、話を聞いていたお父さんが、

「まあ、いいじゃないか。どんなにたいへんか、自分でやってみないと分からないよ。」

と言ってくれたので、わたしのねがいどおりになりました。

［う］、日曜日に、家族で動物ほごセンターへ犬を見にいきました。センターでは、すてられた犬たちに新しいかい主をさがしています。かわいい子犬もたくさんいましたが、わたしは茶色の毛の大人の犬をもらうことに決めました。お母さんは子犬のほうがいいと言いましたが、わたしは、

「だって、あの犬と目があったとき、㋑ぼくの㋒かい主になってって言われた気がするの。」

と言いました。

（1）［あ］・［い］・［う］に合う言葉を（　）でかこみなさい。【一つ5点…15点】

［あ］（だから・そして・すると）

［い］（でも・それから・また）

［う］（しかし・そして・さらに）

（2）お母さんは、なぜ――線㋐のような顔になったのですか。【20点】

［　　　］を［　　　］のはたいへんで、本当に［　　］が［　　　］かどうか、心配だったから。

（3）［★］には「さからう」という意味のひらがな四文字の言葉が入ります。考えて書きなさい。【10点】

（4）どこへ犬を見にいきましたか。【10点】

［　　　　］

（5）（4）の答えの場所では、どんなことをしていますか。【15点】

（　　　）に（　　　）をさがしている。

（6）――線㋑はだれのことですか。【20点】

［　］が［　　］の［　　　］

（7）――線㋒はだれのことですか。【10点】

（　　　　）

テスト29

最レベ（最高レベル）

最レベに（最高レベル）チャレンジ

四、生活文

時間 20分　合格点 60点　　点

次の文章を読んで、後の問いに答えなさい。

　そうじの時間でした。森田君と井上君がふざけていて、ぼくが一生けん命にならべたつくえに、体をぶつけてしまいました。そうじをせずに、ほうきでチャンバラごっこをしていたのです。ぼくが注意をしたら、森田君は小さな声で［あ］、

「ごめん。このつくえ、ならべ直すの手つだうから。」

と、あやまってくれました。でも、井上君はあやまるどころか、［い］どこかへ行こうとしました。ぼくははらが立ったので、

「どこへ行くんだ。ちゃんとあやまれよ。それから、元にもどすの手つだえ。」

と、手をつかんで強く言いました。すると、井上君はぼくの手をふりほどいて、

「いたいなあ。あやまればいいんだろ。ごめん。これでいいよな。」

と言うと、教室から出ていってしまいました。ぼくは、(ア)何だかすごくいやな気分になりました。それでも、そうじはさい後までやりとげました。

［★］、終わりの時間に女子から意見が出ました。

「今日のそうじの時間に、当番の男子はふざけて、そうじをしていませんでした。」

これを聞いて、ぼくは(イ)とび上がるほどびっくりしました。そして、ぼくだけまじめにそうじをしていたことを言おうと思いましたが、その前に先生が、

「今日の当番は、森田君と井上君と宮島君だね。どうしてそうじをしなかったのかな。」

と言ったので、(ウ)言いそびれてしまいました。今さら、言いわけみたいに本当のことを言っても、しんじてもらえないかもしれないという考えが、ぼくの(エ)頭の中でうずまきました。

　そのとき、ずっと下を向いていた井上君が、口を開いたのです。

「そうじをさぼって遊んでいたのは、ぼくだけです。森田君と宮島君は、まじめにそうじをしていました。だから、おこられるのはぼく一人です。」

つづいて、森田君も立ち上がって言いました。

「先生、ぼくも遊んでいました。でも、宮島君はちゃんとそうじをしていました。」

　ぼくは二人の話を聞いて、(オ)なみだが出そうでした。さっきまで二人にはらを立てていたことなどすっかりわすれて、井上君にはあんなに強く注意して悪かったなあと反せいしました。

「森田君はとちゅうからきちんとそうじをしました。井上君もあやまってくれたし、ぼくはさい後までそうじをしたので、女子が言ったことは本当ではありません。」

こう言い終えると、すっきりした気分になりました。先生も、正直に話したぼくたち三人をしからず、しんじてくれました。

(1) そうじの時間に、井上君と森田君は何をしていましたか。【10点】

□□□で□□□□□□□□を

していた。

(2) 葉をえらんで、○をつけなさい。【一つ5点…10点】

あ・いに入るもっともよい言葉をえらんで、○をつけなさい。【一つ5点…10点】

あ
( ) 苦しそうに
( ) 悲しそうに
( ) すまなそうに

い
( ) ふらっと ( ) ぷいっと
( ) ちょっと ( ) けろっと

(3) 線㋐のような気分になったのはなぜですか。あてはまるもの二つに○をつけなさい。【一つ5点…10点】

( ) 森田君と井上君がふざけたから。
( ) 森田君の声が小さかったから。
( ) 井上君が心からあやまらずに、口先だけであやまったから。
( ) 井上君が手つだわずに教室から出ていったから。

(4) 女子から意見が出たのは何の時間ですか。【5点】

( ) の時間

(5) ★に入る言葉として、正しいもの二つに○をつけなさい。【一つ5点…10点】

( ) そして ( ) けれども
( ) だから ( ) ところが

(6) 線㋑はなぜですか。【10点】

ぼくは□□□□に□□□□をしていたのに、□□□□□□はそうじをしていなかった□□□て、と言われたから。

(7) 線㋒の意味として正しいものに○を、ちがうものに×をつけなさい。【一つ5点…15点】

( ) 言いたくなかった
( ) 言うきかいをのがした
( ) 言うほどではなかった

(8) 線㋓の頭の中にうずまいたことを書いた部分のはじめと終わりの三文字を書きなさい。【10点】

□□□～□□□

(9) 線㋔は、どんななみだですか。正しいものに○をつけなさい。【10点】

( ) くやしなみだ
( ) うれしなみだ
( ) 悲しなみだ

(10) 宮島君の気持ちのうつりかわりのじゅんに、番号を書きなさい。【10点】

( ) いやな気分になった。
( ) しんじてもらえないかもしれないとふ安になった。
( ) はらが立った。
( ) びっくりした。
( ) すっきりした気分になった。

五、日記文

1 次の日記を読んで、後の問いに答えなさい。

七月九日　月曜日　くもり

今日は、プール開きの日でした。でも、天気はいま一つでした。気温もひくくて、プールに入るとくちびるが青くなるほど寒かったです。大すきなプールが始まるので、楽しみにしていたのに［　］です。きのうは、真夏のように暑かったから、よけいにざんねんでした。ぼくは、今年こそ二十五メートル泳げるようになりたいと思っています。だから、次のプールの時間は、いい天気でたくさん泳げるといいなと思います。

（1）――線から、どんなことがわかりますか。【15点】

（　）プールの水は、つめたい。

（　）プールの水は、水色だ。

（2）［　］に入る言葉をえらび、○をつけなさい。【15点】

（　）うれしい　（　）あたたか

（　）がっかり　（　）しんぱい

（3）ぼくの目ひょうは、何ですか。【20点】

［　　　　　　　　］なること。

2 次の日記を読んで、後の問いに答えなさい。

五月十六日　水曜日　雨

今日、算数のテストではじめて㋐百点を取りました。いつも一つか二つまちがっていて、なかなかまん点が取れませんでした。だから、わたしはとびあがって、よろこびました。家に帰ってお母さんに話すと、お母さんもとてもよろこんでくれました。㋑それを見ると、わたしは次のテストもがんばろうと思いました。㋒そのためには、もっとかんたんなまちがいをなくすようにしたいと思います。計算の練習をして、かんたんなまちがいをなくすようにしたいと思います。

（1）――線㋐をちがう言い方で何と書いてありますか。三文字で書き出しなさい。【15点】

［　］［　］［　］

（2）――線㋑は、何を指していますか。よいものに○をつけなさい。【15点】

（　）百点を取った算数のテスト

（　）お母さんがよろこんでいる様子

（　）まちがっていた算数のテスト

（3）――線㋒の「そのため」とは、何のためですか。【20点】

［　　　　　　　　］ため。

時間　10分　合格点　80点　点

テスト31

標準レベル

五、日記文

時間 10分　合格点 80点　点

1 次の日記を読んで、後の問いに答えなさい。

六月二十二日（火曜日）くもり
今日は、おばあちゃんの六十六回目のたん生日でした。おばあちゃんは、年だからおいわいはしなくていいと、言っていました。［あ］、お母さんはケーキを用意して、わたしもプレゼントを買いました。そして、夕食の後にお母さんがケーキを出すと、［い］はとてもうれしそうでした。プレゼントのスカーフも、よろこんでくれました。えらぶのに時間がかかったので、気に入ってくれてよかったと思いました。

（1）［あ］に入る言葉に○をつけなさい。【10点】

（　）そして　（　）でも
（　）それで　（　）だから

（2）［い］に入る言葉を答えなさい。【20点】

（　　　　）

（3）次のプレゼントは、だれが用意しましたか。――でつなぎなさい。【一つ10点…20点】

スカーフ・　　・お母さん
ケーキ・　　・お父さん
　　　　　　　・わたし

2 次の日記を読んで、後の問いに答えなさい。

二月九日（水曜日）雪
今日は朝からとても寒くて、ぼくが学校に着いたころには雪が［　］ふり出しました。ぼくは、この雪がつもればいいなあ。と、思いました。すると、ぼくのねがい通りに、帰る時間には校庭にうっすらと雪がつもっていました。ぼくは、下島君と友田君の三人で、校庭に雪だるまを作りました。手がとてもつめたくなりましたが、楽しかったです。雪だるまが、明日の朝もとけずにのこっていてほしいと思いました。

（1）［　］に入る言葉に○をつけなさい。【10点】

（　）しとしと　（　）ぴかぴか
（　）ざあざあ　（　）ちらちら

（2）文章中に「　」をつける部分があります。「　」をつけてぬき出しなさい。【20点】

（　　　　）

（3）――線は、何が楽しかったのですか。くわしく答えなさい。【20点】

（　　　　こと。）

テスト32

ハイレベ（ハイレベル）

五、日記文

時間 10分　合格点 70点　　点

● 次の日記を読んで、後の問いに答えなさい。

十月九日（金）くもり

算数の時間が終わろうとしているときでした。

「この前のテストを返します。」

と、先生が言われました。わたしは、けっこう自しんがあったので、百点かもしれないと思い、㋐むねがどきどきしました。

「山田さん。」

と先生によばれました。テストをもらって点数を見ると、とてもショックでした。いつもならできるかんたんなところでいくつもまちがえていたのです。

わたしは、なぜだろうと思い、反せいしました。一つは、計算を暗算でしてしまい、ひっ算でしなかったこと、もう一つは、問題文をさい後までしっかり読んでいなかったことが、まちがえた㋑原いんです。また、のこり時間に見直しもしないで、まどの外を見て安心していたこともくいがのこります。

わたしは、くやしくてなみだがでました。㋒こんな思いはもうしたくないので、次のテストでは□をしないで、一つ一つ大切に取り組もうと思います。

（1）――線㋐とありますが、どうしてむねがどきどきしたのですか。【20点】

（　　　　）は（　　　　）があったので、（　　　　）と思ったから。

（2）――線㋑の「原いん」にあたることには○を、あたらないことには×をつけなさい。【一つ5点…20点】

（　）先生にしつ問しなかったこと。

（　）計算をひっ算でしなかったこと。

（　）問題文に線を引かなかったこと。

（　）のこり時間に見直しをしなかったこと。

（3）〰〰線の意味として、よいものに○をつけなさい。【20点】

（　）心配の気持ちがのこること。

（　）ざんねんに思うこと。

（　）自しんをなくしてしまうこと。

（　）一生けん命なこと。

（4）――線㋒は、どんな思いですか。【20点】

（　　　　　　ような思い）

（5）□に入るもっともよい言葉に○をつけなさい。【20点】

（　）しっぱい　（　）反せい

（　）ひっ算　（　）油だん

テスト33 ハイレベ（ハイレベル）

五、日記文

時間 10分　合格点 70点　点

● 次の日記を読んで、後の問いに答えなさい。

八月十九日（水）晴れ

夏休みもあと十日あまり。今日は登校日でした。ぼくは、セミの鳴き声でいつもより早く起きました。そして、花だんの当番だったぼくは、㋐急いで家を出ました。

学校に着くと、となりのクラスの早川さんが、池のこいにえさをやっていました。プールの方では、同じクラスの村川君が水泳大会に向けて練習をしていました。友だちと会うのはひさしぶりだったので、なんだかなつかしい感じでした。

□の水やりをして教室に入ると、クラスの半分くらいの人が登校していました。みんなの顔は日やけしてまっ黒です。今日は、夏休みの自由研究を持ちよる日でした。ぼくの自由研究は、夏休みにとったこん虫のひょう本作りです。親友の山下君は、夏の星ざを自由研究のテーマにしていました。みんなの自由研究は㋑りっぱに見え、ぼくのテーマはちっぽけなものに思えてきました。

帰るとき、先生からひょう本作りについて、いくつかのアドバイスをいただきました。夏休みも少なくなりましたが、先生のアドバイスをさん考に、みんなに負けない自由研究に仕上げたいと思います。

（1）——線㋐とありますが、どうして急いで家を出たのですか【10点】

（　　　　）から。

（2）学校に着いてはじめに会った人は、だれですか。また、その人は何をしていましたか。【一つ10点…20点】

〈会った人〉（　　　　）

〈していたこと〉（　　　　）

（3）□に入る言葉を文中から三文字でぬき出しなさい。【10点】

（4）今日の登校日は、何をするための日でしたか。【10点】

（　　　　日）

（5）——線㋑の「りっぱ」と反対の意味の言葉を、文中から四文字でぬき出しなさい。【10点】

（6）日記に合うことには○を、合わないことには×をつけなさい。【一つ10点…40点】

（　）村川君と朝のあいさつをした。

（　）山下君と同じクラスです。

（　）ぼくの自由研究は、まだ仕上がっていない。

（　）先生は、ぼくのひょう本をほめてくれた。

テスト34 ハイレベ（ハイレベル）

五、日記文

時間 10分　合格点 70点　　点

● 次の日記を読んで、後の問いに答えなさい。

一月三日　木曜日　晴れ

お正月なので、いとこのはるちゃんが遊びにきました。そこで、㋐みんなでカルタ取りをすることにしました。お母さんがふだを読む係で、わたしと弟とはるちゃんでふだを取りました。弟は、まだ字が読めないので、㋑実さいは、わたしとはるちゃんの勝負でした。わたしがさい後の『き』のふだを取ったので、はるちゃんよりわたしの取った分が一まい多くなりました。はるちゃんがとてもくやしがったので、㋒もう一度やりました。二回目は、はるちゃんが二まい多く取って勝ちました。

カルタ取りの次は、羽根つきをしました。十二月の大そうじのとき、昔お母さんが遊んだ羽子板が出てきたので、わたしは㋓これで遊ぶことを楽しみにしていました。でも、お母さんはいそがしいし、弟も相手になりません。だから、はるちゃんが来たら、ぜったい羽根つきをしようと思っていたのです。はるちゃんは、羽根つきがとても上手でした。テニスを習っているからだそうです。□とちがって、わたしは一度もはるちゃんに勝てませんでした。それでも、外で思いっきり体を動かしたので、気分がスカッとして、とても楽しかったです。

(1) ——線㋐「みんな」とは、だれのことですか。すべて書きなさい。【15点】

（　　　　　　）

(2) ——線㋑の「実さいは」は、どの意味で使われていますか。よいものに○をつけなさい。【15点】

（　）楽しいことに
（　）しんじられないことに
（　）おしまいには
（　）本当のところは

(3) ——線㋒は、なぜもう一度やったのですか。【二つ10点…30点】

取ったふだが□まい少なくて負けた□が□から。

(4) ——線㋓「これ」とは何ですか。また、いつ見つけたものですか。くわしく書きなさい。【二つ10点…20点】

「これ」とは（　　　　　　）

いつ見つけたか（　　　　　　）

(5) □に合う言葉を一つえらんで、○でかこみなさい。【20点】

〔羽根つき・テニス・カルタ取り〕

テスト35

五、日記文

時間　10分　合格点　60点　　　点

● 次の日記を読んで、後の問いに答えなさい。

十月二十六日　金曜日　雨

今日は、音楽会の本番の日でした。朝から雨がふっていたので、みんなが見にきてくれるか心配でしたが、体育館がいっぱいになってとてもうれしかったです。遠くから、おじいちゃんとおばあちゃんもきてくれて、わたしは感げきしました。

わたしのクラスは、楽きの合そうをしました。わたしはたて笛のたん当で、たて笛は一人ずつ前に出てえんそうするところがありました。㋐その中でも、わたしのところはいちばんむずかしかったので、毎日たくさん練習したのです。ゆめの中でも、練習していたくらいです。だから、ぜったいまちがえない自しんがあったのですが、㋑いざ本番となってみると、手はふるえて口はからからになり、何が何だかわからなくなりました。それでも、おじいちゃんとおばあちゃんは、上手だったとほめてくれました。わたしは、遠くからわざわざ見にきてくれただけでもうれしかったのに、あまり上手じゃなかった合そうまでほめてもらって、㋒そのやさしさになみだが出そうでした。そこで考えたのですが、来年はできれば歌を聞いてもらいたいと思います。歌なら、どんなに手がふるえても平気だからです。

(1) おじいちゃんとおばあちゃんは、どこに何をしにきてくれましたか。【一つ10点…30点】

□□□ に □□□ を □□□□ くれた。

(2) ――線㋐「その中」が指している部分を文中からさがし、はじめと終わりの四文字を書きなさい。【一つ10点…20点】

□□□□ ～ □□□□ の中

(3) わたしが一生けん命練習したことがもっともよく分かる一文のはじめの四文字を書きなさい。【10点】

□□□□

(4) ――線㋑「いざ」と同じような意味の言葉を◯でかこみなさい。【15点】

〔もう・さあ・また〕

(5) わたしがとてもきんちょうしていることが分かる三十二字の部分（ふ号をふくむ）のはじめの六字を書きなさい。【15点】

□□□□□□

(6) ――線㋒とは、どんなことですか。次からもっともよいものをえらび、◯をつけなさい。【10点】

（　）遠くからわざわざえんそうを見にきてくれたこと。

（　）上手じゃないえんそうでもほめてくれたこと。

（　）歌をほめてくれたこと。

テスト36

六、説明文 (1)

時間 10分
合格点 80点
点

1 次の文章を読んで、後の問いに答えなさい。

北きょくや南きょくに近い地いきは、一年中気温がひくく、雪や氷におおわれています。冬の期間は★、一日中太陽がのぼらない日がつづきます。反対に、夏は☆、一日中太陽がしずまず、夜も明るい日がつづきます。この太陽がしずまない夜を、㋐白夜といいます。

そんな夏の太陽のおかげで、氷がとけて植物の生える場所があります。そのような所を㋑ツンドラとよびます。ツンドラには、せのひくい草やこけなどは生えますが、木は育ちません。

(1) ★と☆に入る言葉の組み合わせとして、よいものに○をつけなさい。【10点】

（　）★寒く　☆暑く
（　）★長く　☆短く
（　）★明るく　☆暗く

(2) ——線㋐の白夜とは、どんな夜のことですか。【10点】

（　　　　）が（　　　　）夜

(3) ——線㋑のツンドラのことには○を、そうでないことには×をつけなさい。【一つ10点…30点】

（　）氷がとけない場所。
（　）せのひくい草やこけが生える。
（　）木は育たない。

2 次の文章を読んで、後の問いに答えなさい。

テレビの画面は、赤、緑、青の光の点からできています。このたった三色だけでテレビにさまざまな色がうつって見えるのは、わたしたちの目の仕組みがかん係しています。

実はわたしたちの目は、この三色の光しか見えません。★、これらの光の強弱などの見え方のちがいを頭の中で組み合わせて、さまざまな色を感じているのです。☆、黄色を見たと感じるとき、目は赤と緑の光を見ているのです。だから、この三色の光は、全ての色の元という意味で、光の三原色とよばれます。

(1) ——線の三色を書きなさい。【10点】

（　　　　　　）

(2) ★と☆に入るつなぎ言葉の組み合わせとして、よいほうに○をつけなさい。【10点】

（　）★それで　☆ところで
（　）★けれど　☆たとえば

(3) 文章に合うものには○を、合わないものには×をつけなさい。【一つ10点…30点】

（　）わたしたちの目は、三色の光しか見えない。
（　）わたしたちの目の中で、光が強められたり弱められたりする。
（　）赤と緑の組み合わせで、黄色に感じる。

テスト 37 標準レベル

六、説明文 (1)

● 次の文章を読んで、後の問いに答えなさい。

わたしたちが住む家は、国や地いきによって使われるざいりょうやその形がちがいます。それは、それぞれの土地によって気こうやくらし方がちがうからです。

[あ]、わたしたちの国は、山が多く木がたくさん生えています。[い]、昔から木を使った家が作られてきました。[う]、台風が来ることもあるので、屋根には重いかわらを使う事が多いです。[え]、世界には木の少ない地いきもあります。㋐そうした場所では、どろをかためた日ぼしレンガや、石をつみ上げた家が作られています。[お]、一年中暑く雨の多い地いきでは、植物の葉で作ったかべや屋根、地面から高くはなれたゆかなど、㋑風通しのよい家が作られています。さらにウマやヒツジなどの家ちくとくらしている遊ぼくみんとよばれる人びとは、おりたたんで運べるテントを家にしています。家ちくが草をもとめてべつの場所に行くとき、テントの家も動いていくのです。

時間 10分　合格点 80点　点

(1) 住む家は、国や地いきによって何がちがいますか。二つ書きなさい。【一つ5点…10点】

・家に使う [　　　　]

・家の [　]

(2) なぜ、(1)のようなちがいがあるのですか。【一つ5点…10点】

国や地いきによって [　　　] や [　　　] がちがうから。

(3) [あ]～[お]に入る言葉をえらんで、（　）に記号を書きなさい。【一つ4点…20点】

（　）また　（　）しかし

（　）そして　（　）たとえば

（　）だから

(4) ——線㋐とは、どんな所ですか。八文字で書きなさい。【10点】

[　　　　　　　　]

(5) ——線㋑にあてはまる家には○を、あてはまらないものや分からないものには×をつけなさい。【一つ5点…25点】

（　）かわら屋根の家

（　）ゆかの高い家　（　）石の家

（　）日ぼしれんがの家

（　）かべや屋根が植物の葉でできている家

(6) 遊ぼくみんとは、どんな人びとですか。【一つ5点…15点】

（　　　）などの（　　　）と（　　　）いる人びと。

(7) 遊ぼくみんは、なぜテントを家にしているのですか。【10点】

[　　　　　　　　　] から。

テスト38 ハイレベ(ハイレベル)

六、説明文 (1)

時間 10分　合格点 70点　点

● 次の文章を読んで、後の問いに答えなさい。

せなかにこぶのあるラクダは、さばくでくらしていくことができる数少ない動物です。さばくは、めったに雨のふらない、岩とすなばかりのかわいた土地です。ラクダは、㋐そんな所で、何日も水を飲まずに生きていくことができるのです。

では、ラクダのこぶの中には、水がつまっているのでしょうか。㋑昔はそのように考える人もいましたが、こぶの中にあるのは水ではなくて、えいようのつまったしぼうのかたまりなのです。さばくにはえさになる草などがほとんどないので、ラクダは食べることができるときにできるだけたくさん食べ、それをしぼうとしてこぶの中にためこんでいるのです。

ラクダが何日も食べないでいると、こぶの中のしぼうが使われて、こぶはしぼんでいきます。また、何日も水を飲まずにいられるのは、一度に百リットルい上の水を血えきの中にふくませておくことができるからです。

このように、じょうぶな体をもつラクダは、昔からさばくで荷物を運ぶのに役立ってきました。今では、ほとんどのラクダが、家ちくとして人にかわれています。

(1) ——線㋐は、何という所ですか。【10点】

□□□

(2) ——線㋐をくわしくせつ明している二十五文字(ふ号をふくむ)の部分のはじめの四文字を書きなさい。【10点】

□□□□

(3) ——線㋑は、どのように考えたのですか。【20点】

□□□の□□の中には□が□□□□□□と考えた。

(4) ラクダのこぶの中身は何ですか。【10点】

(　　　)の(　　　)

(5) ラクダは何日も食べないでいると、どうなりますか。【20点】

□□□□の□□□□が使われて、□□は、□□□□いく。

(6) ラクダは、百リットルい上の水をどこにふくませていますか。【10点】

(　　　)

(7) ラクダは、昔からどんなことで役立ってきましたか。【20点】

(　　　)で(　　　)こと。

テスト39

ハイレベ（ハイレベル）

六、説明文（1）

時間 10分　合格点 70点　点

● 次の文章を読んで、後の問いに答えなさい。

音は、どのようにしてわたしたちの耳につたわるのでしょうか。それは、音を出しているものにせっしている空気がふるえ、そのふるえ（しん動）が波のように広がって、耳につたわってくるのです。この音のしん動をつたえる波のことを音波といいますが、人間の耳は、一秒間に二十回から一万六千回までのしん動数の音波しか、音として聞くことができません。それい外のしん動数の音は聞こえないのです。

［あ］、人間の耳には聞こえないちょう音波（しん動数がとても多い音）を聞くことができる生き物もいます。［い］、コウモリは自分でちょう音波を出して、暗いところでも物にぶつからずにとぶことができますし、イルカはちょう音波でなかまと会話をしています。

［う］、わたしたちはくらしの中でちょう音波を使っています。

「音が物に当たるとはね返るように、ちょう音波もはね返る」というせいしつを使って、かんたんには見えないところを知ることができるようになりました。［え］、海の中で魚のむれを見つけたり、おなかの中の赤ちゃんの様子を調べたりすることができるようになったことです。このほか、人や物が近づくと自動てきに開くドアや、プラスチックのせっ着にも、ちょう音波は使われています。

（1）［あ］～［え］に入る言葉を、○でかこみなさい。【一つ5点…20点】

［あ］（しかも・しかし）

［い］（たとえば・ところで）

［う］（でも・だから）

［え］（ただし・たとえば）

（2）音波とは、何ですか。【20点】

［　］の［　　　］を［　　　］波

（3）人間の耳には聞こえないしん動数のとても多い音のことを何といいますか。【20点】

（　　　　）

（4）ちょう音波を聞くことができる生き物を文章からさがして書きなさい。【20点】

（　　　　）

（5）人間がちょう音波をり用しているものすべてに○をつけなさい。【20点】

（　）魚のむれを見つける。

（　）電車のドアを開ける。

（　）おなかの中の赤ちゃんの様子を調べる。

（　）なかまと会話する。

テスト40

最レベ(最高レベル)

最レベに(最高レベル)チャレンジ

六、説明文 (1)

時間 20分

合格点 60点

点

次の文章を読んで、後の問いに答えなさい。

空気は直せつ目で見ることはできませんが、わたしたちの身の回りにはいつも空気があります。[あ]、空気がなければ、こきゅうもできないし、音も聞こえません。また、空気は入れ物にとじこめることができ、タイヤやうきわのように重さをささえたり、ボールのようにはずんだりする力を生み出します。

そのような空気は、地球のまわりを五百キロメートルい上のあつみでとりまいています。これを「大気」といい、地上でくらしているわたしたちはこの大気のそこに住んでいるといえます。[い]、わたしたちの頭上には、五百キロメートルもの高さの空気がのっているわけです。空気はたいへん軽いものですが、これだけのりょうの空気にはかなりの重さがあります。地球上のあらゆる物は、生き物もそれい外の物も、この空気の重みでおされているのです。これを「大気あつ」とよび、そのおす力(あつ力)は、一平方センチメートルの地面に一キログラムの重さの物がのっているのと同じです。それを一気あつといい、大気あつのたんいになっています。

大気あつは、上からだけでなく、横からも下からも、あらゆる方向からかかっていますが、わたしたちの体がつぶれてしまわないのは、体の中からも大気あつと同じ力でおし返しているからです。同じように、中に空気のつまったゴムまりにもあらゆる方向から大気あつがかかっておされていますが、中の空気も内から外へ同じ力でおしているので、丸い形をたもっているのです。[う]、中の空気が少しでも[A]と、ゴムまりは大気あつにおされて、へこんでしまいます。

大気あつは、気あつ計ではかります。ところで、大気あつのちがいはどこから生じるのでしょう。ふじ山のような高い山の上では、上にある空気のあつみが少ないので、平地より大気あつが[B]なります。また、空気はたえず動いているので、同じ場所でも、時間によって大気あつが上下します。そして、大気あつの高い所とひくい所がとなり合うと、空気は大気あつの高いほうからひくいほうへ流れていきます。このような空気の流れが、風なのです。

わたしたちは、大気あつをはかることで、天気を予想することができます。みなさんは、天気図を見たことがあるでしょうか。それには、大気あつの同じ場所どうしをむすんだ等あつ線というたくさんの線が引かれています。これを引くと、大気あつの高い場所とひくい場所が一目でわかり、風のふく向きなどがわかります。さらに、大気あつの高い場所では晴れのことが多く、大気あつのひくい場所では雨やくもりのことが多いです。天気予ほうでは、これらを全体てきに見て、これからの天気を予想しているのです。

(1) 記号を書きなさい。あ～うに入る言葉をえらんで、【一つ4点…12点】

（　）ところが　（　）まるで
（　）もし　（　）つまり
（　）まさか

(2) 大気とは、どんなものですか。【10点】

（　　）を（　　）い上の（　　）でとりまいている（　　）。

(3) 大気あつについて、正しいものすべてに○をつけなさい。【8点】

（　）大気のそこにたまっている。
（　）入れ物にとじこめることができる。
（　）空気の重みで地球上のものをおすカ。
（　）生き物の上にだけかかる。
（　）地球上のあらゆる物にあらゆる方向からかかる。

(4) わたしたちの体が、大気あつによってつぶれてしまわないのはなぜですか。それが書かれている部分のはじめと終わりの五文字を書きなさい。【8点】

□□□□□～□□□□□から。

(5) A・Bに入る言葉を□からえらんで、記号で答えなさい。【一つ4点…8点】

A（　　）　B（　　）

ア、高く　イ、ひくく
ウ、へる　エ、ふえる

(6) 大気あつは何ではかりますか。【10点】

（　　）

(7) 風は、かんたんにいうと、どんなものですか。【一つ3点…12点】

（　　）の（　　）ほうから（　　）ほうへ流れる（　　）

(8) 等あつ線とはどんなものですか。【一つ4点…12点】

□□□□□の□□□□□どうしを□□□□線。

(9) 大気あつの高い場所の天気には○を、大気あつのひくい場所の天気には×をつけなさい。【一つ4点…12点】

（　）くもり（　）晴れ（　）雨

(10) 天気図はどんなことに役立ちますか。【一つ4点…8点】

□□□□向きを知り、□□を予想すること。

テスト41

リビューテスト（復習テスト）　2-①

時間　10分
合格点　70点
点

● 次の文章を読んで、後の問いに答えなさい。

　ぼくは、本を読むのがすきです。わくわくどきどきするような物語が、とくにすきです。あ、学校の図書館には、㋐そういう本があまり多くありません。ぼくが読めそうな本は、ほとんど読んでしまいました。い、この前、ぼくはお母さんに言って、家から少し遠い町の図書館につれていってもらいました。

　う、そこで、ぼくはとても㋑おもしろそうな本を見つけました。たんていがむずかしい事けんを次つぎとかい決していくというお話です。つづきの話が何さつもあるので、ぼくは、まずはじめの三さつをかりることにしました。家に帰ってさっそく読み始めると、思った通りわくわくどきどきして読むのをやめられません。ぼくが夕食のときも読みながら食べているので、お母さんが言いました。ゆういち。食事のときは、本を読むのをやめなさい。行ぎが悪いですよ。

　それでぼくは、しぶしぶ本を手放しました。そして、急いでごはんを食べ終えると、㋒本のお話の世界にもどったのでした。

（1）あ～うに入る言葉を、○でかこみなさい。【一つ5点…15点】

あ（また・でも）

い（しかし・そこで）

う（そして・けれど）

（2）——線㋐とは、どんな本ですか。【20点】

□□□□□□□する

（3）ようなの本。

（3）——線㋐をさがすために、どこへ行きましたか。【15点】

（　　　　）

（4）——線㋑について、くわしくせつ明している一文のはじめの五文字を書きなさい。【20点】

□□□□□

（5）文章の中の会話の部分に「　」を一組つけなさい。【15点】

（6）——線㋒は、どういう意味ですか。よいもの一つに○をつけなさい。【15点】

（　）また、図書館に行った。

（　）また、本のつづきを読み始めた。

（　）本を読んでいるゆめを見た。

テスト42

リビューテスト（復習テスト）

2−②

時間 10分
合格点 70点
点

● 次の文章を読んで、後の問いに答えなさい。

地球は大きなじしゃくです。じしゃくにはエヌきょくとエスきょくがありますが、地球のエヌきょくは南きょくに、エスきょくは北きょくにあります。じしゃくには、［Ａ］きょくどうしは引きつけ合うせいしつがあります。［あ］、地球上で方いじしゃくを使うと、方いじしゃくのエヌきょくは、いつでも北を指すのです。これは、方いじしゃくの［Ｂ］きょくと、北きょくにある［Ｃ］きょくが、引きつけ合っているせいなのです。

ではなぜ地球は、じしゃくになっているのでしょう。それは地球の内部に、とけた鉄があって、それがぐるぐる流れているからだと考えられています。それによって電気の流れが起こり、この電流がじしゃくの力を生んでいるのです。

このような地球が持つじしゃくの力を地じ気といい、これは地球全体をとりまいています。［い］、地じ気自身は目に見えませんが、わたしたちは地じ気のはたらきで起こるものを見ることができます。北きょくや南きょくの空に見えるオーロラがそうです。

（1）［あ］と［い］に合わない言葉を一つずつさがして、×をつけなさい。【一つ10点…20点】

あ（だから・しかし・それで）

い（または・また・そして）

（2）［Ａ］〜［Ｃ］に合う言葉をえらんで、○でかこみなさい。【一つ5点…15点】

Ａ｛大きい・ちがう｝　Ｂ｛エス・エヌ｝　Ｃ｛エス・エヌ｝

（3）――線の問いの答えになる、つづいた二文の終わりの四文字（ふ号はふくまない）を書きなさい。【15点】

□□□□。

（4）地球の内部でぐるぐる流れているものは、何ですか。【15点】

（5）地じ気とは、何ですか。十三文字（ふ号はふくまない）までで書きなさい。【20点】

（6）地じ気のはたらきで、わたしたちが見ることができるものを書きなさい。【15点】

テスト43 標準レベル 七、物語文 (2)

時間 10分
合格点 80点
点

1 次の文章を読んで、後の問いに答えなさい。

右へ左へと角を曲がっているうちに、ほなみは自分がどこにいるのか分からなくなりました。まわりはどこも同じ、ほなみのせよりも高い、ひまわりの［　　］でした。そうです。ほなみはひまわりのめい路の中で、まい子になっていたのです。同じ所を何度も通りながら、ほなみは思いました。

「このまま出られなかったら、わたしはここでたった一人で死ぬんだわ。」

そう考えると、とてもおそろしくて、ほなみはひっしで★をはたらかせました。

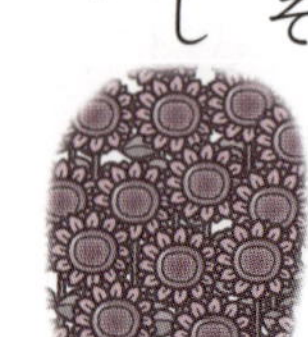

（1）――線で、ほなみはどこでどうなったのですか。【20点】

（　　　　　　　　）で（　　　　　　　　）になった。

（2）［　　］に入る言葉に、○をつけなさい。【15点】

（　）てんじょう　（　）かべ
（　）とびら　（　）ゆか

（3）★には、体の部分を表す言葉が入ります。漢字一字で答えなさい。【15点】

（　　　　）

2 次の文章を読んで、後の問いに答えなさい。

「たいへんだ。火事だ。けむりだよ。」

三毛ネコのこまが、大きな声で言いました。しかし、かい主のじろうさんには、ニャーニャーとしか聞こえません。そのため、じろうさんは、

「何だ、ごはんがほしいのか。さっき食べたばかりなのになあ。」

と言いながら、ネコのごはんの用意を始めたのです。こまはちがうと言いたくて、ひときわ大きな声で鳴きましたが、やっぱり通じません。このときほどこまはネコである自分をうらんだことは［※］。

（1）文章に合うものには○を、合わないものには×をつけなさい。【一つ10点…30点】

（　）じろうさんは火事に気づいて、火を消しに行った。
（　）こまは、「火事だ。」と、大きな声で鳴いたつもりだった。
（　）こまは、自分のごはんの用意を始めた。

（2）――線の意味として、よいほうに○をつけなさい。【10点】

（　）とくに目立っている様子
（　）とくにきめこまかい様子

（3）［※］に入る言葉に○をつけなさい。【10点】

（　）ときどきありました。
（　）ありませんでした。

標準レベル

七、物語文 (2)

時間 10分　合格点 80点　点

● 次の文章を読んで、後の問いに答えなさい。

研究室のドアがとつぜん開くと、顔中ひげぼうぼうの㋐アップル教じゅが出てきて、「やったぞ。ついにできた。㋑大発明だ。」とさけびました。

「いいかね。わたしは、着ればすがたが見えなくなるマントを作ったのだよ。」

と、ねっ心にせつ明したのです。何でも、カメレオンのすがたをヒントにして、思いついたのだそうです。たしかに、今までだれも考えたことのない物でした。「そんな物、何の役に立つのさ。どこで使うって言うんだい。」

と、話を聞いた人から言われると、アップル教じゅは急にだまってしまいました。そして、しょんぼりと［う］を落として研究室にもどると、ドアをかたくしめたのでした。アップル教じゅは役に立つ物の発明がとても㋒苦手だったのです。

（１）――線㋐「アップル教じゅ」について、それぞれの問いに答えなさい。【一つ10点…30点】

①　どんな顔でしたか。八文字で書きなさい。

②　どこから出てきましたか。

（　　　　）から出てきた。

③　どんなことが苦手ですか。あてはまるものを一つえらんで○をつけなさい。

（　）自分の発明についてせつ明すること。

（　）だれも考えたことのない物を作ること。

（　）役に立つ物を発明すること。

（２）［あ］と［い］に入る言葉を、○でかこみなさい。【一つ10点…20点】

［あ］（それでも・そして）

［い］（でも・だから）

（３）――線㋑「大発明」は、何を作ったのですか。それを表す十六文字の部分のはじめの四文字を書きなさい。【15点】

（４）――線㋑「大発明」は、何を見て思いつきましたか。【10点】

［　　　　］の［　　　］

（５）［う］には、体の部分を表す言葉が入ります。よいもの一つに○をつけなさい。【10点】

（　）足　（　）首

（　）せなか　（　）かた

（６）――線㋒「苦手」と反対の意味の言葉を考えて、ひらがな三文字で書きなさい。【15点】

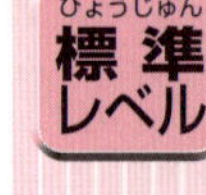

テスト45 標準レベル

七、物語文 (2)

時間 10分 合格点 80点 点

● 次の文章を読んで、後の問いに答えなさい。

旅人は、女主人からもう一日とまっていくようにと言われたのを、ていねいにことわりました。そして、㋐自分の決意がかたいことをつたえるために、

「今、出発すると㋑日のあるうちにとうげをこえられます。とうげをこえたら都までは、歩いて半日のきょりです。ぐずぐずしてはいられません。」

と言って、女主人にわかれをつげたのです。すると、女主人はざんねんそうに、

「そうですか。それならお引きとめはいたしません。でも、今日は一日、山道をお歩きになるのですから、せめてお昼の㋒おべんとうを持っていってくださいな。」

と言いました。それを聞いた旅人は、何て親切な人だろうと感げきしました。しかし、 A 旅人が女主人の本心を知っていたら、これを親切とは決して思わなかった B 。

旅人は、宿を出て歩き始めました。ところが、いくらも歩かないうちに、もうれつにおなかがすいてきました。仕方がないので、先ほどもらったおべんとうを出して、近くの木の下で食べることにしました。それは、やきたてのパンにチーズ、みずみずしいりんごといういうかんたんなものでしたが、おなかがすいていた旅人にとっては何よりのごちそうでした。その後、まんぷくになった旅人は、ひと休みのつもりで木の下で横になりました。でも、目ざめたとき、旅人はあの女主人の宿にもどっていたのです。

(1) ——線㋐「自分の決意」とは、どんなことですか。【15点】

今すぐに（　　　）を（　　　）すること。

(2) ——線㋑の「日のあるうちに」とは、どんな意味ですか。□にひらがなを入れて答えなさい。【15点】

あ□□□うちに

(3) 旅人は、これからどこへ行くつもりですか。【15点】

（　　　）

(4) ——線㋒の「おべんとう」の中身は何でしたか。すべて書きなさい。【15点】

（　　　）

(5) A と B に入る言葉を□に合うように、ひらがなで書きなさい。【一つ10点…20点】

A …□□

B …□□□□

(6) この話の内ように合うものを一つえらんで、○をつけなさい。【20点】

（　）旅人はとてもつかれているので、もう一日とまったほうがよい。

（　）女主人は旅人をおべんとうで元気づけたいと思った。

（　）宿を出て間もなく、旅人はおなかがすいてきた。

テスト46

ハイレベ（ハイレベル）

七、物語文（2）

時間 10分 合格点 70点 点

● 次の文章を読んで、後の問いに答えなさい。

バスは、にぎやかな町の中をはなれて、山の中を走り始めていました。それまでバスに乗っていたたくさんの人は、一人二人とおりていき、今バスに乗っているのはマヤ一人でした。マヤは、［A］としたバスのいちばん後ろのざせきで、心細さに暗い気分で［B］いました。バスの外は、まだ昼間の太陽が明るくてらしていたのにです。マヤは、お母さんからたのまれた入院中のおばあちゃんの着がえがつまった荷物を持ち、

「早く終点の病院に着かないかなあ。大きなバスに一人は、なんだかこわいな。」

と思っていました。そんなマヤに、とつぜんバスの運転手さんが、

「おじょうちゃん、年はいくつ。山の上の病院に行くんだろう。一人でえらいねえ。」

と話しかけてきました。この言葉にマヤはびっくりしました。いつもだまって仕事をしている運転手さんから話しかけられるなんて、思いもしなかったからです。それでも、マヤはいつもお母さんからよその人には礼ぎ正しくと言われているので、

「はい、三年生です。病院には、おばあちゃんのお見まいに行きます。」

と、はきはきと答えました。運転手さんは、マヤのしっかりした答え方に感心して、マヤをほめました。それから、運転手さんと終点まで楽しくおしゃべりしていたマヤに、さっきの心細さはのこっていませんでした。

（1）［A］と［B］に入る言葉を［　］からえらんで、記号で答えなさい。【一つ10点…20点】

ア、がやがや　イ、がらん
ウ、しずんで　エ、うかんで

A（　　）　B（　　）

（2）マヤの持っている荷物の中には、何が入っていますか。【20点】

（　　）の（　　）の（　　）

（3）――線は、どうしてびっくりしたのですか。それが書かれた一文のはじめの五文字（ふ号をふくむ）を書きなさい。【10点】

（4）マヤがいつもお母さんから言われていることを、十二字までで書きなさい。【20点】

（5）バスの運転手さんは、マヤの何をほめましたか。合うものに○を、合わないものに×をつけなさい。【一つ10点…30点】

（　）一人で病院に行くこと。

（　）お母さんの言うことをよくきくこと。

（　）聞かれたことに、はきはきと答えたこと。

七、物語文（2）

時間 10分
合格点 70点
点

● 次の文章を読んで、後の問いに答えなさい。

「ねえ、おじいさん。㋐あのもこもことした雲の下には、何があるの。」

おじいさんといどにのこったわずかな水をくみにきたサジェは、空を見上げてこう言いました。サジェの指さした先には、空に大きく立ち上がる入道雲がありました。おじいさんは、何でも知りたがるまごがかわいくてたまらない様子で、

「あの雲の下には、雨がふっていてな、水のたくさんある、大きな町があるんだよ。」

と、ていねいに答えました。おじいさんの水という言葉に、㋑サジェは目をかがやかせ、

「本当?うちの水がめ十こくらいのたくさんの水があるの?」

と聞きました。かわいた土地にくらすサジェにとって、たくさんの水というのは、そのくらいしか思いうかびませんでした。おじいさんは、そんな㋒サジェの思いちがいを、やさしくわらって正しました。

「たくさんの水というのはな、この地面の上を流れていて、どれだけバケツでくんでもなくならないだけの、たくさんのことだよ。」

「うわあ、すごいんだねえ。水がすきなだけ、いつでも使えるね。㋓行ってみたいなあ。」

サジェの心には、あの雲の下の町に対するあこがれが、大きくふくらんでいきました。

（1）――線㋐は何という雲ですか。名前を書きなさい。【15点】

（　　　）

（2）サジェは、だれと何をしにいくところでしたか。【20点】

□□□□□と□□□の□を□□にいくところだった。

（3）おじいさんは、サジェのことをどのように思っていますか。サジェのことをどのように思っていますか。文章中からさがして、十文字の言葉で答えなさい。【15点】

□□□□□□□□□□

（4）――線㋑は、サジェのどんな気持ちを表していますか。よいものに○を、ちがうものに×をつけなさい。【一つ5点…15点】

（　）うたがっている。

（　）楽しんでいる。

（　）わくわくしている。

（5）――線㋒「サジェの思いちがい」を表す一文のはじめの五文字を書きなさい。【15点】

□□□□□

（6）――線㋓は、どこに行ってみたいのですか。【20点】

□□□□□□□

テスト48 ハイレベ（ハイレベル）

七、物語文（2）

時間 10分　合格点 70点　　点

● 次の文章を読んで、後の問いに答えなさい。

白い花しか植えてはいけないという王様の命れいにそむいて、マルセルは家の庭に黄色いマリーゴールドのたねをまきました。病気の母親に明るい色の花を見せて、気分だけでも明るくなってもらおうと思ったからです。

［あ］、つぼみがついて、いよいよ花がさき出すというときに、おしろから役人が来て、

「おまえ、王様の命れいを知っているだろう。黄色い花を、植えてはいけないのだ。」

と言いました。マルセルは、なぜ分かったんだろうと、真っ［1］になりましたが、

「いいえ。［2］い花なんか、植えていません。何なら庭を調べてみてください。」

と、うわべだけは平気なふりをして言いました。マルセルは、まだ花がさいていないので、分かるわけがないと思っていました。［い］、役人と二人で庭に出てみると、［3］あおとした緑葉の中にたった一つ、お日様色のマリーゴールドがさいていたのです。これを見た役人は、勝ちほこったように言いました。

「これは明らかに、命れいい反だ。マルセル・メイヨー、おまえをたいほする。」

マルセルは、おとなしく役人につかまりました。花がさけば、いつかはつかまるとかくごしていたからです。［う］、一つざんねんなのは、あのあざやかな色を母親に見せられないことでした。

（1）――線「王様の命れい」とは、どんなことですか。【15点】

［　　　　　］しか［　　　　　　　　　　］ということ。

（2）マルセルは、なぜ――線にそむいたのですか。それが分かる一文のはじめの五文字を書きなさい。【10点】

［　　　　　］

（3）［あ］～［う］のどれにも入る言葉には○を、入らない言葉には×をつけなさい。【一つ5点…30点】

（　）しかし　（　）すると
（　）だから　（　）でも
（　）また　（　）けれども

（4）［1］～［3］に入る色として、よい方を○でかこみなさい。【一つ5点…15点】

［1］…（赤・青）
［2］…（白・黄色）
［3］…（青・緑）

（5）マルセルは、なぜたいほされましたか。十文字までで書きなさい。【15点】

（　　　　　　　　　　）にそむいたから。

（6）マルセルがざんねんに思ったのは、どんなことですか。【15点】

［　　　　］に［　　　　］を［　　　　］こと。

テスト49

七、物語文 (2)

時間 20分　合格点 60点　　点

● **次の文章を読んで、後の問いに答えなさい。**

十一月になると、山には全国から神様が集まってきました。そこに来るのは、海の神に山の神、かまどの神からトイレの神様まで、実にさまざまです。[あ]、ただ一人だけ、その集まりに出られない神様がいました。空っぽの神社を守る、る守番役のかぎの神でした。[い]、かぎの神もみんなの集まりに出たくてしかたありませんでした。[う]、近くにいたネズミに、ほんの少しの間だける守番をたのむことにしたのです。

「たのんだぞ。このかぎを見ているだけでいいんだ。だれにもとられないようにな。」

かぎの神はネズミにそう言うと、[え]とはずんだ足どりで山に向かいました。

ネズミは言われた通りずっとかぎを見はっていましたが、[お]たいくつして、ねむたくなってきました。そして、ほんのちょっとの間でしたが、[か]としてしまいました。すると、ちょうどそこへ通りかかったネコが、いねむりをするネズミを、かぎといっしょに飲みこんでしまったのです。こうして、おなかがいっぱいになったネコは、その場で丸くなってねむり始めたのです。

何も知らないかぎの神が、ほかの神様より一足早く上きげんで帰ってきたとき、そこにいたのは、（１）ではなく見知らぬ（２）でした。かぎの神は、

「こら、わたしの社で勝手にねるな。しっ、しっ。」

と、（３）をつめたく㋐追いはらい、（４）をさがしましたが、もちろんいるはずがありません。かぎの神はたいへんあわてました。そのかぎは、どの社も開けることができます。だから、それがないと今、山に集まっている全国の神様は、だれも元の社に帰ることができないのです。そうなると、大ぜいの神様にしかられるのは自分です。かぎの神は、さっきまでの楽しい気分がどこかに㋑ふきとんでいくのを感じました。

「何としても、㋒神がみが山からおりてくる前に、ネズミをさがさなければならない。」

と、心にかたく決めたのでした。

まず、かぎの神は、社のすみずみとあなを一つずつたんねんに調べました。

「ネズミやネズミ、出ておいで。」

と、やさしくよびかけてもみました。しかし、地にもぐったか天に上ったか、ネズミのすがたはかけらも見えません。かぎの神も、[き]つかれはて、その場にすわりこんでしまいました。そこへ、先ほど追いはらわれたネコがやってきたのです。かぎの神には、もう追いはらう気力はありません。㋓うつろな目でネコを見ていると、ネコはどうやら気分が悪いようでした。何度かおなかを[く]させると、ついに、

「おえー」。

というへんな声とともに、口からかぎをはき出したのです。それを見たかぎの神様は、ネコをだき上げ、おどり出しました。それほど、㋔うれしかったのです。

（1）あ～うに入る言葉を、◯でかこみなさい。【一つ4点…12点】

あ…（だから・しかし）

い…（でも・そのうえ）

う…（そこで・けれど）

（2）かぎの神はネズミにどんなことをたのみましたか。【8点】

だれにも□□□□□ようにを□□□□□いること。

（3）え～くに入る言葉をえらんで、記号を書きなさい。【一つ3点…15点】

（　）とうとう　（　）うとうと

（　）とぼとぼ　（　）だんだん

（　）うきうき　（　）くるくる

（　）ぽんぽん　（　）ひくひく

（4）ネコが飲みこんだものをすべて書きなさい。【8点】

（　　　　　）

（5）（1）～（4）に入る言葉を、◯でかこみなさい。【一つ2点…8点】

（1）…（ネズミ・ネコ）

（2）…（ネズミ・ネコ）

（3）…（ネズミ・ネコ）

（4）…（ネズミ・ネコ）

（6）――線㋐で、なぜあわてましたか。【一つ2点…8点】

・□□が□□と、□□の□□にしかられるから。

（7）――線㋑と同じ使い方の文に◯を、ちがうものに×をつけなさい。【一つ3点…9点】

（　）風でぼうしがふきとんでしまった。

（　）ドッジボールをすると、寒さがふきとんで温まる。

（　）歌いながら歩くと、さみしさがふきとんで、一人でも平気だ。

（8）――線㋒には、どんな神様がいますか。四人書きなさい。【一つ3点…12点】

（　　）の神　（　　）の神

（　　）の神　（　　）の神

（9）――線㋓とは、どんな様子ですか。ちがうものに◯をつけなさい。ちがうものに×をつけなさい。【一つ3点…12点】

（　）おこっている。

（　）ぼんやりしている。

（　）ねむそうである。

（　）気がぬけている。

（10）――線㋔の様子がわかる部分（ふ号をふくむ）を書きうつしなさい。【8点】

（　　　　　）

テスト50 標準レベル

八、観察記録文

時間 10分
合格点 80点
点

1 次の文章を読んで、後の問いに答えなさい。

四月二十七日
　ツバメが車庫のかべに、土とかれ草ですを作っていました。たまごもあったので、そっと見守ることにしました。
五月十一日
　ツバメのたまごがかえりました。ヒナは全部で四羽です。ヒナは、大きな口で親からえさをもらっていました。
六月五日
　ヒナがすからとび立ちました。でもまだ近くの電線にとまって、親にえさを運んでもらっているようです。

(1) ツバメは、何ですを作っていましたか。【10点】

（　　　　　　　　）

(2) 文章に合うものには○を、合わないものには×をつけなさい。【一つ10点…40点】

（　）ツバメがすを作っているときは、まだたまごはなかった。

（　）ヒナは全部で四羽で、そのうち二羽が親からえさをもらっていた。

（　）すからとび立ったヒナは、まだ親からえさをもらっているようだ。

（　）ヒナは大きな口をあけて、親からえさをもらっていた。

2 次の文章を読んで、後の問いに答えなさい。

　たねがめを出すために、何がひつようか調べてみました。
　まず、水分をふくませたわたとかわいたわたを用意して、それぞれの上にたねをのせ、めが出るかかんさつしました。
　十日後、水分のあるわたにのせたたねは、めが出ましたが、かわいたわたにのせたたねは何もへん化がありません。このことから、たねがめを出すためには、水分がひつようなことがわかりました。
　また、わたの上でもめが出ることから、土はとくにひつようでないのがわかりました。

(1) この文は、何を調べたことが書かれていますか。【20点】

（　　　　　　　　）ために、（　　　　　　　　）

(2) (1)の答えを調べるために、はじめに用意したものをすべて答えなさい。【20点】

（　　　　　　　　）

(3) たねがめを出すために、とくにひつようでないものは、何でしたか。一文字で答えなさい。【10点】

（　　　）

テスト51

八、観察記録文

時間 10分　合格点 80点　　点

次の文章を読んで、後の問いに答えなさい。

九月十四日

午後六時ごろ、西の空のひくい場所に、細い糸のような三日月が見えました。その月は、七時になると、地平にしずんで見えなくなりました。

九月十九日

午後六時ごろに太陽がしずむと、南の空の高い所に、半円の月が見えました。円の右半分が光っている月です。上げんの月というそうです。九時に見ると、月は西の空にありました。そして、真夜中に見たときは、地平にしずんでいて見えませんでした。

九月二十六日

午後六時ごろ、東の空に円い月が上ってきました。まん月です。真夜中に、月は南の空に見えました。そして、二十七日の朝、日の出の前に西の地平にしずみました。

（1）それぞれの月はどんな形をしていますか。【一つ10点…30点】

・三日月
［　　　］のような形。

・上げんの月
［　］の［　　　］が［　　］ている［　　］の形

・まん月
［　］い形。

（2）真夜中に南の空に見えた月はどれですか。よいものに○をつけなさい。【10点】

（　）三日月　（　）上げんの月

（　）まん月

（3）次の図は、午後六時と真夜中の空の図です。それぞれの方角に見えた月を［　］からえらんで、（　）に記号を書きなさい。ないときは×をつけなさい。【一つ5点…30点】

〈午後六時〉

西（　　）　南（　　）　東（　　）

〈真夜中〉

西（　　）　南（　　）　東（　　）

［ア　イ　ウ］

（4）文章から分かることには○を、まちがっていたり、分からないことには×をつけなさい。【一つ10点…30点】

（　）月は、毎日同じ時こくに同じ方角に見える。

（　）まん月は、雲がなければひとばん中見えている。

（　）三日月は、上げんの月より見える時間が少なかった。

テスト52 標準レベル

八、観察記録文

● 次の文章を読んで、後の問いに答えなさい。

七月二十二日に起こった、部分日食のかんさつしました。部分日食というのは、月にかくされて、円い太陽がかけて見えることです。今回この場所からは、太陽のだいたい九十パーセントがかけて見えるそうです。それから、日食のかんさつのために、黒いフィルムをはった日食メガネを用意しました。太陽を直せつ見ると、目をいためるからです。

日食が始まったのは、九時四十分ごろです。日食メガネで太陽を見ていると、右上の方からだんだんかけてくるのがわかりました。半分くらいになったのは、十時二十分ごろです。十時四十分には、太陽は三日月ほどの細さになりました。このくらい太陽がかけても、太陽のかがやきはかわりません。太陽がいちばんかけて細くなったのは、その十六分後の十時五十六分です。この時でも、日ざしが少しやわらいだかなというくらいでした。

★「その後、太陽は、三日月のように見えたまま、その形が少しづつ太くなっていきました。十一時四十分には、半分くらいの大きさにもどりました。日食が終わって、太陽が元の円い形にもどったのは、十二時十八分をすぎたころです。空はずっと明るいままでした。」太陽はなんて強い光を出しているのだろうと思いました。

(1) 部分日食とは、どんなものですか。【15点】

□に□、太陽が□こと。

(2) ――線の「かけて」と同じ意味で使われているものには○を、ちがうものには×をつけなさい。【一つ5点…15点】

( ) エンジンをかけている。
( ) 月がかけている。
( ) かたに水とうをかけて出かける。

(3) 日食のかんさつに使った道具を書きなさい。また、それを使うわけが書かれた一文の、はじめの五文字を書きなさい。【一つ10点…20点】

・道具 □をはった
・わけ □

(4) 次の時こくと合う太陽の形を下からえらんで、番号を書きなさい。【一つ10点…40点】

九時四十分ごろ ( )
十時二十分ごろ ( )
十時四十分 ( )
十時五十六分 ( )

① ② ③ ④

(5) ★の中にかなづかいのまちがいが一つあります。その字に×をつけなさい。【10点】

時間 10分
合格点 80点
点

テスト53

八、観察記録文

時間 10分　合格点 70点　　点

● 次の文章を読んで、後の問いに答えなさい。

六月十八日（金曜日）
　メダカが水草にたまごをうみつけていました。朝早く、うんだようです。たまごは、毛のようなもので水草にからみついています。大きさは一ミリくらいです。すきとおったたまごの中に、丸いつぶが見られます。㋐油てきという油のつぶだそうです。

六月二十二日（火曜日）
　メダカのたまごの中に、頭や目ができているのが見えました。でもまだ、㋑それらの部分は、たまごと同じようにすきとおっています。

六月二十八日（月曜日）
　たまごの中に、メダカのすがたが見えるようになってきました。黒い目玉がはっきり見えます。ときどき、㋒赤いえき体が流れているのもわかります。血えきや心ぞうが見えているのだそうです。

七月一日（木曜日）
　たまごから、メダカの子ども（ち魚）がかえりました。大きさは、五ミリくらいです。おなかには、小さなふくろがついていました。中に、えいようが入っているそうです。そのせいか、㋓えさをやっても食べませんでした。

（1）線㋐の「油てき」とは何ですか。【20点】
メダカの□□□の中に見られる□い□の□□□。

（2）線㋑の「それらの部分」とは、何のことですか。【20点】
メダカのたまごの中にできた□や□

（3）線㋒の「赤いえき体」とは何ですか。よい方を○でかこみなさい。【20点】
［ 血えき ・ 目玉 ］

（4）線㋓の理由をかんさつした人はどう考えましたか。よいものを一つえらんで、○をつけなさい。【20点】
（　）メダカのお母さんにえさをもらっているから。
（　）自分でえさをとって、おなかの小さなふくろにためているから。
（　）ち魚のおなかについている小さなふくろに、えいようが入っているから。

（5）次の文のうち、メダカのたまごのことには○を、メダカの子どものことには×をつけなさい。【一つ4点…20点】
（　）大きさは一ミリくらいである。
（　）大きさは五ミリくらいである。
（　）おなかにふくろがついている。
（　）毛のようなもので水草にからみついている。
（　）すきとおっている。

テスト54

ハイレベ（ハイレベル）

八、観察記録文

時間 10分 合格点 70点 点

● 次の文章を読んで、後の問いに答えなさい。

池でとってきたヤゴ（トンボのよう虫）が羽化を始めたので、かんさつすることにしました。ヤゴの形から、トンボのしゅるいは体の赤いアキアカネだと思われます。

午後八時すぎ、水中にいたヤゴが水から出て、水そうに立てておいた木のえだに上りじっとしていました。しばらく見ていると、九時ごろになって、ヤゴのせ中にわれ目ができトンボの頭が出てきました。つづいてむねと足が出てきましたが、とつぜん全く動かなくなりました。ぼくは、羽化がしっぱいして死んでしまったのではないかと、とても心配になりました。けれども、二十分くらいすると、また動き出したので、ほっとむねをなでおろしました。二十分の休けいの後、トンボは、足でヤゴのからをつかむようにして、おなかの部分を引っぱり出しました。

出てきたばかりのトンボの羽は、しわがよってちぢんでいます。おなかもすらっと長い形ではなく、短くずんぐりしています。体の色も黄色だったので、調べてみるとアキアカネの体が赤くなるのは秋になってからで、夏の間は黄色いままだそうです。

午後十時ごろ、ちぢんでいた羽がのびてきました。十時半をすぎたころには、羽はすっかりのびて、おなかも長くなりました。もう、いつでもとび立てそうです。

（1）何のかんさつをしましたか。【15点】

［　　　　　］のヤゴの［　　］

（2）ヤゴはどこからどこへい動して、羽化を始めましたか。【20点】

（　　　　）から（　　　　）に立てた（　　　　）

（3）どこにわれ目ができましたか。【15点】

（　　　　　　　　）

（4）ヤゴのからからそれぞれの部分が出たじゅんに番号をつけなさい。【20点】

（　）頭　（　）むね・足　（　）おなか

（5）出てきたばかりのトンボの様子を書きなさい。【一つ5点…15点】

・体の色（　　　　）
・羽（　　　　）いる。
・おなか（　　　　）いる。

（6）ヤゴのせ中にわれ目ができてから、羽がすっかりのびるまで、どれくらいかかりましたか。【15点】

（　　　　　　　　）

テスト55 ハイレベル

八、観察記録文

時間 10分　合格点 70点　点

● 次の文章を読んで、後の問いに答えなさい。

七月十日
実の終わったイチゴのなえの根元から、ランナーというくきが長くのびていました。くきのとちゅうや先には、小さな葉もついています。ランナーがいつも土にふれているようにところどころに土をかけて、地面をはわせておきました。

九月二十日
ランナーの土にふれていた部分から、また、新しい根が出ていました。全部で三か所ありました。それぞれに新しい葉も出てきています。ランナーを切って、一つずつなえにして、新しい場所に植えかえました。

三月二十日
ランナーから作ったなえに、花がさきました。白くて円い花びらが五まいついた小さな花です。実がかならずつくように、おしべの花ふんをめしべにつけておきました。

四月二十一日
イチゴの実がじゅくして、赤くなりました。なえの根元からは、もうランナーがのび始めていました。

(1) ランナーとは何ですか。【20点】
[　][　]の[　][　]の[　][　]から[　][　]のびた[　][　]。

(2) ランナーのところどころに土をかけたのは、なぜですか。【15点】
（　　）がいつも（　　）に（　　）するため。

(3) ランナーの土にふれていた部分から出てきたものを○でかこみなさい。【10点】
［ 葉・め・根 ］

(4) 一本のランナーから、いくつのなえができましたか。【10点】
（　　）

(5) なえを植えてからどのくらいで花がさきましたか。また、花がさいてから実がじゅくすまでどのくらいかかりましたか。□に漢字を書きなさい。【一つ10点…20点】
花がさくまで□か月、その後、実がじゅくすまで□か月。

(6) 花の様子を書いた一文のはじめの五文字を書きなさい。【15点】
[　][　][　][　][　]

(7) 何のために——線のようなことをしたのですか。【10点】
（　　）

テスト56

最レベ（最高レベル）

最レベに（最高レベル）チャレンジ

八、観察記録文

時間 20分　合格点 60点　　点

● 次の文章を読んで、後の問いに答えなさい。

五月十七日
　田んぼにつづく用水路でカエルのたまごをみつけたので、持って帰りました。黒い点のようなたまごは、ぶよぶよとしてすきとおったゼリーみたいなものにつつまれています。水そうに入れて、たまごがかえるのをかんさつすることにしました。
五月十八日
　水そうの中の水の温度が二十度しかなかったので、ヒーターで二十四度まで温めました。ついでに、ポンプで空気を少し送るようにしました。ゼリーの中のたまごは、たて横に何本もすじもようができていました。
六月一日
　ゼリーにいくつもあなが開いて、たまごがかえりました。でも、出てきたおたまじゃくしは、まだおも短くて、㋐うまく泳げないようです。水草にみんなでくっついて動きません。㋑口もできていないのか、えさをあたえても食べませんでした。
六月十一日
　おたまじゃくしのおがのびて、水の中を泳ぎ回るようになりました。口もできたようで、えさを食べています。えさは、細かくした金魚のえさと、ゆでてやわらかくした緑のなっ葉です。
七月三日
　おたまじゃくしのおのつけ根の両がわに、ふくらみができてきました。このごろ、おたまじゃくしは、とてもよくえさを食べます。今は、なっ葉よりかつおぶしやイトミミズの方がすきなようです。えさが足りなくなると、とも食いといって、おたまじゃくしどうしで食べ合ってしまうので、えさをじゅうぶんにあたえるように注意しています。
七月十七日
　おのつけ根のふくらみがのびて、足になりました。
八月二日
　おたまじゃくしに前足が出てきました。でも、すがたはまだおたまじゃくしのままで、水中を泳いでいます。それでも、いつでも水から上がれるように、水そうの中に石と木でりく地を作りました。
八月八日
　おたまじゃくしのおが短くなって、頭の形がカエルらしくなってきました。りく地にいる時間の方が多くなってきています。
八月十六日
　おたまじゃくしのおは、全部なくなりました。すっかりカエルのすがたです。

(1) どこでカエルのたまごを見つけましたか。【10点】

（　　　　　）

(2) たまごの様子が書いてある一文のはじめの五文字を書きなさい。【10点】

□□□□□

(3) おたまじゃくしにちょうどよい水の温度を書きなさい。【10点】

（　　　　　）度

(4) ——線㋐、——線㋑は、それぞれ、どんな様子をかんさつして思ったことですか。【一つ5点…10点】

㋐…□□□に□□□□で□□□□て□かない様子。

㋑…□□□を□□□□□ても□□ない様子。

(5) おがのびたころのおたまじゃくしのえさをくわしく書きなさい。【10点】

（　　　　　）

(6) おのつけ根にふくらみができてから、足になるまでに、何日間かかりましたか。それぞれかんさつした日もふくめて数えます。【10点】

（　　　　　）日間

(7) 文章の言葉を使って、「とも食い」をせつ明しなさい。【10点】

（　　　　　）どうして（　　　　　）こと。

(8) 八月二日に何を作りましたか。【10点】

□□□□□に□□□で□□□□を作った。

(9) たまごがかえってから、カエルになるまで、およそどれくらいかかりますか。□に漢字を書きなさい。【10点】

□か月□

(10) カエルのたまごがカエルになるまで、じゅんに番号をつけなさい。【10点】

（　）前足が出てきた。
（　）おがのびてきた。
（　）たまごにすじもようができた。
（　）イトミミズなどをよく食べるようになった。
（　）おが短くなり、りく地にいる時間の方が多くなってきた。
（　）ゼリーにあなが開いて、おたまじゃくしが出てきた。
（　）おが全部なくなった。

テスト57
標準レベル

九、見学記録文

時間 10分
合格点 80点
点

1 次の文章を読んで、後の問いに答えなさい。

はく物館のきょうりゅうてんを見にいきました。動くティラノサウルスのもけいは、大きな口の中にとがった歯がならんでいて、おそろしかったです。また、全身のほねの化石も見ました。一つ一つのほねが大きくて、おどろきました。こんなに［あ］て強そうな動物が、どうしていなくなったのか、とてもふしぎに思いました。

それから、［い］の発くつの様子も、写真で見ました。すべて手作業で、たいへんな仕事だなと思いました。

（1）――線は、ティラノサウルスのもけいの何がおそろしかったのですか。【20点】

大きな口の中に（　　　　）が（　　　　）いるところ。

（2）［あ］に入るもっともよい言葉に、○をつけなさい。【15点】

（　）重く　（　）大きく
（　）おもしろく　（　）するどく

（3）［い］に入る言葉を、文章の中から二文字で書き出しなさい。【15点】

［　　］

2 次の文章を読んで、後の問いに答えなさい。

テレビの放送局を見学しました。放送局は、㋐スタジオといって番組をさつえいする場所がいくつもありました。ニュースを読んでいるとなりで、歌番組やドラマをさつえいしていて、ふしぎな感じでした。そして、スタジオでは、㋑カメラでさつえいする人のほかにも、たくさんの人がはたらいていました。音声係やしょう明係、時間を計る人、全体をとり仕切るディレクターとよばれる人などです。テレビの［　］が、たくさんの人の力で作られていることが、よく分かりました。

（1）――線㋐とは、どんな場所のことですか。【15点】

（　　　　）場所

（2）――線㋑のほかに、スタジオではたらく人の仕事はいくつ書かれていますか。【20点】

（　　）つ

（3）［　］に入る言葉を、文章の中から二文字で書き出しなさい。【15点】

［　　］

テスト58 標準レベル

九、見学記録文

時間 10分 合格点 80点 点

次の文章を読んで、後の問いに答えなさい。

ぼく場で、牛をかっている様子を見学しました。ぼくたちがいつもきゅう食で飲んでいる牛にゅうを作ってくれているぼく場です。

近くで見る牛はけっこう大きくて、少しこわかったです。このぼく場では、牛にゅうをしぼるとき、きかいを使っているそうですが、ぼくたちのために、手でしぼるところを見せてくれました。おちちを引っぱられていたそうに見えましたが、牛はおとなしかったです。［　　］、しぼった牛にゅうをまぜるきかいやさっきんするきかい、びんづめするところを見ました。ばいきんが牛にゅうに入らないように、それぞれのきかいやびんは、使うたびに消どくするそうです。また、牛小屋や牛の体も、とてもせいけつでした。牛にゅうを作るために、こんなにそうじや消どくがひつようであるということをはじめて知りました。ぼく場の仕事は、とてもたいへんだなあと思いました。

（1）ぼくたちは、どこを見学しましたか。【20点】

［　　　　］で［　　］でいる［　　　　］を［　　］てくれている［　　］。

（2）ぼくたちのために、いつもとちがうどんなところを見せてくれましたか。【20点】

［　　　］を使わずに［　］で［　　　］を［　　］るところ。

（3）［　］にあてはまる言葉に、○をつけなさい。【20点】

（　）それでは　（　）それでも
（　）それから　（　）それとも

（4）——線は、どんなきかいがありましたか。二つくわしく書きなさい。【一つ10点…20点】

（　　　　　　）きかい
（　　　　　　）きかい

（5）次の文で、ぼくが思ったことに○を、せつ明を聞いたことに×をつけなさい。【一つ5点…20点】

（　）ぼく場の仕事はたいへんだ。
（　）きかいやびんは、使うたびに消どくしている。
（　）牛にゅうをしぼるとき、きかいを使っている。
（　）牛を近くで見ると、少しこわかった。

九、見学記録文

時間 10分　合格点 70点　点

● 次の文章を読んで、後の問いに答えなさい。

石けん工場へ見学に行きました。工場に着くとすぐ、石けんのいいにおいがしてきました。[あ]、これはこうりょうというにおいのもとのかおりで、石けんそのものにはあまりにおいはないそうです。[い]、こうりょうをかえると、いろんなにおいの石けんが作れるそうです。

わたしたちがはじめに見たのは、石けんの原りょうをまぜる大きなかまです。石けんは、しぼうさんという油と、かせいソーダという薬品から作られます。この工場では、きかいではなく人の手で、これらをまぜていました。大きなかまは火で温められていて、工場の中はとても暑かったです。[う]、まぜる人はあせをかきながらがんばっていました。原りょうのまぜ具合、温め具合は、すべて手につたわる感じで分かるのだそうです。[え]、どろどろのとけた石けんのもとにこうりょうなどを入れて、きかいで練るところを見ました。これをかためると、石けんができ上がるそうです。でき上がった石けんをさわらせてもらったら、まだ少し温かかったです。さい後に、手で一つずつ、紙につつんで箱に入れるところを見学しました。

手作りの石けんには、多くの手間がかかっていることを知りました。だから、大切に使おうと思いました。

（1）[あ]〜[え]に入る言葉を、○でかこみなさい。【一つ5点…20点】

あ…（また ・ でも）

い…（だから ・ しかし）

う…（それとも ・ それでも）

え…（それで ・ それから）

（2）こうりょうとは何ですか。六文字で書きなさい。【20点】

（3）石けんの原りょうを書きなさい。【20点】

[　　]と[　　]

（4）——線はなぜですか。よいもの一つに○をつけなさい。【20点】

（　）大ぜいの人がいるから。

（　）力を使う仕事だから。

（　）火を使っているから。

（5）石けんができるじゅんに番号をつけなさい。【20点】

（　）紙につつんで箱に入れる。

（　）石けんのもとにこうりょうを入れて練る。

（　）原りょうをまぜて、温める。

（　）石けんのもとをかためる。

テスト60

ハイレベ（ハイレベル）

九、見学記録文

時間 10分　合格点 70点　点

● 次の文章を読んで、後の問いに答えなさい。

天文科学館で、プラネタリウムを見ました。プラネタリウムというのは、たて物の中できかいを使って星空を見せるものです。今回は、冬の星ざのオリオンざや、おおいぬざ、ふたござなどのせつ明を聞きました。プラネタリウムで見る星ざは、線でむすんであるので、実さいの夜空で見るよりずっと分かりやすかったです。

せつ明の中でいちばんおもしろいと思ったのは、オリオンざと夏の星ざのさそりざとは決して同じ空には見えないという点です。神話によると、かりの名人オリオンは、どくを持つさそりにさされて死んだそうです。だから、星空の中でもオリオンはさそりからにげていて、さそりざが夜空に見え出す五月ごろには地平線にしずんで見えなくなるそうです。星になってもにげ回るなんて、よほどさそりがこわかったんだと、思いました。それから、ここからは見られない南半球の星ざも見ました。南十字ざや、みずへびざ、コンパスざなどです。こんなめずらしい星ざが見られるのも、プラネタリウムのいいところだと思いました。

ほかにも、北の空で動かないと思っていた北きょく星が、実は動いていることなど、星のことをたくさん知ることができました。

（1）プラネタリウムは、どんなものですか。【15点】

（　　）で、（　　）を使って（　　）を（　　）もの。

（2）プラネタリウムで見る星ざは、夜空で見る星ざとどんなところがちがいますか。【15点】

星を（　　）で（　　）ところ。

（3）オリオンざとさそりざが同じ空に見えないわけをくわしくせつ明している、つづいた二文の、はじめの四文字を書きなさい。【15点】

□□□□

（4）次の星ざで、南半球の星ざには○を、ちがうものには×をつけなさい。【一つ5点…35点】

（　）おおいぬざ　（　）南十字ざ

（　）オリオンざ　（　）ふたござ

（　）みずへびざ　（　）さそりざ

（　）コンパスざ

（5）プラネタリウムのいいところは、どんなところですか。よいものに○を、ちがうものに×をつけなさい。【一つ5点…20点】

（　）北きょく星が動かないところ。

（　）めずらしい星ざが見られるところ。

（　）星ざの形が分かりやすいところ。

（　）たくさんの流れ星を見ることができるところ。

テスト61

最レベ（最高レベル）

九、見学記録文

時間 20分

合格点 60点

点

次の文章を読んで、後の問いに答えなさい。

わたしたちの飲み水を作ってくれているじょう水場を見学しました。じょう水場に着くと、まず、係の人が安全でおいしい水の作り方を図を使ってせつ明してくれました。［あ］、じょう水場が二十四時間、休みなくはたらいていることも、教えてくれました。じゃ口をひねるといつでも水が出てくるべんりな生活は、じょう水場が休みなく水を作ってくれているからだと知りました。その後、わたしたちは、実さいに水を作っている所を、あん内してもらいました。

さいしょに見たのは、ちんさ池です。川から取り入れた水をためて、水の中のごみやすなを下にしずめる所です。近くで見ると、ちんさ池の水はにごっていて、あまりきれいとはいえないものでした。［い］、これが本当に飲める水になるのか、少し心配になって係の人にたずねました。［う］、係の人は、ちんさ池の水は川の水そのままなので川のよごれがよく分かると、答えてくれました。

それから、次に見たのはちんでん池です。㋐薬を入れて、水のにごりを小さなかたまりにして下にしずめる所です。ちんでん池の水は、さいしょのちんさ池の水よりもきれいになっているようで、少し安心しました。そして、つづいてろか池を見学しました。ろか池では、ちんでん池から送られてきた水が、すなやじゃりの中を通ってかん全にすきとおった、きれいな水になるところを見ました。㋑この水ならなんだか飲めそうな気がしてきましたがこれはまだ、飲むことはできないそうです。

ろか池の次は、水にえんそという薬を入れて消どくするところを見ました。えんそは、水の中のばいきんをころす役わりをしていて、これが終わってはじめて飲み水になるそうです。じゃ口から出てきた水をそのまま飲んでも平気なのは、このように、消どくをしているからだと分かりました。そして、係の人が言うには、昔はもっとたくさんのえんそを入れていたそうです。川の水がそれだけよごれていたからで、それにくらべると、今はずいぶんえんそのりょうが少なくなったらしいです。川をきれいにしようと、多くの人が考えるようになったからで、これからも、そのど力をつづけていければいいなあと思いました。

さいごに、でき上がった水を送り出す送水ポンプを見学しました。とても大きなきかいで、そこから出ている水道かんも太くてびっくりしました。何十万人もの人が使う水を送り出すためには、これくらい太くないと足りないのだそうです。そして、このポンプが止まると、それぞれの家や工場、学校などに水がとどかなくなります。だから、これはとても大切なきかいなのだと、教えてもらいました。

じょう水場を見て思ったのは、安全な水を作るためには、たいへんな手間がかかるということです。水のむだ使いはやめようと、強く思いました。

(1) かこみなさい。あ～うに入る言葉を、〇でかこみなさい。【一つ4点…12点】

あ…（ それから ・ それとも ）

い…（ しかし ・ だから ）

う…（ すると ・ また ）

(2) 水を作っている所を見る前に、どんなせつ明を聞きましたか。二つ書きなさい。【一つ5点…10点】

・（　　）の作り方。

・じょう水場が（　　）時間、（　　）こと。

(3) ちんさ池のそこにたまっている物を二つ書きなさい。【一つ5点…10点】

（　　）（　　）

(4) ちんさ池の水を見ると何が分かるのですか。五文字で書きなさい。【6点】

(5) ――線㋐は何の薬ですか。【6点】

□の□を□める薬。

(6) ――線㋑は、どんな水ですか。十五文字（ふ号はふくまない）で書きなさい。【6点】

---

(7) えんその役わりを二通りの言い方で書きなさい。【一つ5点…10点】

・水を（　　）する。

・水の中の（　　）を（　　）す。

(8) どちらの水がきれいですか。よい方に〇をつけなさい。【6点】

（　）昔の川の水　（　）今の川の水

(9) 川の水がわたしたちにとどくまでを図にしました。（　）に合う言葉を□からえらんで、記号で書きなさい。【一つ4点…24点】

（　）→（　）→（　）→（　）→（　）→（　）→ 家・工場・学校など

（㋔）

㋐送水ポンプ　㋑ろか池　㋒川　㋓ちんでん池　㋔じょう水場　㋕水道かん　㋖ちんさ池

(10) この文章は、大きく三つの意味だん落に分けられます。二だん落と三だん落のはじめの五文字を書きなさい。【一つ5点…10点】

二だん落

三だん落

テスト62

リビューテスト（復習テスト）　3－①

時間 10分　合格点 70点　　点

● 次の文章を読んで、後の問いに答えなさい。

五月十八日（火曜日）
　学校でかっているウサギに、きのう子どもが生まれました。全部で六ぴきです。生まれたばかりのウサギの赤ちゃんは、毛が生えてなくて、ピンク色のはだが見えています。耳も大きくありません。目もとじたままで、見えていないようです。
六月一日（火曜日）
　ウサギの赤ちゃんは毛が生え、目も開いてきて、㋐ウサギらしいすがたになってきました。でも、まだえさは食べられません。お母さんのおちちを飲んでいます。
六月八日（火曜日）
　ウサギの赤ちゃんにえさを少しあたえてみたら、食べました。㋑もちろん、おちちも飲んでいますが、これから少しずつえさをあたえていこうと思います。
八月三十一日（火曜日）
　㋒赤ちゃんだったウサギの子どもたちは、親とかわらない大きさになりました。

（１）ウサギの赤ちゃんは、いつ生まれましたか。【20点】

（　　）月（　　）日（　　）曜日

（２）生まれたばかりのウサギの赤ちゃんは、どんな様子でしたか。【一つ5点…20点】

・毛は［　　　　］いない。
・はだは［　　　　］色だ。
・耳は［　　　　］ない。
・目は［　　　　　］だ。

（３）線㋐に合うものに〇を、ちがうものや分からないものに×をつけなさい。【一つ5点…20点】

（　）耳が大きく、長くなった。
（　）毛が生えてきた。
（　）はだが白くなった。
（　）目が開いてきた。

（４）線㋑「もちろん」と同じような意味の言葉として、もっともよいものに〇をつけなさい。【20点】

（　）言うとおり
（　）言ってみれば
（　）言うまでもなく

（５）線㋒の数を漢字で書きなさい。【20点】

［　　］ぴき

リビューテスト（復習テスト）3－②

時間 10分　合格点 70点　　点

● 次の文章を読んで、後の問いに答えなさい。

中央おろし売り市場へ見学に行きました。㋐おろし売り市場とは、わたしたちがふだんの生活で買い物をする小売りの市場とはちがいます。魚や野さいなどの品物をいろんな地いきから集めて、㋑わたしたちが買い物をするお店やスーパーにせりという方ほうで売る市場のことです。

わたしたちが見学に行ったときは、野さいのせりが行われていました。㋒せり台におかれたトマトを見て、なか買人とよばれる人たちが声を出していました。早口すぎて何と言っているのかよくわかりませんでしたが、なか買人は自分の買いたいねだんを言っているそうです。そして、いちばん高いねだんを言った人が、そのトマトを買うことができます。これがせりだと、市場の人が教えてくれました。

なか買人は、それぞれのお店を代表しています。そして、このせりで決まったねだんをもとにして、お店で売るときのねだんを決めるそうです。［あ］は、物の［い］を決めている所なのだと知りました。

（1）――線㋐をくわしくせつ明している一文の、はじめの五文字を書きなさい。【10点】

□□□□□

（2）――線㋑をべつの言い方で表している六文字の言葉を書きなさい。【20点】

□□□□□□

（3）――線㋒を買うことができるのは、どんな人ですか。【20点】

□□□□□□□□□を言った□□□□。

（4）なか買人の仕事として正しいものに○を、ちがうものに×をつけなさい。【一つ10点…30点】

（　）品物をいろんな地いきから集める。

（　）おろし売り市場に品物を買いにいく。

（　）せりで、自分の買いたいねだんを言う。

（5）［あ］・［い］に入る言葉を［　］からえらんで、記号で答えなさい。【一つ10点…20点】

あ（　　）　い（　　）

ア、せり　イ、おろし売り市場
ウ、なか買人　エ、買い方
オ、ねだん

十、説明文（２）

時間 10分　合格点 80点　　点

1 次の文章を読んで、後の問いに答えなさい。

秋になると、木ぎの葉が赤や黄に色づきますが、赤色と黄色とでは葉の色づく仕組みがちがいます。

赤くなるのは、葉にたまったでんぷんが日光に当たって赤い色そアントシアニンにかわるからです。

しかし、黄色くなるのは、葉を緑色に見せている葉緑そがこわれてなくなり、元からあるカロチンという黄色の色そが目立つようになるからです。

そして、そのどちらも、冬にそなえて葉を落とすためのじゅんびなのです。

（１）木ぎの葉が赤や黄に色づくきせつは、いつですか。【10点】

（　　　　）

（２）何が――線のアントシアニンに、かわりますか。【10点】

（　　　　）

（３）次のものは、それぞれ何色ですか。――でつなぎなさい。【一つ10点…30点】

葉緑そ　・　　　・黄色

カロチン　・　　　・赤色

アントシアニン　・　　　・緑色

---

2 次の文章を読んで、後の問いに答えなさい。

ピグミーマーモセットは、世界でいちばん小さなサルです。大人になっても、体長は十四センチにしかなりません。南アメリカのアマゾン川の近くに住んでいて、虫や木の実、木のしるなどを食べています。

このサルは木のしるを食べるために、前日のうちに木のみきに歯できずをつけます。そして、次の日の朝、きずにたまったしるを食べます。次の日の食物を前日から用意するなんて、かしこいサルだと思いませんか。

（１）ピグミーマーモセットは、どんなサルですか。【一つ10点…30点】

・体長（　　　　）

・住んでいる場所（　　　　）

・食べ物（　　　　）

（２）なぜ、――線のようなことをするのですか。【一つ5点…20点】

□□に□□□た

□□を□□□ため。

テスト65 標準レベル

十、説明文（2）

時間 10分　合格点 80点　点

● 次の文章を読んで、後の問いに答えなさい。

物を食べておいしいと思うのは、わたしたちの体に味を感じる部分があるからです。口の中のしたには味らいとよばれる細ぼうがあり、ここに水やつば（だえき）にとけた食物がふれると味を感じます。そんな味らいは、大人の人のしたにだいたい九千こあるといわれています。[あ]、味らいが感じる味は、したの場所によってちがいます。[い]、あまい味はしたの真ん中のあたりで感じ、から味やすっぱさはしたの両がわで感じています。

[う]、おいしいと思うためには、鼻の役わりも大きいです。鼻は、息の通り道だけでなく、においを感じる部分でもあります。鼻のおくにはにおいを感じる細ぼうがあり、食べたときの食物のにおいも感じとれます。そして、したが感じる[え]の上に、[お]がくわわることで、人はその食物をおいしいと思うのです。

（1）[あ]〜[う]に入る言葉を、○でかこみなさい。【一つ10点…30点】

あ（それで・そして・または）

い（ところで・なぜなら・たとえば）

う（また・では・だから）

（2）味らいについて、それぞれの問いに答えなさい。【一つ15点…30点】

① 体のどこにありますか。また、大人で何こくらいありますか。

・[　　]の[　　]にある。

・（　　）こくらいある。

② いろいろな味は、したのどこで感じていますか。それが分かる一文の、終わりの五文字（ふ号はふくまない）を書きなさい。

[　　　　　]。

（3）鼻の役わりを二つ書きなさい。【一つ10点…20点】

・（　　）の（　　）。

・（　　）を（　　）る。

（4）[え]・[お]に入る言葉を[　]からえらんで、記号で答えなさい。【一つ10点…20点】

[え]（　　）　[お]（　　）

ア、おいしさ　イ、におい
ウ、味　エ、味らい

テスト66

標準レベル

十、説明文(2)

時間 10分　合格点 80点　　点

● 次の文章を読んで、後の問いに答えなさい。

電気が流れる道すじのことを回路といい、その回路に流れる電気を電流といいます。そして、電流には次の三つのものを作り出すはたらきがあります。

その一つは、ねつです。電気の回路には金ぞくのどう線が使われますが、金ぞくには電気が流れやすいものとそうでないものがあります。電気が流れにくいどう線に電流が通るとき、どう線はねつであつくなります。わたしたちは、そんな電流の㋐発ねつ作用を身近な所で使っています。電気ストーブやドライヤー、アイロンやすいはんきなどがそうです。また、もう一つは光です。電流によってねつが発生したとき、同時に光も出るのです。電球が明るくかがやくのは、電球の中のフィラメントという部分に電流が流れているからです。このとき、電球をさわると、ほんのりあたたかいのがわかります。これは、電流が光とねつを同時に作っているしょうこです。

のこりの一つは、じしゃくです。電流によって作られるじしゃくを㋑電じしゃくといいます。電じしゃくは、じしゃくの強さやエヌエスのきょくを自由にかえられるので、たいへんべんりです。そのため電気で回転するモーターや、スイッチで音が鳴るベルなどに使われています。とくにモーターは、電車やエレベーターなど身近にたくさん使われる物です。

(1) 電流とは何ですか。【15点】

(　　)に(　　)る(　　)

(2) 電流が作り出す三つのものをそれぞれ□に合うように書きなさい。【一つ5点…15点】

□□・□・□□□□

(3) ——線㋐の「発ねつ作用」についてまとめました。それぞれよい方を、○でかこみなさい。【一つ10点…20点】

電気が流れ{やすい／にくい}どう線に{電流／回路}が通るとき、どう線はあつくなる。

(4) 電球はどの部分が明るくかがやくのですか。六文字で書きなさい。【14点】

□□□□□□

(5) ——線㋑の「電じしゃく」は、なぜべんりなのですか。【一つ6点…18点】

じしゃくの□□□や□□□□の□□□□を自由にかえられるから。

(6) 次のうち、「発ねつ作用」を使っているものには○を、「電じしゃく」を使っているものには×をつけなさい。【一つ3点…18点】

(　)電気ストーブ　(　)ベル　(　)ドライヤー
(　)すいはんき　(　)アイロン　(　)エレベーター

テスト67 ハイレベ（ハイレベル）

十、説明文（２）

時間 10分　合格点 70点　点

● 次の文章を読んで、後の問いに答えなさい。

多くの植物は、花をさかせてたねを実らせ、そのたねでふえていきます。[あ]、このようにたねを作る植物は、実は植物の中では新しいしゅるいなのです。古いしゅるいの植物は花がさかず、たねを作りません。そのかわり、ほうしというものでふえていきます。

そんなほうしでふえる植物に、キノコのなかまやコケのなかまがあります。さらに、山さいとして知られているワラビやゼンマイ、お正月のかざりに使うウラジロなどのシダのなかまも、その一つです。シダのなかまは、きょうりゅうの時代よりも古い、三おく五千万年くらい前から地球上に生えていた植物です。[い]、そのころたくさんあったシダの大木は、今は地中深くにうもれて、石炭になっています。

このようなシダのなかまが作るほうしは、ほうしのうとよばれるふくろに入っていて、これがはじけると中からほうしが出てきます。ほうしのうは、葉のうらにある場合が多いです。しゅるいによっては、くきの先にほうしのうだけをつける、とくべつなものがあります。このくきを、ほうしけいといいます。春になると土から出てくるツクシは、スギナというシダのなかまのほうしけいです。ツクシは、スギナがほうしをとばすために地上にのびたもので、地下でスギナのくきとつながっています。

（１）[あ]と[い]に入る言葉を、◯でかこみなさい。【一つ10点…20点】

[あ]（だから・しかし・それで）

[い]（たとえば・すると・そして）

（２）古いしゅるいの植物に◯をつけなさい。【15点】

（　）たねでふえる植物

（　）ほうしでふえる植物

（３）ほうしでふえる植物には、何のなかまがありますか。三つ書きなさい。【一つ5点…15点】

・（　　　）のなかま

・（　　　）のなかま

・（　　　）のなかま

（４）石炭は、もともと何でしたか。【15点】

（　　　）年くらい前の（　　　）の（　　　）

（５）シダのなかまのほうしのうは、どの部分にありますか。二つ書きなさい。【一つ10点…20点】

・（　　　）のうら・（　　　）の先

（６）文章に合うものには◯を、合わないものや分からないものには×をつけなさい。【一つ5点…15点】

（　）花がさいた後、ほうしができる。

（　）ワラビやゼンマイはコケのなかまだ。

（　）ツクシは、スギナのほうしけいだ。

テスト68

ハイレベ（ハイレベル）

十、説明文（2）

時間 10分　合格点 70点　　点

次の文章を読んで、後の問いに答えなさい。

火山は、地下深くのマグマが地上にふき出て作られる山のことです。マグマというのは、どろどろにとけた岩石のことで、地下深くのマグマだまりという所にたくわえられています。そして、マグマの中にあるガスの力が大きくなると、地表の岩をつきやぶって出てくるのです。これをふん火といいます。また、ふん火で地上に流れ出たマグマをよう岩、空中にふきとばされてかたまった岩を火山だんや火山れき、それよりも小さなちりを、火山ばいといいます。よう岩の温度は九百度から千二百度もあるので、ふれる物はみんないっしゅんのうちにもえてしまいます。また、ふん火のときには、有どくな火山ガスが出たり、高温の火山ばいが火山ガスといっしょに高速で山はだをすべり落ちてくる火さい流が起こったりすることもあります。これらにまきこまれると、人の命は一たまりもありません。火山のふん火は、おそろしいものなのです。

しかし、火山がもたらすのはおそろしいことばかりではありません。わたしたちのすきな温せんは、火山がないとできないからです。地下にしみこんだ水がマグマのねつで温められ、火山ガスのせい分などがとけこんだものが温せんです。温せんのわく所ではくさいにおいがしますが、それはイオウという火山ガスのせい分の一つです。

（1）マグマとは何ですか。十文字で書きなさい。【20点】

（2）次の図は、火山のふん火を表しています。（　）に合う言葉を［　］からえらんで、記号で答えなさい。【二つ4点…20点】

火山

（　）（　）（　）（　）（　）

…マグマ

ア、火山だん　イ、火山ばい
ウ、よう岩　エ、火山れき
オ、マグマだまり　カ、岩石

（3）火さい流にふくまれるものを、四文字で二つ書きなさい。【二つ10点…20点】

（4）——線の言葉の使い方でよいものに○を、まちがっているものには×をつけなさい。【二つ10点…20点】

（　）大風がふくと、庭の木は一たまりもありません。

（　）みんな帰ってしまったので、公園には一たまりもありません。

（5）火山がもたらすよい物とは何ですか。【20点】

（　　　）

テスト 69

十、説明文（2）

時間 10分　合格点 70点　　点

● 次の文章を読んで、後の問いに答えなさい。

　四年に一度開かれる世界で一番大きなスポーツ大会が、オリンピックです。そもそもオリンピックは、二千年い上昔に、ギリシャという国で始まったものでした。㋐そのころは、神様にささげるものとして、スポーツ大会を開いていました。［あ］、たとえとなりの町とせんそうしていても、神様のために、せんそうを中だんしてオリンピックは開かれたのです。［い］、このせんそうをやめてまで開かれた昔のオリンピックを㋑平和のシンボルにしようとふっ活させたのが今のオリンピックなのです。

　それを考えたのは、フランス人のクーベルタンという人です。今から百年い上前の一八九六年に、第一回の大会がギリシャのアテネという都市で開かれました。平和なスポーツ大会にしようという考えの下で、どんな国でもさんかすることができ、はだの色やしんじる神様のちがいによって、さんかする人を区べつしないと決まっています。㋒その考え方をよく表しているのが、㋓オリンピックのマークの五つのわです。赤・緑・黒・黄・青の五色のわは、世界の五つの大りくを表しています。そして、それが横にならんで手をつないでいるような形は、「世界中の人が、このわのようになかよくしていこう」という意味がこめられています。

（1）［あ］と［い］に入る言葉をえらんで、記号を書きなさい。【一つ10点…20点】

（　）そして　（　）しかし

（　）だから

（2）――線㋐は、いつごろですか。【15点】

（　　　　）

（3）――線㋑とありますが、昔のオリンピックのどんなことが、平和のシンボルになったのですか。一つえらんで○をつけなさい。【15点】

（　）神様にささげるものだということ。

（　）ギリシャで始まったということ。

（　）せんそうをやめてまで開かれたということ。

（4）決まり通りに行われたとすると、第二回の大会は、何年に開かれましたか。【15点】

（　　　　）年

（5）――線㋒についてくわしく書かれている一文の、はじめの五文字を書きなさい。【15点】

□□□□□

（6）――線㋓には、どんな意味がこめられていますか。【一つ10点…20点】

（　　　　）が（　　　　）していこう。

テスト70

最レベ（最高レベル）

最レベに（最高レベル）チャレンジ

十、説明文 (2)

時間 20分

合格点 60点

点

次の文章を読んで、後の問いに答えなさい。

わたしたちの生活に、石油はなくてはなりません。車を動かすのにも、電気を作るのにも、石油が使われています。そんな石油はもともと、大昔のプランクトンのような小さな生物の死がいが地中で長い年月がかかってへん化したもので、化石ねんりょうとよばれています。化石というだけあって、石油のほとんどは地下深くにうもれています。石油がうまっている場所を油田といいます。油田では、石油をほり出すまでだいたい数千メートル地下をほります。［あ］、油田からほり出された石油は原油とよばれ、そのままでは使いません。原油は、せい油所（石油せいせい工場）といわれるたて物で、使いやすいように、とう油やガソリンなどのせい分に分けられるのです。

さらに、この油田からせい油所に原油を運ぶときに使われるのが、パイプラインやタンカーです。パイプラインは、主に、りく地で原油を運ぶのに使われます。油田からパイプをつなげば、どこまでも原油を運ぶことができるので、べんりです。［い］、わたしたちの国のようにまわりを海でかこまれているときは、そうもいきません。そんな場合は、タンカーという船が役に立ちます。タンカーは原油を運ぶために作られた船で、油を入れるタンクは船がゆれても中の油が流れないようにかべでいくつも仕切られています。

こうして、せい油所に着いた原油は、ねつをくわえられて、中のせい分をより分けられます。原油のせい分は、それぞれ、じょう気になる温度がちがうので、(ア)それを使って原油を温度のひくいじゅんから、エルピーガス、ガソリンやナフサ、とう油、軽油、重油に分けていくのです。そして、この分けられたせい分のナフサや重油などを使う工場も、せい油所の近くに集まっています。せい油所からパイプを通じて、(イ)これらを受け取り使うためです。こうした工場の集まりを、コンビナートとよびます。

その中のナフサを使う工場からは、わたしたちの身近な品物がたくさん作られています。［う］、薬に、せんざい、ゴム、化学せんいの服、プラスチックを使った物などです。さらに、火薬や、作物のためのひりょう、ペンキなどのとりょう、りょう理の味つけに使う化学調味りょうも、ナフサから作られています。もし、今、石油がなくなったら、わたしたちはくらしていけないでしょう。

ところが、石油は化石ねんりょうなので、うまっている石油にはかぎりがあり、いつかはほりつくしてなくなってしまいます。［え］、今からでも、石油にたよらない生活を考えていくべきかもしれません。また、近年このような化石ねんりょうをたくさん使うことで地球の空気中に二さん化炭そがふえすぎて、地球をあたたかくしていることが分かってきました。いわゆる『地球の温だん化』です。このことからも、(ウ)わたしたちは、今のくらしを見直すひつようがあります。

（1）で、（　）に あ ～ え に入る言葉をえらんで、（　）に記号を書きなさい。【一つ3点…12点】

（　）しかし　（　）だから
（　）ところで　（　）そして
（　）たとえば

（2）石油は、何が長い年月かかってへん化したものですか。【8点】

（　　　）のような（　　　）の（　　　）。

（3）石油は、そのでき方から何とよばれていますか。【8点】

□□□□□□□

（4）石油は、どのあたりにうまっていますか。また、その場所を何といいますか。【一つ5点…10点】

・地下□□メートルあたり
・□□

（5）原油を運ぶ方ほうを図にしました。□に入る言葉を□からえらんで、記号を書きなさい。【一つ4点…12点】

□
（海）□　（りく地）□
ウ

ア、パイプライン　イ、タンカー
ウ、せい油所　エ、油田

（6）原油のせい分が書いてあります。じょう気になる温度が高いものからじゅんに、（　）に番号を書きなさい。【10点】

（　）ガソリンやナフサ　（　）エルピーガス
（　）重油　（　）軽油
（　）とう油

（7）――線㋐「それ」と、――線㋑「これら」は何を指していますか。【一つ5点…10点】

・――線㋐「それ」
（　　　）になる（　　　）のちがい。

・――線㋑「これら」
（　　　）

（8）ナフサを使って作られるものには○を、ちがうものや分からないものには×を（　）に書きなさい。【一つ2点…20点】

（　）せっけん　（　）化学せんい
（　）薬　（　）おかし
（　）ゴム　（　）ひりょう
（　）紙　（　）せんざい
（　）レンガ　（　）絵の具

（9）――線㋒の理由を二つ書きなさい。【一つ5点…10点】

・うまっている（　　　）には（　　　）があるから。

・『（　　　）の（　　　）』が分かってきたから。

テスト71 標準レベル

十一、手紙文

時間 10分 合格点 80点 点

1 次の手紙を読んで、後の問いに答えなさい。

長田さん、本をかしてくれて、ありがとう。長田さんの言った通り、とても㋐おもしろかったです。ぶあつい本だったので、全部読み切れるか心配でしたが、あっという間に読んでしまいました。主人公のまほう使いが悪者につかまる場面は、とくにはらはらしますよね。つづきがあるそうですが、また、かしてもらえますか。長田さんが読み終わったらすぐにでも、㋑おねがいします。

では、また来週、学校で会いましょう。

さようなら。

金さき　みなより

（1）この手紙は、どんな手紙ですか。あてはまるものに○をつけなさい。【15点】

（　）お礼　（　）お知らせ

（　）おわび　（　）おねがい

（2）――線㋐で、どういうところがおもしろかったかが分かる一文のはじめの三文字を書きなさい。【15点】

□□□

（3）――線㋑は、どんなおねがいですか。【20点】

長田さんからかりた□の□□□を□□□もらうこと。

2 次の手紙を読んで、後の問いに答えなさい。

けんちゃん、お帰りなさい。お母さんは、今日も帰りがおそくなりそうです。細川さんの家で、荷物をあずかってもらっています。細川のおばさんにきちんとあいさつをして受け取ってくださいね。

それから、お兄ちゃんが五時すぎには帰るので、おやつはのこしておいてね。お茶は、れいぞう庫に入っています。それから、お兄ちゃんとは、けんかをしないで、二人でなかよく待っていてください。八時すぎには帰ります。

母より

（1）この手紙は、だれからだれに書いた手紙ですか。【15点】

（　　）から（　　）に

（2）この手紙でいちばんつたえたいことを書いた一文をぬきだしなさい。【20点】

（　　　　　　　　）

（3）この手紙には、いくつのおねがいが書いてありますか。【15点】

（　　）つ

テスト72　標準レベル

十、手紙文

時間 10分　合格点 80点　　点

● 次の手紙を読んで、後の問いに答えなさい。

すず木せん手へ

はじめまして。ぼくは、神戸に住んでいる小山しんじです。今、小学三年生です。ぼくは、すず木せん手のドリブルするすがたが、大すきです。だから、今けがでしあいに出ていないのが、㋐とてもざんねんです。でも、すず木せん手ならきっとすぐにけがをなおして、またかっこいいドリブルをしあいで見せてくれますよね。ぼくは、いつでもおうえんしています。

それから、㋑ぼくも今年からサッカーを始めたのですが、ぜんぜんうまくなりません。すず木せん手のように上手になるには、どうしたらいいでしょうか。こんなぼくでも、練習すれば、プロのサッカーせん手になれますか。すず木せん手は、どう思いますか。

では、けがが早くなおることをいのっています。さようなら。

小山　しんじより

（1）この手紙は、だれが書いた手紙ですか。【15点】

［　　　　　］

（2）これまで、ぼくはすずきせん手に手紙を出したことがありますか。あてはまるほうを、◯でかこみなさい。また、それが分かる六文字の言葉（ふ号はふくまない）を書きなさい。【一つ10点…20点】

（　ある　・　ない　）

［　　　　　　］

（3）――線㋐は、何がざんねんなのですか。【15点】

［　　　　　　］が［　　］で［　　　］に［　　　　　］こと。

（4）ぼくは手紙でどんなことをたずねていますか。それが書かれているつづいた三文の、はじめの四文字を書きなさい。【15点】

［　　　　］

（5）この手紙は、何のために書いたものですか。合うものすべてに◯をつけなさい。【20点】

（　）お礼　（　）お見まい

（　）おうえん　（　）おわび

（　）おさそい　（　）しつ問

（6）――線㋑のしょうらいのゆめは何ですか。【15点】

（　　　　　　　）になること。

テスト73

ハイレベ（ハイレベル）

十一、手紙文

時間 10分　合格点 70点　点

● 次の手紙を読んで、後の問いに答えなさい。

きのうの見学では、いろいろとお世話になりました。おいそがしい中、ていねいにあん内してくださったり、くわしくせつ明を聞かせてくださったり、とても勉強になりました。本当にありがとうございました。

高さ四メートルもあるタンクがたくさんならんでいたのには、㋐みんなおどろきました。わたしたちが毎日飲んでいる牛にゅうが、あの大きなタンクの中に入っていると思うと、とてもふ思ぎでした。また、工場の中はきかいがたくさんあって、牛にゅうパックがどんどんできあがっていく様子には、みんなも㋑感心していました。

今日のホームルームで、「牛にゅう工場を見学して」という感想文を書きました。その文集ができたら、お送りしますので、見てください。

どうか、みなさん、お体に気をつけて、いつまでもわたしたちにおいしい牛にゅうを作ってください。さようなら。

六月十日

三年三組　一同

元気牛にゅう工場のみなさまへ

（1）この手紙の目てきは、次のうちのどれですか。（　）に○をつけなさい。【10点】

（　）見学のお知らせ
（　）見学のおまねき
（　）見学したお礼
（　）見学のおねがい

（2）いつ見学に行きましたか。【20点】

□月□日

（3）何を見学しましたか。【10点】

（　　　）

（4）——線㋐とありますが、何におどろいたのですか。【20点】

（　　　）が（　　　）こと。

（5）——線㋑とありますが、感心したことが書かれている部分のはじめと終わりの四文字を書きなさい。【20点】

（はじめ）□□□□～（終わり）□□□□

（6）〰線の「見て」を、けい語に直しなさい。【20点】

□□□

テスト74

ハイレベ（ハイレベル）

十、手紙文

時間 10分　合格点 70点　点

● 次の手紙を読んで、後の問いに答えなさい。

おじいちゃん、こしの具合はどうですか。おじいちゃんが階だんをふみはずしてこしのほねがおれたとおばあちゃんから聞いて、すごくびっくりしました。もう、だいぶ動けるようになりましたか。車いすの生活はとてもふべんだと思いますが、今度、わたしがおじいちゃんの車いすをおしますから、外のけしきを見にいきましょう。

ところで、今日、わたしは音楽会でけんばんハーモニカの合そうをしました。お正月に、おじいちゃんはわたしのけんばんハーモニカを聞いて、

「とても上手だね。」

と、手をたたいてほめてくれましたね。それで、わたしも自しんを持ってえんそうすることができました。

でも、おじいちゃんに聞いてもらえなかったので、とても□でした。お父さんが、音楽会の動画をとってくれたので、今度、おばあちゃんといっしょにみてくださいね。早くこしをなおして、みんなでお花見に出かけられるようになったらいいですね。では、さようなら。

三月二十日

西口　ゆみこ

おじいちゃんへ

（１）この手紙は何のために書かれましたか。あてはまるものには○を、あてはまらないものには×をつけなさい。【一つ6点…30点】

（　）おわび　（　）あいさつ

（　）ほうこく　（　）お見まい

（　）お礼

（２）この手紙で、西口さんがいちばん書きたかったことは、どれですか。一つえらんで、○をつけなさい。【10点】

（　）音楽会を見てもらいたかった。

（　）早く元気になってもらいたい。

（　）動画をみてもらいたい。

（　）お花見に出かけてもらいたい。

（３）この手紙は、いつ書きましたか。【10点】

（　　　　）があった日

（４）□に入る言葉を考えて、ひらがなで答えなさい。【10点】

ざ□□□

（５）この手紙には、何人の人が登場しますか。【10点】

□人

（６）この手紙から分かることには○を、分からないことには×をつけなさい。【一つ10点…30点】

（　）きょ年の音楽会には、おじいちゃんは来ていた。

（　）おじいちゃんはわたしのけんばんハーモニカを聞いたことがある。

（　）おじいちゃんはみんなでお花見に行きたいと思っている。

テスト75　ハイレベル（ハイレベル）

十一、手紙文

時間 10分　合格点 70点　　点

● 次の手紙を読んで、後の問いに答えなさい。

㋐親切なおじょうさん。お名前を聞くのをわすれていたので、そうよばせてもらいますね。わたしは、この前この場所で転んでしまった年よりです。こしを打ってしまい、㋑動けなくなっていたわたしに、あなたは、「おばあさん、だいじょうぶですか。」と、やさしく声をかけてくれましたね。そのとき、わたしがどれほどうれしかったか、言葉では言い表せません。それから、わたしの重い荷物を持って、手を引っぱって、近くの病院までつれていってくれて、本当にありがとうございました。幸い、たいしたけがではなく、今は元気にしております。

それより、すぐにお礼を言うべきだったのですが、転んだことでおどろいてしまって、そこまで気が回りませんでした。㋒ごめんなさいね。おじょうさんが帰った後で、気がついたのです。それから、どうしようかと考えて、この㋓はり紙をすることに決めました。

転んだみっともないおばあさんを助けてくれた親切なおじょうさん、この紙を見たら、どうか次の電話番号まで、れんらくをくれませんか。ささやかですが、［　　］ばかりのお礼をさし上げたいと思っております。よろしく、おねがいします。

電話　六八八二ー××××

花おか　まさ子より

（1）――線㋐は、何をしてくれましたか。それがよく分かる文を二つさがして、それぞれはじめの五文字（ふ号をふくむ）を書きなさい。【一つ10点…20点】

・［　　　　　］

・［　　　　　］

（2）――線㋑のわたしの名前を書きなさい。また、動けなくなったわけを書きなさい。【一つ10点…20点】

・名前（　　　　）

・わけ（　　　　）から。

（3）――線㋒は、なぜあやまっているのですか。よいものを一つえらんで、○をつけなさい。【20点】

（　）おじょうさんの名前を聞くのをわすれたから。

（　）おじょうさんに重い荷物を持たせたから。

（　）おじょうさんに、すぐにお礼を言わなかったから。

（4）――線㋓は、どこにはりましたか。【20点】

わたしが（　　　　）だ場所

（5）［　］に入る言葉を、○でかこみなさい。【20点】

（言葉・心・物）

テスト76 最レべ(最高レベル) 最レべに(最高レベル)チャレンジ

十一、手紙文

時間 10分　合格点 60点　　点

● 次の手紙を読んで、後の問いに答えなさい。

あし川君、お元気ですか。お父さんの仕事の都合で、とつぜん引っこすことになったので、あし川君やクラスのみんなにおわかれのあいさつができませんでした。本当にごめんなさい。ぼくは、今、北海道のさっぽろ市という所に住んでいます。ここは、十一月になると雪がふるような寒い所ですが、二月には、雪まつりという、有名なお祭りがあるそうです。あし川君は知っていましたか。雪の大きなかたまりに、いろいろな形をほるのだそうです。だれでもさんかできるそうなので、今度の雪まつりには、ぼくもぜひさんかしたいと思っています。北海道は遠いですが、あし川君も、よかったら見にきませんか。

また、こちらの学校では、ヒツジをかっています。ぼくはさっそくヒツジ係になりました。あし川君は、本物のヒツジを見たことがありますか。毛が□で、さわるととてもあたたかいんですよ。つもった雪で作った雪だるまや学校のヒツジの写真などを送りますね。クラスのみんなにも、見せてあげてください。

さい後に、ぼくの北海道の住所を書いておきます。今のあし川君の様子や三年二組のことなどを知らせてくれると、うれしいです。では、さようなら。

石ざわ　ひろやより

（１）——線㋐とありますが、だれがどこへ引っこしたのですか。【20点】

（　　　）君が、（　　　）の（　　　）に引っこした。

（２）——線㋑は、どんなお祭りですか。くわしくせつ明しているつづいた二文の、はじめの五文字（ふ号をふくむ）を書きなさい。【20点】

□□□□□

（３）□に入る言葉を一つえらんで、◯でかこみなさい。【20点】

（ぴかぴか・ふかふか・ぽかぽか）

（４）——線㋒は、何を見せるのですか。それが書かれた二十五文字の部分のはじめの五文字を書きなさい。【20点】

□□□□□

（５）この手紙には、様子を知らせるほかに、どんなことが書いてありますか。あてはまるものには◯を、あてはまらないものには×をつけなさい。【一つ4点…20点】

（　）おわび　（　）お礼
（　）おいわい　（　）おねがい
（　）おさそい

テスト77

標準レベル

十二、伝記文(2)

時間 10分
合格点 80点
点

1 次の文章を読んで、後の問いに答えなさい。

まつおばしょうは、今から三百五十年くらい前のえ戸時代に生きた、はいくを作る人、はい人です。

ばしょうは、五・七・五の十七文字で、風けいやきせつ感、心が動かされた事がらなどを表すはいくの作風を新しく作り出しました。

また、全国を旅してはいくを作り、文章と組み合わせた本も出しました。その中でもとくに、弟子のそらと、東北、北りく地方を旅行したときのことを書いた「おくの細道」は有名です。

(1) ――線の「はい人」とは、どんな人ですか。【10点】

(　　　　)

(2) 本文に合うものには○を、合わないものには×をつけなさい。【二つ10点…40点】

(　) ばしょうは、はじめてはいくを作った人である。

(　) ばしょうは、全国を旅してはいくを作った。

(　) ばしょうは、先生のそらといっしょに旅行した。

(　) 「おくの細道」は、はいくと文章を組み合わせた本である。

2 次の文章を読んで、後の問いに答えなさい。

ウィリアム・シェークスピアは、世界に名の知られた、げき作家です。「ロミオとジュリエット」や「ベニスの商人」など、悲げきからきげきまで、[あ]名作を数多くのこしています。

一五六四年にイギリスで生まれたシェークスピアは、はじめは役者をしていました。でも、そのうちぶ台の台本を書くようになり、三十さいのころには、一流の[い]になっていました。

そんなシェークスピアの作品は、今でもさまざまな形でえんじられています。

(1) [あ]に入る言葉に○をつけなさい。【15点】

(　) 少ないしゅるいの

(　) はば広い

(　) 悲しい

(2) シェークスピアは、作家になる前は、何をしていましたか。【15点】

(　　　　)

(3) [い]に入る四文字の言葉を、本文からぬき出しなさい。【20点】

□□□□

テスト78 標準レベル

十二、伝記文(2)

時間 10分 合格点 80点 点

● 次の文章を読んで、後の問いに答えなさい。

鳥羽そう正は、今から千年くらい前の、平安時代のおぼうさんです。一〇五三年に京都で生まれ、鳥羽のお寺に住んだことから、㋐そうよばれるようになりました。おぼうさんの中では高い地いの人でしたが、㋑同時に絵もとく意で、黒いすみの線書きによって生き生きとした絵をかきました。

鳥羽そう正がかいた絵といわれるものの中でいちばん有名なのは、㋒「鳥じゅうぎ画」とよばれるまきものです。ぎ画というのは、おもしろおかしく、じょうだんめかしてかいた絵のことです。そして「鳥じゅうぎ画」とは、㋓その当時の人間の行いを、鳥やウサギやサル、カエルなどにすがたをかえてまんが風にかき表したものです。そうすることで、みだれた生活をするお金持ち（き族とよばれる人たち）や、一部のふまじめなおぼうさんたちを、わらいとばす考えがあったといわれています。

（１）――線㋐の「そうよばれる」とは、何とよばれていたのですか。五文字で書きなさい。【15点】

（２）――線㋑の「同時に」と同じ使い方のものに○を、ちがうものに×をつけなさい。【一つ5点…15点】

（　）開店と同時にお客がどっとおしよせた。

（　）ぼくは、ふえの合図と同時に走り出した。

（　）チーズは、おいしいと同時にえいようがある。

（３）――線㋒の「鳥じゅうぎ画」について、それぞれの問いに答えなさい。【一つ10点…50点】

① 「ぎ画」とは何ですか。それが書かれた二十二文字（ふ号をふくむ）の部分のはじめの五文字を書きなさい。

② そこにえがかれている生きものを四つ書きなさい。

（４）――線㋓の「その当時の人間」とは、とくにどんな人たちのことですか。十三～十五文字で二つ書きなさい。【一つ10点…20点】

テスト 79

ハイレベ（ハイレベル）

十二、伝記文 (2)

時間 10分　合格点 70点　　点

● 次の文章を読んで、後の問いに答えなさい。

すず木うめたろうは、世界ではじめて、ビタミンを発見した化学者です。

一八七四年、しずおか県で生まれたうめたろうは、東京大学をそつ業後、スイスやドイツにりゅう学し、たん白しつの研究をしました。そして、日本に帰ってからも、東京大学で教えながら、米のたん白しつの研究をつづけました。

こうして、一九一〇年に、うめたろうは米ぬかから大事なせい分を取り出すことにせいこうし、それをオリザニンと名づけました。オリザニンは、多くの日本人をなやませていたかっ気という病気をなおすのに役立つものでした。今ではオリザニンはビタミンB1とよばれています。ビタミンは、うめたろうより一年おくれて同じ物を発見したポーランドのフンクが名づけたもので、ビタミンの方が世界に先に知られてしまい、オリザニンの名はわすれられたのです。

しかし、うめたろうはその後も、合せい酒の研究や実用化、食べ物のうま味せい分であるグルタミン酸の研究をつづけて、せいかを上げました。さらに、一九一七年、その後の日本の化学研究の中心となる理化学研究所を作ることにもさんかし、日本の化学の発てんにつくしました。

(1) うめたろうはどこで生まれましたか。【10点】

（　　　　　）

(2) 大学をそつ業後、どこにりゅう学しましたか。【10点】

（　　　　　）

(3) りゅう学中からずっと研究していたものは何ですか。【10点】

□□□□□

(4) オリザニンとはどんなものですか。【15点】

□□□から取り出したせい分で、□□□という病気を□□□のに役立つもの。

(5) オリザニンは、今では何とよばれていますか。【10点】

（　　　　　）

(6) なぜ(5)の答えのようによばれるようになったのですか。正しいものに○、ちがうものに×をつけなさい。【一つ5点…15点】

（　）フンクが先に発見したから。

（　）フンクがつけた名前が先に世界に知られてしまったから。

（　）オリザニンより言いやすかったから。

(7) うめたろうが研究や発見したことを短くまとめなさい。【一つ10点…30点】

・（　　　）の研究や（　　　）

・（　　　）の発見

・（　　　）の研究

テスト80

ハイレベ（ハイレベル）

十二、伝記文（2）

時間 10分　合格点 70点　点

● 次の文章を読んで、後の問いに答えなさい。

アンリ・デュナンは、万国赤十字社を作るのに力をつくした人です。

赤十字社とは、せんそうによってきずついた人をてき味方なく手当てする組しきのことで、今では、せんそうのときだけでなく、いつでも、きずついたりして守られるひつようのある人びとをすくう活動をしています。

デュナンは、一八二八年にスイスで生まれました。銀行家や事業家としてせいこうしましたが、病人やお金のない人を助ける仕事にも力を入れていました。そして、一八五九年に、北イタリアで、せんそうによってきずついた多くのへいしをすくう活動をしたことから、国をこえた組しきを作って、このようなへいしをすくうひつようがあると強く思ったのです。

そして、デュナンのよびかけで、一八六三年にスイスのジュネーブで、十二か国を集めた会ぎが開かれました。そして、よく年それらの国ぐにの間で赤十字じょうやくというやくそくがむすばれ、万国赤十字社が作られることになったのです。デュナンは、赤十字の仕事などに自分のお金のほとんどを使ってしまいましたが、こうした活動がみとめられ、一九〇一年にノーベル平和しょうの第一回受しょう者になりました。

（1）デュナンは、何を作るのに力をつくした人ですか。【15点】

（2）赤十字社は、はじめ、どんな組しきとして作られましたか。それが書いてある部分のはじめと終わりの三文字を書きなさい。【15点】

□□□ ～ □□□ 組しき。

（3）――線のへいしを指す十三文字の部分を文章からさがして書きなさい。【20点】

□□□□□□□□ □□□□□ へいし

（4）赤十字じょうやくは、何年に、何か国の間でむすばれたやくそくですか。【15点】

（　　）年　（　　）か国の間

（5）デュナンがたすけた人たちを○でかこみなさい。【15点】

［きずついたへいし　・　銀行家　／　病人　・　事業家　・　まずしい人］

（6）デュナンは、いつ、どんなしょうの受しょう者になりましたか。【一つ10点…20点】

（　　）年に（　　）

テスト81

最レベにチャレンジ (最高レベル)

十二、伝記文 (2)

時間 20分
合格点 60点
点

● 次の文章を読んで、後の問いに答えなさい。

チャールズ・ダーウィンは、「地球上のすべての生き物は、かんたんなものから高等なものに進化してきた」という進化ろんを発表した生物学者です。この発表は、それまでの生き物に対する考え方を根本からひっくり返すもので、世の中に大きなえいきょうをあたえました。

ダーウィンは、一八〇九年、イギリスの医者の家に生まれました。子どものころから動物などの生き物にきょう味があり、大学をそつ業後、生物学者として国のかんそく船ビーグル号に乗って世界を旅しました。一八三一年にイギリスを出た船は、南アメリカ大りくや太平洋の島じま、ニュージーランドやオーストラリアなどをおとずれました。そして、この旅の間にそれぞれの土地の動植物や化石などを調べて、生き物が進化することをしんじるようになったのです。[あ]、ダーウィンが㋐その考えを強めたのは、赤道直下の太平洋にうかぶガラパゴスの島じまをおとずれたときだといわれています。

ガラパゴスの島じまには、ほかのどの地いきともにていないかわったすがたの生き物がたくさんいました。[い]、フィンチという鳥は、住む島ごとに、くちばしの太さや形がちがっていましたし、ゾウガメというりくに住むカメも、島によって、こうらの形がちがいました。㋑どうしてこのようなちがいができるのか、大へんきょう味を持ったダーウィンは、島ごとに動植物を[う]調べました。そして、元は同じすがただった生き物が、住む所にある食物などのちがいによって、少しずつかわっていったと考えるようになったのです。

こうして、一八三六年に帰国したダーウィンは、[A]年間の調さで集めたたくさんの記ろくをもとに、進化についてさらに研究をつづけました。そして、帰国から[B]年後の一八五九年に、[え]「しゅの起げん」という本を書き上げ、生物が進化することを世界に向けて発表したのです。ダーウィンは、この本の中で、生き物はいつも生きるためのきょうそうをしていること、また、少しでも都合のよいせいしつを持つものが生きのこって子どもを作り、それが何世代もたつうちにちがったしゅるいの生き物に進化していくことをせつ明しました。

しかし、ダーウィンの進化ろんは、すべての生き物は神様がそのような形に作ったのだとしんじる人たちにとっては、神様をばかにする悪い考えに思えました。そのために、あちこちで強い反対がおこったのです。それでも、進化ろんの正しさは、その後の化石の発くつや進化の研究によって明らかになっていきました。そして、進化ろんは、しだいに世の中にみとめられるようになっていったのです。

(1) ダーウィンは、いつ、どこで生まれましたか。【一つ4点…8点】

(　　)年に、

(　　)で生まれた。

(2) あ～え に入る言葉を□から えらんで、記号で答えなさい。【一つ3点…12点】

あ(　　)　い(　　)

う(　　)　え(　　)

ア、ようやく　イ、たんねんに
ウ、たとえば　エ、とくに

(3) ダーウィンが旅したかんそく船の名前は何ですか。【6点】

(　　)

(4) ダーウィンは、おとずれた土地で何を調べましたか。【6点】

それぞれの□□の□□や□□など

(5) ——線㋐は、どんな考えですか。またそれを四文字でまとめて何といいますか。【一つ4点…8点】

・(　　)が(　　)という考え。

・□□□□

(6) ——線㋐の考えを強めたのは、どこをおとずれたときですか。【6点】

(　　)

(7) (6)の場所でダーウィンがきょう味を持ったことには○、ちがうことには×をつけなさい。【一つ3点…12点】

(　) りくに住むカメがいたこと。

(　) フィンチという鳥がいたこと。

(　) 住む島によって、同じフィンチでもくちばしの太さや形がちがっていたこと。

(　) ゾウガメのこうらの色がかわっていたこと。

(8) ——線㋑の答えとなるダーウィンの考えが書かれている部分のはじめと終わりの五文字を書きなさい。【一つ4点…8点】

はじめ…□□□□□

終わり…□□□□□

(9) A・B に入る漢数字に○をつけなさい。【一つ5点…10点】

A…(六・十)

B…(十三・二十三)

(10) ダーウィンの書いた本の題名は何ですか。【6点】

(　　)

(11) ダーウィンが本の中でせつ明した二つのことがらのはじめの七文字ずつを書きなさい。【一つ3点…6点】

・□□□□□□□

・□□□□□□□

(12) この文章に書かれていることには○を、書かれていないことには×をつけなさい。【一つ4点…12点】

(　) ダーウィンは医学者だった。

(　) はじめはダーウィンの考えに強い反対があった。

(　) 進化ろんは、化石の発くつや進化の研究によって、正しいとみられるようになっていった。

テスト82

リビューテスト（復習テスト） 4-①

時間 10分　合格点 70点　　点

● 次の文章を読んで、後の問いに答えなさい。

　花のさく植物は、主にたねを作ってふえていきます。しかし、たねを使わずに、くきを使ってふえる植物もあります。

　くきは、植物の体の中でもじょうぶな部分で、よう分も持っています。だから、新しい根やめを出しやすく、くきでふえる植物は多いのです。たとえば、イチゴはランナーという長いくきを地面にのばします。そして、くきが土にふれたところから根を出してふえていきます。

　また、くきは地面の下で根のようにのびることもできます。これを地下けいとか、根けいといいます。そして、地下でのびたくきのところどころからめが出て、ふえていくのです。タケやハス・ショウガなどは、このようなふえ方をします。春にわたしたちが食べるタケノコは、地下けいから出た新しいめの部分です。

　ほかにも、チューリップ・ユリ・ニンニクなどは球根でふえる植物ですが、この球根はりんけいといわれる地下けいの一つでくきなのです。つまり、球根は、短い地下けいのまわりによう分を持った葉が集まって、球のように丸くなったものなのです。これを土に植えると、花が終わった後には、また新しい球根ができて、ふえていくのです。

（1）何についてせつ明した文章ですか。あてはまるもの一つに○をつけなさい。【15点】

（　）たねを作ってふえる植物
（　）くきを使ってふえる植物
（　）根を使ってふえる植物
（　）球根でふえる植物

（2）イチゴは何をのばしてふえていきますか。【15点】

（　　　　）

（3）地下でのびたくきを何といいますか。【一つ10点…20点】

（　　　　）（　　　　）

（4）（3）のようなくきでふえる植物には○を、そうでないものには×をつけなさい。【15点】

（　）タケ　（　）イチゴ
（　）ユリ　（　）ショウガ
（　）タンポポ　（　）ハス

（5）タケノコはどの部分を食べるのですか。【15点】

□□□□から出た□□□□の部分。

（6）チューリップなどの球根をくわしくせつ明している部分のはじめと終わりの三文字を書きなさい。【一つ10点…20点】

・はじめ…□□□
・終わり…□□□もの

テスト83

リビューテスト（復習テスト）4－②

時間 10分
合格点 70点
点

● 次の文章を読んで、後の問いに答えなさい。

㋐□おみまい申し上げます。

　つゆ明けしてから暑い日がつづきますが、㋑おじいちゃん、㋒おばあちゃんは、おかわりないですか。畑仕事をがんばっていると思いますが、このきせつは、ねっ中しょうに気をつけてくださいね。

　わたしは毎日プールで泳いでいるので、真っ黒になりました。お父さんもお母さんも、㋓仕事でいそがしそうですが、元気にしています。それで、実はざんねんなお知らせがあるのです。八月のおぼん休みに㋔そちらに行く予定でしたが、お父さんたちの休みがとれなくなったのです。だから、遊びに行けそうにありません。楽しみにしていたのに、がっかりです。かわりに、十月のれん休はかならず休みをとると言っていました。十月だったら、イネのかり取り作業がありますよね。㋕お手つだいするので、待っていてください。ネコのゴローにも、よろしくね。では、お二人ともお元気で、さようなら。

　しのはら　あやかより

しのはら　そういち、晴子様

（1）線㋐は、手紙のさいしょに書くあいさつの文です。□に入る言葉を一つえらんで○をつけなさい。【20点】

（　）病気　（　）暑中　（　）日中

（2）線㋑と、線㋒の名字と名前を書きなさい。【一つ10点…20点】

㋑（　　　）

㋒（　　　）

（3）線㋓とは、どんなことですか。それが書かれているつづいた二文の、はじめの五文字（ふ号はふくまない）を書きなさい。【20点】

□□□□□

（4）線㋔は、いつにかわりましたか。あてはまるものに○をつけなさい。【20点】

（　）つゆ明け

（　）八月のおぼん休み

（　）十月のれん休

（5）線㋕は、何のお手つだいをするのですか。【20点】

□□の□□□□作業

テスト84

十三、いろいろな文章を読む(1)

時間 10分　合格点 80点　　点

1 次の文章を読んで、後の問いに答えなさい。

星空かんさつ会が開かれる

毎年、夏休みに行われる星空のかんさつ会が、今月二十九日に㋐開かれました。きょ年よりも多い、三十七組の親子がさんかし、夏の夜空をみんなで楽しみました。

台風のえいきょうで、天気が心配されましたが、当日は雲一つない晴天でした。ふだんは見えにくい暗い星まではっきり見えた□です。そのせいか、㋑夜おそくまでかんさつをつづける親子が多く、楽しいかんさつ会になりました。

(1) ——線㋐と同じ意味で使われている文に○をつけなさい。【15点】

(　)部屋のドアが開かれました。
(　)三時に子ども会が開かれました。
(　)貝のからが開かれました。

(2) □に入る言葉としてよいものに○をつけなさい。【15点】

(　)ばかり　(　)ように
(　)くらい　(　)ながら

(3) ——線㋑は、なぜですか。【20点】

(　　)は(　　)い
(　　)まで(　　)と
(　　)から。

2 次の文章を読んで、後の問いに答えなさい。

本村先生に赤ちゃんが生まれる

五月から学校を休まれている本村先生が、九月十七日に男の赤ちゃんをおうみになりました。本村先生も赤ちゃん★、大へん元気だそうです。

本村先生は、赤ちゃんの世話のため、もうしばらく学校を休まれますが、三組のみんなに向けて、しばらく会えませんが、わたしがもどるまで、みんな元気でしっかり勉強していてください。と、おっしゃっていました。

(1) ★に入る言葉を、ひらがな一字で答えなさい。【15点】

□

(2) ——線の意味としてよいものに○をつけなさい。【15点】

(　)ずいぶん　(　)ひさしぶり
(　)すぐに　(　)少しの間

(3) 本文に「　」をつけるところがあります。その部分を、「　」をつけてぬき出しなさい。【20点】

(　　　　)

テスト85 標準レベル

十三、いろいろな文章を読む(1)

時間 10分　合格点 80点　点

1 次の文章を読んで、後の問いに答えなさい。

高いとうの中は暗く、刀を打ち合うつめたいひびきと、おたがいの息だけが感じられました。そんな中、なかなかやるな、ぼうや。と、先に息の切れた年よりのけんしが、手を止めて言いました。すると、ぼうやとよばれたわか者も、★を放り出し、

「いいや、もうおしまいだ。ぼくの刀はおれてしまった。」

と言ったのです。しかし、あのけんしは、いの声の様子から、それがわなであることを見ぬきました。

（１）文章の中の「　」がぬけている会話部分に「　」をつけなさい。【15点】

（２）★に入る言葉を本文の中から漢字一字でさがしなさい。【15点】

（３）あ・いには、「わか者」か「年より」の言葉が入ります。あてはまる言葉を書きなさい。【二つ10点…20点】

あ（　　）
い（　　）

2 次の文章を読んで、後の問いに答えなさい。

春の風にあおられて、ふわふわと麦わらぼうしがとんでいました。白いリボンのついた㋐それを、ルルがまどからぼんやりながめていると、麦わらぼうしは、まるでだれかがおいた［　］に、公園のクマのおきものの頭にすとんとのったのです。クマの体に、そのぼうしはあ㋑つらえたようにぴったりでした。ルルは、それを見て、

「すごいわ。ねえ、ママも見てよ。」

と、病気でねこんでからはじめて楽しそうにわらったのです。

（１）――線㋐は、何をさしていますか。【15点】

（　　）

（２）［　］に入る、ひらがな三文字の言葉を書きなさい。【15点】

（３）――線㋑の意味として、よいものに○をつけなさい。【20点】

（　）すき間のない大きさで作った。

（　）集まってひとまとまりにして作った。

（　）注文してのぞみ通りのものを作った。

テスト86 標準（ひょうじゅん）レベル

十三、いろいろな文章を読む（1）

時間 10分　合格点 80点　　点

● 次の文章を読んで、後の問いに答えなさい。

山田ながまさは、今から四百年ほど前に、㋐海をわたってシャム（今のタイ国）に行き、㋑地方の王になった日本人です。しずおか県で生まれた山田ながまさは、一六一一年に南方の国ぐにと交流していた商船に乗りこんでシャムに行きました。㋒その当時、シャムの都アユタヤには、商売などのために、日本人がたくさんくらしていました。ながまさは、その日本人町のリーダーになり、町の発てんにつくしました。さらに、シャムの国で王様に対する反らんが起きたとき、ながまさは日本人をひきいてたたかい、王様の強い味方になりました。㋓この活やくによってシャムの王様に気に入られたながまさは、王のむすめとけっこんし、シャムの国で高い役よくにつくことになったのです。こうして、リゴールという地方の王になったながまさですが、その出世を㋔ねたまれて、さい後はどくを飲まされ、ころされてしまいました。一六三〇年のことです。

（1）――線㋐の「海をわたって」は、何に乗ってわたりましたか。くわしく書きなさい。【15点】

[　　　　　　]と交流していた[　　]

（2）――線㋑の「地方の王」とは、何という地方の王ですか。【15点】

[　　　　]

（3）――線㋒の「その当時」とは、いつのことですか。【15点】

[　　　　]年ごろ

（4）――線㋓の「この活やく」が書かれている一文のはじめの五文字（ふ号をふくむ）を書きなさい。【15点】

[　　　　　]

（5）山田ながまさが出世していくじゅんに（　）に番号を書きなさい。【20点】

（　）王様の味方になって、日本人をひきいてたたかった。
（　）日本人町のリーダーになり、町の発てんにつくした。
（　）海をわたってシャムに行った。
（　）王のむすめとけっこんし、地方の王になった。

（6）――線㋔の「ねたまれて」とありますが、「ねたむ」には、二つの気持ちがふくまれています。その二つに○をつけなさい。【二つ10点…20点】

（　）かなしい　（　）にくらしい
（　）さびしい　（　）苦しい
（　）うらやましい

テスト87

ハイレベ（ハイレベル）

十三、いろいろな文章を読む(1)

時間 10分　合格点 70点　　点

● 次の文章を読んで、後の問いに答えなさい。

世界には、言葉や風習などのちがう人びとがくらすたくさんの国があります。考え方などもちがうので、国と国との間でときどきあらそい事が起こります。そうしたあらそいやいろいろな問題をみんなで話し合って平和にかい決するのが、国さいれん合（国れん）です。

国れんは、一九四五年に、まず五十一か国が集まって作られました。その後さんかする国がふえて、今では百九十か国くらいになっています。本部はアメリカのニューヨーク市におかれていて、毎年一回、九月に開かれるそう会では、これらの国の代表が公平な投ひょうで物事を決めています。

国れんで話し合われる問題は、国どうしのあらそい事だけではありません。世界のすべての人が自由で幸せにくらす方ほうについても、話し合われます。そのためには、文化やけんこう、お金のことまで、はば広い分野において、世界のきょう力がひつようです。そこで、国れんの下には、子どものために活動するユニセフ、けんこうを守る活動をする世界ほけんきこう、それぞれの国の文化やれきしをほごするユネスコなど、せん門の組しきが作られています。

(1) 国さいれん合をちぢめて、短い言葉にしなさい。【15点】

（　　　　）

(2) 国れんは、いつ、何か国で作られましたか。【15点】

（　　　）年に（　　　）か国で。

(3) 国れんで話し合われる問題について、（　）に合う言葉を□からえらんで、記号で書きなさい。【一つ10点…20点】

・（　）どうしの（　）事

・（　）のすべての（　）が（　）で（　）にくらす方ほう

ア、自由　イ、世界　ウ、国
エ、人　オ、幸せ　カ、あらそい

(4) 国れんのそう会で物事を決めたり、実行したりするときに、大切なこと二つに○をつけなさい。【一つ10点…20点】

（　）世界のきょう力がいる。

（　）言葉や風習のちがいをなくす。

（　）お金を集める。

（　）公平な投ひょうで決める。

(5) 次の国れんの組しきの活動内ようを——でむすびなさい。【一つ10点…30点】

ユネスコ　・　　・けんこうを守る。

ユニセフ　・　　・文化やれきしをほごする。

世界ほけんきこう　・　　・子どものために活動する。

テスト88 ハイレベ(ハイレベル)

十三、いろいろな文章を読む(1)

時間 10分　合格点 70点　　点

● 次の文章を読んで、後の問いに答えなさい。

氷がつぎつぎにとけていったので、アザラシも白クマもどんどん住む所がなくなっていきました。こまった白クマたちは、集まって相談してから、アザラシによびかけました。

「今はみんなで力を合わせよう。君たちアザラシも、きょう力してくれないか。氷がなくなってこまるのは、㋑おたがいさまなのだから。」

白クマをおそれて近づかなかったアザラシたちも、氷がなくなることはとても心配だったので、白クマたちの話を聞いてみようと思いました。

「わかった、きょう力しよう。でも、何をすればいいんだ。」

[あ]、アザラシのリーダーが、

と言うと、白クマの中でいちばんの物知りがはりきって答えました。

「ぼくに考えがあるんだ。みんなで行進しよう。㋒ぼくたちがどれだけこまっているか、世界中に知ってもらうんだよ。海でも、りく地でも、どこまでも行くんだ。」

[い]、それを聞いたアザラシたちは、

「まさか、いっしょに行くふりをして、㋓ぼくたちを食べるつもりじゃないだろうな。」

と言って、白クマからのていあんをうたがったのです。アザラシたちが白クマをおそれる気持ちは、㋔それほど強いものでした。

(1) [あ]・[い]にあてはまる、もっともよい言葉を○でかこみなさい。【一つ10点…20点】

[あ]（しかし・そこで・しかも）

[い]（および・また・ところが）

(2) なぜ、――線㋐のようになったのですか。その理由がわかる部分のはじめと終わりの三文字を書きなさい。【15点】

[　　　]〜[　　　]ので。

(3) ――線㋑は、だれとだれがおたがいさまなのですか。【10点】

（　　　）と（　　　）

(4) 白クマはどんなことをていあんしましたか。【20点】

自分たちが[　　　　]いることを[　　　]に[　　　]もらうために、どこまでも[　　]すること。

(5) ――線㋒、――線㋓の指しているものを[ ]からすべてえらんで、番号で答えなさい。【一つ10点…20点】

㋒（　　　）　㋓（　　　）

①白クマ　②アザラシ

(6) ――線㋔は何が強いのですか。□には文中の言葉を、（　）には(5)の[ ]の番号を書きなさい。【15点】

[　]が[　]を（　　）

テスト89

十三、いろいろな文章を読む(1)

時間 10分　合格点 70点　　点

● 次の文章を読んで、後の問いに答えなさい。

①作文コンクールのけっかが発表される

②先週の五月二十三日に、県の作文コンクールのけっかが、発表されました。わたしたちの学校からは、二名が金しょう、四名が銀しょうにえらばれました。㋐表しょう式は、六月十二日一時より、県みんホールで行われる予定です。

③金しょうにえらばれたのは、四年三組下山田ひとみさん、一年一組やなぎさわまこと君の二名です。銀しょうは、五年一組村西ゆりえさん、五年二組岸田とおる君、三年二組宮部大地君、一年一組うめざわりかさんの四名です。

④今年の題は「しょうらいのゆめ」でした。金しょうを取った下山田さんは、ケーキ屋になって、みんながえがおになるようなおいしいおかしを作りたいと、㋑しっかりした考えを書いていました。㋒やなぎさわ君は、お父さんみたいになんでもできるスーパーマンになりたいと、すなおな気持ちを書いていました。ほかの受しょう作品も、自分のしょうらいについて、よく考え、ていねいに書いていることがほめられていました。

⑤来年の題は「家族について」です。今年えらばれなかった人も、次回はよい作品を書いて、しょうがもらえるようにがんばりましょう。

（1）――線㋐の「表しょう式」は、何の表しょう式ですか。また、わたしたちの学校からは、何名が表しょうされますか。【一つ10点…20点】

・（　　）の（　　）の表しょう式

・□名

（2）――線㋑「しっかりした考え」が書かれた三十四文字（ふ号をふくむ）の部分の、はじめの五文字を書きなさい。また、それはだれの考えですか。【一つ15点…30点】

□□□□□

（　　）

（3）――線㋒の「やなぎさわ君」について書いています。□に合う言葉を入れなさい。【20点】

□□□□みたいに□□□□できる□□□□□□になることが□□□□□のゆめだ。

（4）①～⑤のだん落の一つだけがほかとちがう内ようが書かれています。それを◯でかこみ、また、それは何について書かれているか答えなさい。【一つ15点…30点】

（①・②・③・④・⑤）

□□の作文□□□□□について。

テスト 90

最レベ（最高レベル）

最レベに（最高レベル）チャレンジ

十三、いろいろな文章を読む(1)

時間 20分
合格点 60点
点

● 次の文章を読んで、後の問いに答えなさい。

人のせたけほどもある大きなチーズが、緑の草原をかけおりていました。おかの上から落ちてきたそれは、ものすごい速さで転がっていて、止めようとする人びとをつぎつぎとふり落としていきます。それでもなお、チーズにしがみついている男がいました。このチーズの持ち主のフランク・ブルンデルでした。

「うわあ、目が回る。だれか助けてくれ。このチーズを止めてくれ。」

チーズとともに草原を転がりながら、かれはさけびました。大金持ちで知られているブルンデルでしたが、このチーズをうしなうことはざいさんを全部なくすことにつながるので、どうしても㋐チーズから手を放すことができなかったのです。

そのきっかけは、ブルンデルの友人、グスタフ・カールのこんな一言でした。

「君にゆう気があるなら、ぼくとかけをしてみないか。どちらが大きなチーズを作れるか、勝負しようじゃないか。」

カールは、大きなぼく場をもっていて、いつも上等なチーズを作ることで有名な男でした。だから、㋑自分が負けるわけがないとわかっていて、㋒こんなことを言ったのは明らかでした。ブルンデルは、そのたいどがしゃくにさわったので、

「わかった。ただし、勝ったほうが、相手のざいさんを全部もらうことにしよう。」

と、わざと強気に言いました。これを聞いたカールは、

「まあ、君がそれでいいなら、ぼくはかまわないさ。」

と、㋓内心ではおどろきあわてていたのに、平気なふりで答えたのです。

こうして、ブルンデルは、意地のはり合いで、全ざいさんをかけたチーズ作りを始めることになったのです。国中の牛にゅうをかき集めて、見たこともないほど大きなチーズを作り上げました。そして、それをカールのところへ運ぼうとしているときに、チーズが草原を転がりだしてしまったのでした。

とっさにチーズにしがみついたブルンデルは、なかなか止まらないので、あわてて、

「だれか止めてくれ。目が回って死にそうだ。金ならいくらでも出すぞ。」

とさけびました。それを聞いた力自まんの男たちが、何人もチーズの前に立ちはだかりました。しかし、つぎつぎにはじきとばされてしまいます。転がりながらその様子を見たブルンデルは、いらいらしてさけびました。

「何をしているんだ。早く止めてくれ。金じゃないなら……そうだ、わたしのむすめをやろう。チーズを止めた者には、フリーデ・ブルンデルをおよめにやるぞ。」

そう言ったブルンデルは、すぐにはっとしました。大切なむすめをこんなことのほうびにするなんて、自分がなさけなくなったのです。

(1) チーズはどこを転がり落ちましたか。【5点】

(2) このチーズを作ったのはだれですか。【5点】

(3) このチーズの大きさをあらわす九文字と十文字の言葉をぬき出しなさい。【一つ5点…10点】

・□□□□□□□□□大きなチーズ

・□□□□□□□□□□大きなチーズ

(4) ——線㋐の理由としてよいものに○をつけなさい。【5点】

（　）転げ落ちるのがおそろしかったから。

（　）だれも助けてくれなかったから。

（　）チーズをうしなったら、ざいさんも全部うしなうことになるから。

（　）上等なチーズをうしなうのはもったいないから。

(5) ——線㋑の名前を書きなさい。【5点】

（　　）

(6) ——線㋒はどんなことを指していますか。【15点】

□□□□が□□□□□□□□か、□□□を□□□□□しようということ。

(7) ——線㋓はなぜですか。よいもの一つに○をつけなさい。【5点】

（　）チーズ作りの勝負をすることになったから。

（　）勝ったほうが相手の全ざいさんをもらうことになったから。

（　）自分が負けるわけがないから。

(8) ブルンデルは何を集めて、このチーズを作りましたか。【5点】

(9) ブルンデルは、転がるチーズを止めてくれたら何をやろうと言いましたか。二つ書きなさい。【一つ5点…10点】

・（　　）

・（　　）

(10) 次の文でブルンデルのことには㋐、カールのことには㋕、どちらでもないものや分からないことには×をつけなさい。【一つ5点…35点】

（　）大きなぼく場をもっている。

（　）フリーデというむすめがいる。

（　）力持ちだ。

（　）大金持ちだ。

（　）チーズの前に立ちはだかった。

（　）チーズにしがみついている。

（　）いつも上等なチーズを作る。

テスト 91 標準レベル

十四、いろいろな文章を読む(2)

時間 10分
合格点 80点
点

1 次の文章を読んで、後の問いに答えなさい。

一本のぼうを使えば、小さな力でも重い物を動かすことができます。その方ほうは、ぼうを一か所でささえて、一方のはしに動かす物をおき、もう一方のはしに力をくわえるというものです。このとき、ぼうをささえる場所が物に近いほど、小さな力で動かせます。これを、てこの原理といいます。

てこの原理が使われている道具は、身のまわりにたくさんあります。たとえば、はさみやせんぬき、つめ切りやピンセットなどがそうです。

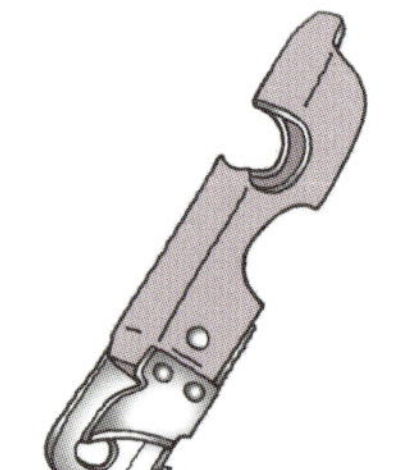

(1) ——線のことが書かれている部分のはじめと終わりの四文字をぬき出しなさい。【一つ10点…20点】

□□□□ ～ □□□□

(2) てこを使うとき、小さい力で物を動かせるほうに○をつけなさい。【20点】

(　) 物とぼうをささえる場所が近い。

(　) 物とぼうをささえる場所が遠い。

(3) 「てこの原理」が使われている道具は、いくつ書かれていますか。【10点】

□つ

2 次の文章を読んで、後の問いに答えなさい。

たまごから生まれたばかりの鳥のひなは、はじめて目にする動くものを親だと思う習せいがあります。これを、「すりこみ」といいます。

自ぜんの中では、ふつう、ひながはじめて見るのは、本物の★しかいません。□、きかいでたまごをかえしたペットの鳥などは、人間を親と思ってしまうことがあります。まちがった「すりこみ」が起こったのです。それは、たまごの中にいる間、親の声を聞かなかったひなに多いといわれています。

(1) ★には、漢字一文字の言葉が入ります。本文からさがしなさい。【15点】

□

(2) □に入る言葉を、○でかこみなさい。【15点】

だから ・ そして ・ しかし

(3) ——線の「それ」とは、何のことですか。【20点】

テスト92

標準レベル

十四、いろいろな文章を読む(2)

時間 10分　合格点 80点　点

● 次の文章を読んで、後の問いに答えなさい。

楽しかった体けん学習

三年一組の二十八人は、十月十一日にひじ山のう場へ、体けん学習に行きました。実さいにのう場の仕事を手つだって、ⓐそのたいへんさを体けんするためです。

ⓘ当日はくもり空で、あいにくの天気でしたが、気温は高く、長そでシャツではあせをかくくらいでした。仕事の手つだいが終わると、のう場の野さいと肉でバーベキューをしたり、動物たちとふれ合ったりして、楽しい一日をすごしました。

ⓤひじ山のう場では、広い畑でいろんなしゅるいの野さいを作り、牛やにわとりなどの家ちくもかっています。そこで、クラスは、ⓔ畑で作業する係と、ⓞ家ちくの世話をする係の二つに分かれました。そして、畑の係はなすびのとり入れと大根のたねまきを手つだい、家ちくの係は牛とにわとりのえさやりをしました。

お昼ごはんは、畑でとれたなすび・ピーマン・たまねぎなどを使ったバーベキューでした。もちろん、お肉や生みたてのたまごも食べました。とてもおいしかったです。午後からは、ⓚのう場の犬とボール遊びをしました。のう場の犬はふだんは畑を守る仕事をしているそうですが、この日は遊び相手になってくれて楽しかったです。

(1) ——線ⓐの「そのたいへんさ」とは、何のたいへんさですか。【15点】

（　　　　）の（　　　　）

(2) ——線ⓘの「当日」とは、いつのことですか。【10点】

（　　）月（　　）日

(3) ——線ⓤの「ひじ山のう場」で見たものに○を、見なかったものや分からないものに×をつけなさい。【一つ5点…35点】

（　）田んぼ　（　）畑　（　）牛

（　）にわとり　（　）羊

（　）ねこ　（　）犬

(4) ——線ⓔの「畑で作業する係」と——線ⓞの「家ちくの世話をする係」が手つだったことをそれぞれ書きなさい。【一つ10点…30点】

線ⓔ
・（　　　　）
・（　　　　）

線ⓞ
・（　　　　）

(5) ——線ⓚの「のう場の犬」は、ふだんは何を守っていますか。よいものを〇でかこみなさい。【10点】

〔子どもたち・家ちく・畑・家〕

テスト93 標準レベル

十四、いろいろな文章を読む(2)

時間 10分 合格点 80点 点

● 次の文章を読んで、後の問いに答えなさい。

㋐まよい犬に、㋑新しいかい主決まる

六月に、南小学校にまよいこんできた子犬のかい主が決まりました。今まで、みんなで世話をしてきましたが、もうすぐ夏休みが始まると、それができなくなります。それで、㋒家族の一員としてかわいがってくれる人をさがしていたのです。

かい主になってくれるのは、二丁目でお米屋をしている、森山さんです。森山さんはさい近、十五年かっていた犬をなくして、さみしい思いをしていたそうです。それで、南小学校の子犬を一目で気に入って、かうことを決めたそうです。そして、この犬を一生大切にすると、やくそくしてくれました。子犬には、幸せになってほしいですね。

子犬の引きわたしは、㋓七月十日の予定です。また、その日に子犬のおわかれ会も行います。子犬へのプレゼントなどがあれば、その日までに用意しておいてください。

（1）線㋐の「まよい犬」は、今どこにいますか。【15点】

（　　　　）

（2）まよい犬の世話をしている人に○をつけなさい。【15点】

（　）南小学校の先生

（　）南小学校のみんな

（　）森山さん

（3）線㋑の「新しいかい主」はだれですか。また何の仕事をしている人ですか。【15点】

だれ（　　　　）

仕事（　　　　）

（4）線㋒とありますが、なぜさがしていたのですか。【15点】

□□□が始まると、□□の□□ができなくなるから。

（5）森山さんから聞いたことが書いてあるつづいた三文の、はじめと終わりの五文字（ふ号はふくまない）を書きなさい。【20点】

□□□□□～□□□□□。

（6）線㋓の「七月十日」に行われることを二つ書きなさい。【一つ10点…20点】

・子犬の□□□□□

・子犬の□□□□□

テスト94

ハイレベ（ハイレベル）

十四、いろいろな文章を読む（2）

時間 10分　合格点 70点　点

● 次の詩を読んで、後の問いに答えなさい。

今日は六月さい後の日曜日
お姉ちゃんがけっこんする日
朝早くから家の中があわただしい
わたしもつられて出かけるじゅんび

なみだ目になっているお姉ちゃん
お父さんとお母さんに
何やらあいさつしているみたい
わたしは柱のかげからみつめてる

もうすぐお姉ちゃんのけっこん式
今はまだお祭りみたいに
にぎやかだけど
さみしくなるね　あ

もうお姉ちゃんといっしょに
ごはん食べられないのかなあ
おふろに入れないのかなあ
ふとんの中でねむれないのかなあ

わたしのやさしいお姉ちゃん
もう一度手をつないで歩いてください
もう一度リボンをむすんでください
もう一度せ中におぶってください

そんなわたしの気持ちも知らないで
お姉ちゃんはとついでいく
今日はおめでたい日だけど
それはうれしくてさみしい　い

（1）この詩に題をつけるとしたら、どれがよいですか。（　）に○をつけなさい。【20点】
（　）わたしとお姉ちゃん
（　）お姉ちゃんがけっこんする日
（　）やさしいお姉ちゃん
（　）わたしの家族

（2）この詩の中に登場する人は、何人ですか。【20点】
□人

（3）この詩は、わたしのどんな気持ちが中心になってできていますか。よいものに○をつけなさい。【20点】
（　）わたしとお姉ちゃんの思い出は、とてもなつかしいなあ。
（　）お姉ちゃんがいなくなると思うと、とてもさみしいなあ。
（　）わたしもお姉ちゃんみたいに幸せになりたいなあ。

（4）「ください」とありますが、わたしのどんな気持ちが表れていますか。よいものに○をつけなさい。【20点】
（　）そんけいする気持ち
（　）よそよそしい気持ち
（　）感しゃする気持ち

（5）あ と い に入る言葉を、――でつなぎなさい。【一つ10点…20点】

あ ・　　・お祭り
い ・　　・お姉ちゃん
　　　　・家の中
　　　　・日曜日

テスト95

ハイレベル（ハイレベル）

十四、いろいろな文章を読む(2)

時間 10分　合格点 70点　点

● 次の文章を読んで、後の問いに答えなさい。

ちいちゃんが毎日こわいゆめを見ては夜なきするので、お母さんはどうすればいいか考えました。[あ]、白黒で鼻が長くて足の短い、へんてこな動物の人形を作り、

「ちいちゃん、これはバクという動物でね、バクはゆめを食べてくれるの。[い]ね、ちいちゃん。どんなゆめを見ても、もうこわくないわよ。食べちゃうんだもの。」

と言って、ちいちゃんに人形をわたしました。ちいちゃんは、ふしぎそうな顔をして人形を受け取ると、[A]見つめました。[う]、それを気に入ったしょうこに、[B]だきしめると、[C]わらったのです。

それを見たお母さんはほっと安心して、ちいちゃんと同じくらいにこにこしながら言いました。

★「さあ、早くねましょうね。バクさんが、おなかをすかせているわ。」

そして、その後、ちいちゃんが夜なきをすることは二度とありませんでした。

(1) [あ]〜[う]に入る言葉を、◯でかこみなさい。【一つ5点…15点】

[あ]…（　そして　・　すると　）

[い]…（　そして　・　だから　）

[う]…（　それでも　・　それから　）

(2) ちいちゃんのお母さんは、何を作りましたか。【15点】

[　　]という[　　]の[　　]

(3) なぜ、(2)の答えのものを作ったのですか。そのわけが書かれている二十二字の部分のはじめと終わりの五文字を書きなさい。【20点】

[　　　　　]〜[　　　　　]から。

(4) ——線は、何を食べるのですか。【20点】

ちいちゃんが[　]る[　　]

(5) [A]〜[C]に合う言葉を下からえらんで、——でつなぎなさい。【一つ5点…15点】

[A]・　　・ぎゅうっと

[B]・　　・じっと

[C]・　　・げらげらと

　　　　・にっこりと

(6) ★と言ったときのお母さんの気持ちに合うものに○を、合わないものに×をつけなさい。【一つ5点…15点】

（　）バクさんがおなかをすかせているので、よかった。

（　）ちいちゃんがバクさんを気に入ってくれてよかった。

（　）ちいちゃんが夜なきしないようになるといいなあ。

テスト 96

ハイレベル（ハイレベル）

十四、いろいろな文章を読む(2)

時間 10分
合格点 70点
点

● 次の文章を読んで、後の問いに答えなさい。

「だめだ、［あ］なってない。こんな色じゃないんだ、あの夕やけは。」

絵かきはそう言うと、でき上がったばかりの絵を［い］とやぶりすてました。絵かきがかきたいのは、この前、海で見た心がふるえるような美しい夕やけ空でした。でも、いくらかいても思ったような絵にはなりません。絵かきは思いました。

「ふつうの絵の具ではだめなんだ。そうだ、何か自ぜんの色がいい。夕やけは自ぜんなものだからな。花や土の中に、きっとあの美しい赤色があるにちがいない。」

そこで、絵かきは、自ぜんの中の赤色をさがすため、旅に出ました。そのと中で何度も美しいけしきを目にしましたが、㋐絵かきは一度も絵ふでをにぎりませんでした。

そして、ついに絵かきは赤の中の赤といわれる色をしためずらしい岩を手に入れました。㋑それをこなにして絵の具にまぜれば、だれも見たことのないあざやかな赤色になるはずでした。しかし、絵かきがそれを使うことはありませんでした。長い旅のせいで、絵かきの体はすっかり弱っていたからです。絵かきは、

「今もわたしの目には、あの美しい夕やけが見えるのに、［う］かけなかった。」

と、さびし気につぶやきました。

(1) ［あ］～［う］に入る言葉をえらんで――でつなぎなさい。【一つ5点…15点】

［あ］・　　・とうとう
［い］・　　・いよいよ
［う］・　　・びりびり
　　　　　　・ぜんぜん

(2) 絵かきがかきたかったのは、どんな夕やけ空ですか。それについて書いてある一文のはじめの五文字を書きなさい。【25点】

［　　　　　］

(3) 絵かきは何をさがす旅に出ましたか。【20点】

（　　　　）の中の（　　　　）

(4) ――線㋐の理由として考えられるものの一つに○をつけなさい。【20点】

（　）つかれて、体が弱っていたから。
（　）絵ふでを持たずに旅に出たから。
（　）かきたいのは、いつか見た美しい夕やけだったから。

(5) ――線㋑は何を指していますか。【20点】

［　　　　　］といわれる色をした［　　　　　　］

テスト97

十四、いろいろな文章を読む(2)

時間 20分　合格点 60点　　点

● 次の文章を読んで、後の問いに答えなさい。

　わたしたち人間をふくめて、けものとよばれる動物は、たまごではなく赤ちゃんを生み、おちちを飲ませて育てます。このような動物のなかまをほにゅうるいといいます。

　ほにゅうるいがほかの生き物と大きくちがうのは、赤ちゃんを生むことです。ほかの生き物、たとえば鳥や魚、トカゲやカエルなどは、たまごを生みます。そして、その子どもはたまごの中で育ち、やがてたまごのからをやぶって出てきます。［あ］、ほにゅうるいの子どもは、たまごの時期を親の体の中ですごし、赤ちゃんとして生まれてくるのです。

　そのため、ほにゅうるいのメスの体には、赤ちゃんを生むためのとくべつな仕組みがあります。おなかの中の子宮という部分がそうです。赤ちゃんは生まれてくるまで子宮の中ですごしますが、㋐その日数は動物のしゅるいによってちがいます。たとえば、人間の場合はおよそ二八〇日ですが、体の大きなゾウはおよそ六三〇日、ウサギはわずか三〇日から三五日です。［い］、生まれてきた赤ちゃんの様子も、すぐに立って歩けるものから、目も開かず毛も生えていないようなものまで、実にさまざまです。しかし、㋑いろいろなちがいがあっても、赤ちゃんが母親のおちちを飲んで育つことは、みな同じなのです。

　［う］、㋒そのことは、ほにゅうるいの大切なとくちょうです。それによって、親子が強いきずなでむすばれるからです。赤ちゃんがおちちを飲んでいる期間、親（とくに母親）は赤ちゃんの世話をよくします。体をなめたり、あたためたり、きけんな目にあわないように気を配ったりします。自分のことは㋓二の次で、赤ちゃんのことがいちばん大事なのです。それが、たまごを生みっぱなしのほかの生き物との大きなちがいです。

　［え］、ほにゅうるいの親が赤ちゃんをかわいがって育てるのは、赤ちゃんがかわいいすがたをしていて、世話をしたいと親に思わせているからだといわれています。わたしたちが子犬や子ねこを見てかわいいと思うのと同じで、これは赤ちゃんにもとても大切なことです。なぜなら、赤ちゃんは、親からおちちをもらい、世話をしてもらわないと、生きていけないからです。赤ちゃんを見て、親が［★］と思うことは、ほにゅうるいが生きていく上で重ようなことなのです。

　［お］、ほにゅうるいの親子のきずなを表すものが、ほかにもあります。それは、わたしたちの体についているおへそです。おへそは、赤ちゃんが母親のおなかの中にいる間、母親の体とつながっていたくだのあとなのです。このくだを通じて、赤ちゃんは、母親の体からえいようをもらい、いらなくなったものを外に出しています。おへそは、まさに親子がつながっていたしるしなのです。

(1) 　あ　～　お　に入るもっともよい言葉を○でかこみなさい。【一つ3点…15点】

あ［　だから・すると・しかし　］

い［　たとえば・また・たとえ　］

う［　しかも・それとも・そこで　］

え［　また・けれども・あるいは　］

お［　および・それで・ところで　］

(2) 赤ちゃんを生み、おちちで育てる動物のなかまを何といいますか。【8点】

（　　　　）

(3) 子宮について、□に合う言葉を入れてせつ明しなさい。【8点】

□□□□□□□□の体にある、□□□□を生むための□□□□□□□□。

(4) ――線㋐は何を指していますか。【8点】

赤ちゃんが□□□□で□□す日数。

(5) ――線㋐の日数で上と下で合うものを、――でつなぎなさい。【一つ2点…6点】

三〇～三五日・　・ゾウ

二八〇日　・　・ウサギ

六三〇日　・　・人間

(6) ――線㋑と同じような意味の言葉を同じだん落からさがしなさい。【6点】

□□□□

(7) ――線㋒が指していることを十九文字でさがして、はじめと終わりの三文字を書きなさい。【8点】

□□□～□□□

(8) なぜ、――線㋒のことが大切なのですか。正しいものに○、ちがうものには×をつけなさい。【一つ3点…9点】

（　）おちちにはいろいろなえいようがあるから。

（　）きけんな目にあうから。

（　）親子が強いきずなでむすばれるから。

(9) ――線㋓の意味として、正しいものに○をつけなさい。【8点】

（　）気がすすまない。

（　）前と同じしっぱいをくりかえす。

（　）後回し

(10) ★に入る言葉を文章中からさがして、書き入れなさい。【8点】

□□□□□□

(11) ほにゅうるいの親子のきずなを表すもので、体についているものは何ですか。【8点】

（　　　　）

(12) (11)で答えたものについてせつ明している、つづいた二文のはじめと終わりの五文字を書きなさい。（ふ号もふくむ）【一つ4点…8点】

・はじめ…□□□□□

・終わり…□□□□□

テスト98

リビューテスト（復習テスト）

5-①

時間 10分
合格点 70点
点

● 次の文章を読んで、後の問いに答えなさい。

夜の空に見えるたくさんの星のほとんどは、太陽のように自分で光を出している星です。このような星を、こう星といいます。［あ］、多くのこう星は、太陽と同じくらいか、それより大きな星です。［い］、わたしたちの目には、豆つぶくらいの大きさにしか、見えませんよね。㋐それは、こう星がとても遠くにあるからです。

こう星までのきょりをはかるには、ふつうのメートルのようなたんいでは、数が大きくなりすぎてはかりきれません。［う］、星の間のきょりは、この世でいちばん速い光を使って表します。光が一年間に進むきょりを、㋑一光年というたんいにしているのです。一光年は、だいたい九ちょう四千六百七十おくキロメートルになります。地球からいちばん近いこう星はアルファケンタウリという星ですが、地球から四・三光年のきょりにあります。つまり、今アルファケンタウリで光った光は、四・三［★］もかかって地球にとどくのです。

（1）こう星とは、どんな星のことですか。【15点】

［　］で［　］を［　　　］いる星。

（2）［あ］～［う］に入る言葉を、〇でかこみなさい。【一つ5点…15点】

［あ］（そして　・　すると）
［い］（たとえば　・　ところが）
［う］（また　・　そこで）

（3）――線㋐の「それ」が指すことを一つえらんで、〇をつけなさい。【15点】

（　）こう星がたくさん見えること
（　）こう星が豆つぶくらいの大きさであること
（　）こう星が豆つぶくらいの大きさに見えること

（4）星の間のきょりを表すのにメートルというたんいが使えないのはなぜですか。【20点】

［　］が［　　　］なりすぎて［　　］ないから。

（5）――線㋑の「一光年」について答えなさい。【一つ10点…20点】

・どれだけのきょりですか。

［　］が［　　］に進むきょり。

・キロメートルで表しなさい。

やく（　　　　）キロメートル

（6）［★］に入る言葉を六画の漢字一字で書きなさい。【15点】

［　］

テスト99

リビューテスト（復習テスト） 5-②

時間 10分　合格点 70点　　点

次の文章を読んで、後の問いに答えなさい。

きのうは、夜おそくにタクシーで帰ってきました。タクシーは家の前を少し通りすぎたところで止まりました。㋐そこには小さな川があって、川のわきにはせが高いアシが生えていました。その中に、ほんのり光るホタルを、何びきもみつけました。［☆］クリスマスのイルミネーションのようでした。お父さんとしばらくながめてから、

「こっちの水は、あーまいぞ……。」

と、ホタルの歌を口ずさみながら家に入りました。

夜もおそかったので、さっそくパジャマに着がえました。そして、部屋の明かりを消して、ふとんに入りました。しずかに目をとじると、さっき見たホタルが［★］

ぼくは、うとうととねむりかけていましたが、㋑かすかに目を開けると、ふすまのすみに光るものがありました。そっと近よってみると、ホタルが一生けんめい光っているのです。部屋の中はまっ暗だったので、その光はとても明るく感じました。どうしてホタルは光るのだろうと思いながら、ぼくはいつの間にかねむったようです。

朝になって起きてみると、㋒もうきのうのホタルはいません。今夜もホタルが光ってくれるかなあと、夜が待ち遠しい気分で学校に行きました。

（1）線㋐の「そこ」とは、どこですか。【10点】

（　　　　　　　　）

（2）［☆］に入る言葉に○をつけなさい。【15点】

（　）まさか　（　）けっして

（　）たぶん　（　）まるで

（3）［★］に入る文に○をつけなさい。【15点】

（　）ゆめの中に出てきました。

（　）部屋の中に入ってきました。

（　）まぶたのうらにうつりました。

（　）かわいそうになりました。

（4）線㋑の「かすかに」と同じ意味で使えるものには○を、使えないものには×をつけなさい。【一つ5点…30点】

（　）はっきり　（　）うっすら

（　）かすれて　（　）しらじら

（　）わずかに　（　）ぱっちり

（5）線㋒の「きのうのホタル」とは、どのホタルのことですか。【15点】

（　　　　　　　　）にいたホタル。

（6）アシの中のホタルを見たぼくの気持ちとして、もっともよいものに○をつけなさい。【15点】

（　）ホタルが家の近くで見つかるなんて、思ってもいなかった。

（　）クリスマスにもホタルがたくさん見つかるといいな。

（　）クリスマスのイルミネーションのようで、きれいだな。

テスト100

リビューテスト（復習テスト）5-③

時間 20分　合格点 60点　　点

次の文章を読んで、後の問いに答えなさい。

きゅう食の食べのこしをへらそう　まだまだ多いおかずの食べのこしについて

二学期から、㋐クラスの目ひょうとして、きゅう食の食べのこしをへらす取り組みをしています。一学期の終わりに、きゅう食の調理員さんから、「毎日たくさんの食べのこしをすてている。」という話を聞いたからでした。世界には、ごはんを食べられずに死んでいく人もいるというのに、わたしたちはとてももったいないことをしていたのです。

[あ]、みんなで話し合って、きゅう食をのこさず食べることを目ひょうにしました。

[い]、一か月がたち、実さいどれくらい食べのこしがへったか、グラフを作って調べました。教室のけいじ板にもはってあるので、みんなも見てください。

㋑このグラフからわかるように、パンや牛にゅう、ごはんの食べのこしは、少なくなっています。[う]、おかずの食べのこしは、相かわらず多いままです。とくに、野さいを使ったおかずは、よくのこっています。

では、どうして野さいをのこすのか、おかずの食べのこしをへらすには、どうしたらいいのか、クラスの人に聞いてみました。[え]、「味がおいしくないから」、「野さいの分りょうが多い」などの理由から、野さいのおかずをのこしている人が多いことがわかりました。また、おかずの食べのこしをへらすためにどうすればいいかというしつ問には、「野さいをあまり使わないようにする」であるとか、「味つけをこくする」や「がまんして食べる」などの意見が出ました。がまんして食べることはわたしたちのどりょくでできますが、味つけやざいりょうについてはわたしたちの力ではどうにもなりません。そこで、きゅう食の調理員さんに、今回みんなから出た意見を聞いてもらうことにしました。

先週の水曜日の放か後、調理員さんにのこってもらって、クラスの代表が話をしました。調理員さんは、わたしたちのクラスが食べのこしをへらそうとがんばっていると聞き、とてもよろこんでくれました。そして、味つけや、野さいの分りょうについて意見が出たことも、よく聞いてくれました。でも、調理員さんは、味つけをかえたり、野さいをへらしたりすることに、さんせいしませんでした。なぜなら、きゅう食はわたしたちの体のことを考えて作られていて、味つけや野さいのりょうについても、えいようの㋒バランスが取れるように計算されているからだそうです。だから、すききらいがあるからと野さいをへらしたり、すきな味つけばかりしたりするのは、体に悪いのです。きゅう食には、わたしたちが昼間、勉強や運動に使うえいようが、ひつような分だけ入っているので、㋓のこさずまるまる食べてほしいと、調理員さんは言っていました。

おかずの食べのこしをへらすためには、ただがまんして食べるのではなく、どうしてこれを食べるひつようがあるのかを知ることが大切なのではないでしょうか。

(1) ——線㋐の「クラスの目ひょう」を書きなさい。【8点】

「□□□□□□□□の□□□□□□□□」

□を□□□□□□□□

(2) ——線㋐の「クラスの目ひょう」をえらんだわけが書かれたつづいた二文の、はじめと終わりの五文字を書きなさい。【8点】

□□□□□～□□□□□。

(3) あ～えに入る言葉をえらんで、記号を書きなさい。【一つ4点…16点】

( ) すると ( ) でも
( ) そこで ( ) しかも
( ) たとえば ( ) それから

(4) ——線㋑の「このグラフ」を見て分かることには○を、分からないことには×を書きなさい。【一つ4点…16点】

( ) 毎日のきゅう食のこんだて
( ) 一学期のきゅう食の食べのこしの様子
( ) 二学期になってからのきゅう食の食べのこしの様子
( ) 食べ物のしゅるいごとの食べのこしの様子

(5) ——線㋑の「このグラフ」によると、いちばん食べのこしが多いのは何ですか。十文字で書きなさい。【8点】

□□□□□□□□□□

(6) 野さいのおかずをのこす理由を二つ書きなさい。【一つ4点…8点】

・□が□□□□ない。

・野さいの□□□□が多い。

(7) 次のうち、わたしたちのどりょくでできることには○を、できないことには×をつけなさい。【一つ4点…16点】

( ) 野さいをあまり使わないようにする。
( ) 味つけをこくする。
( ) がまんして食べる。
( ) きゅう食のおかずを考える。

(8) 調理員さんがさんせいしなかったことは、どんなことですか。また、さんせいしなかったわけが書かれた一文の、はじめの五文字(ふ号をふくむ)を書きなさい。【一つ5点…10点】

□□□をかえたり、□□□を□□□たりすること。

・わけが書かれた一文

□□□□□

(9) ——線㋒の「バランス」と——線㋓の「まるまる」に、にた意味を持つ言葉を考えて、書きなさい。【一つ5点…10点】

㋒ つ□□□

㋓ ぜ□□

ハイレベ

ハイレベ100

100回のテストで、読解力を大きく伸ばそう!!

小学3年 読解力

〈きりとり線〉

縮小版解答の使い方

問題ページの縮小版の解答!!

お子様自身で答えあわせがしやすいように問題ページをそのまま縮小して、読みやすく工夫した解説といっしょに答えを載せています。

★ 空らん前後の内ようから、反対のかん係を表すつなぎ言葉をえらびます。

★ サジェの会話文に思いちがいがあります。

★ 人や物事のありさまを表す言葉なので、空らん前後をていねいに読み取り、その様子から言葉をえらびましょう。

★ 「ふきとぶ」には、「風などにふかれて物がとぶ」と「いっぺんに消えてなくなる」の意味があります。

答えあわせをしたあとで、できなかったところは、必ずチェックして、もう一度考えて、正しい答えをていねいに書きこんでおきましょう!!

チェックしたところは、繰り返し練習してください。

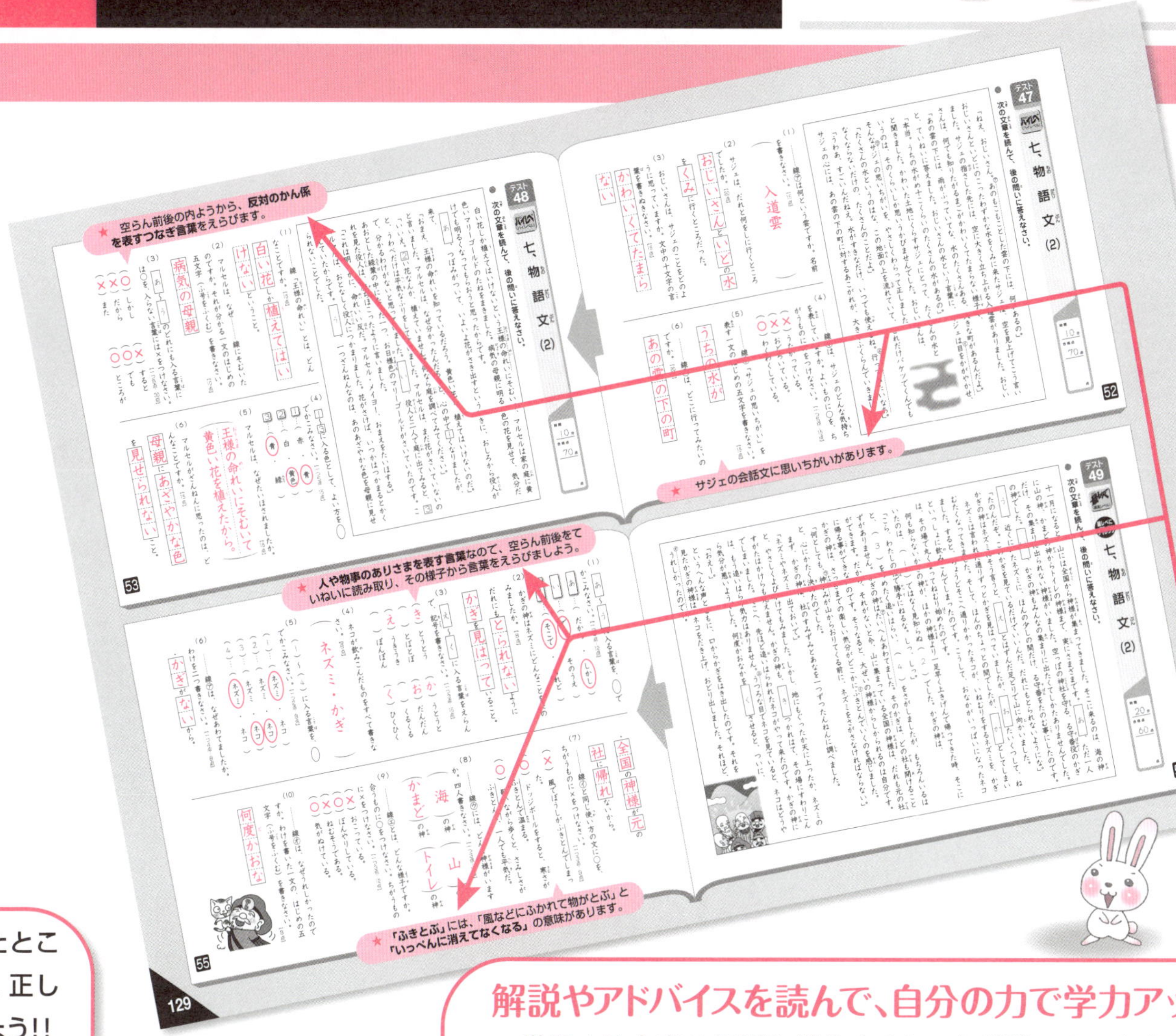

解説やアドバイスを読んで、自分の力で学力アップ!!

学習する内容の解説や覚え方のヒントが載っています。お子様が自分ひとりで答えあわせをしながら、学習内容を理解できます。

奨学社

テスト1 標準レベル 一、物語文（1）

時間 10分　合格点 80点

1 次の文章を読んで、後の問いに答えなさい。

　かがみにうつっていたのは、なつかしいジェンナのこきょうの風けいでした。その中には、ジェンナの年とった両親のすがたもありました。ジェンナは思わず、

「お父さん、お母さん。」

と、聞こえるはずもないのに、かがみに向かってさけんでいました。

「鳥の［★］つばさがあったら、今すぐとんでいけるのに。」

　ジェンナは強く思いました。しかし、こきょうはあまりにも遠く、ジェンナには、帰るための時間がありませんでした。

(1) かがみには、何がうつっていましたか。【一つ10点…20点】
・（なつかしい）ジェンナの（こきょう）の風けい。
・（ジェンナの年とった両親）のすがた。

(2) ［★］に入る言葉に○をつけなさい。【15点】
（　）白い　（○）ように　（　）ために　（　）かわりに

(3) ――線は、どこに帰るための時間ですか。【15点】
（ジェンナ）の（こきょう）

2 次の文章を読んで、後の問いに答えなさい。

「もうすぐ、夕食のしたくが整います。どうか食べていってくださいな。」

　女主人はそう言って、旅人にほほえみました。旅人は、㋐見ず知らずの人に、そこまで世話になれないと思い、

「いや、おなかはすいていないので。」

とことわりました。ところが、言い終わったとたん、旅人のおなかがぐうと鳴ったのです。旅人は［★］のあまり、顔が赤くなりました。女主人は㋑やさしさから、何も気づかないふりをして、こう言いました。

「ぜひ、少しでも食べてください。」

(1) ――線㋐の意味に○をつけなさい。【15点】
（　）少しは知っている。

（○）まったく知らない。

（　）むかしは知っていた。

(2) ［★］に入る言葉に○をつけなさい。【15点】
（　）むずかしさ　（　）さみしさ　（○）はずかしさ　（　）うれしさ

(3) ――線㋑の「やさしさ」が表れている女主人の様子を、九文字でぬき出しなさい。【20点】
何も気づかないふり

★「おなかがぐうと鳴った」ときの旅人の気持ちを考えましょう。

テスト2 標準レベル 一、物語文（1）

時間 10分　合格点 80点

● 次の文章を読んで、後の問いに答えなさい。

　花子が売られると聞いて、みつえは大急ぎで学校から帰ってきました。花子は、生まれたての子牛のころから、みつえが大切に育てた牛でした。このごろやっと、ちちが出せるようになったばかりなのです。みつえが、牛小屋の入り口にたどり着いたとき、ちょうど父親が花子につなをつけて、つれ出すところでした。みつえは、

「どこに行くの。花子は売らないって言ったのに、とうちゃんの［★］。」

と言うと、口を真一文字にきつくむすび、小さな手をできるだけ広げて、㋐とうせんぼしたのです。そんなみつえに対して、父親は下を向いたまま、目を合わせようとしませんでした。そして、㋑ぼそぼそと聞き取りにくい声で、

「花子を売って、かりた金を返すんだ。しょうがないんだ。わかってくれ。」

と言いました。

　そんな父親は、みつえより、ずっと悲しそうに見えました。

(1) みつえはなぜ、大急ぎで帰ってきたのですか。【20点】
（花子）が（売られる）と（聞いた）から。

(2) 「花子」とは、何ですか。くわしく書きなさい。【20点】
（生まれたての子牛のころから、みつえが大切に育てた牛。）

(3) ［★］に入るもっともよい言葉に○をつけなさい。【15点】
（　）なきむし
（　）よわむし
（○）うそつき
（　）こわがり

(4) ――線㋐で、何をとうせんぼしたのですか。【15点】
花子につなをつけて、牛小屋からつれ出す父親をとうせんぼした。

(5) 父親は、どうして花子を売るのですか。【15点】
（かりた金）を（返す）ため。

(6) ――線㋑の意味で、よいものに○をつけなさい。【15点】
（　）歩きながら話す様子。

（　）相手に遠りょして話す様子。

（○）ひくく小さな声で話す様子。

★ みつえが牛小屋の入り口にたどり着いたときの様子から言葉をあてはめましょう。

テスト3 標準レベル 一、物語文（1）

時間 10分　合格点 80点

● 次の文章を読んで、後の問いに答えなさい。

　空のかたすみに、ぽつんと小さな黒いかげがあらわれました。それは、しだいに大きく広がって、やがてかがやく星を飲みこんでいきました。［あ］、地上の人びとは、㋐空に起きている出来事に、気づきもしません。のん気にいつも通りの生活を、送っていました。［い］、黒いかげの広がりはとどまるところを知らず、とうとう空の半分近くから光という光をうばっていったのです。そうなると、いくらのん気な人間でも、［★］の様子がすっかりかわってしまったことに、㋑気づかないわけはありません。

「たいへんだ。星がないぞ。どうなっているのだ。オリオンもすばるもないなんて。」

「ああ、おそろしい。この世の終わりだ。神様がわれわれにばつをあたえたのだ。」

　ある者はわめきちらし、ある者は神にいのり、そしてのこりの者はどうしていいかわからずにただうろうろと歩き回るだけでした。そんな人びとのおどろきとは㋒うらはらに、いつの間にか黒いかげは、広がることをやめていました。

(1) ［あ］と［い］には、同じはたらきをする言葉が入ります。入らないものを一つえらんで、×をつけなさい。【10点】
（　）けれども　（　）しかし　（×）ところが　（　）すると

(2) ――線㋐の「空に起きている出来事」とは、どんなことですか。【一つ5点…30点】
空のかたすみにあらわれた小さな黒いかげが広がって、星を飲みこんでいったこと。

(3) ［★］に入る言葉を次から一つえらんで、○でかこみなさい。【10点】
［かげ・（空）・光］

(4) ――線㋑の「気づかないわけはありません」とは、どういう意味ですか。よいほうに○をつけなさい。【10点】
（○）気づいた。

（　）気づかなかった。

(5) おどろいた人びとは、どんなことをしましたか。三つ書きなさい。【一つ10点…30点】
・わめきちらした。
・神にいのった。
・うろうろと歩き回った。

(6) ――線㋒の「うらはらに」と同じ意味の言葉を、○でかこみなさい。【10点】
［同じに・かん係なく・（あべこべに）］

★「〜ません」「〜知らず」⇒前の事がらと反対になるような事がらが後にあります。

テスト4 ハイレベル 一、物語文（1）

時間 10分　合格点 70点

● 次の文章を読んで、後の問いに答えなさい。

　アンジーは、一つ一つの言葉に心をこめて歌いました。それは、昔アンジーのおばあさんが教えてくれたことでした。おばあさんはアンジーに、

「歌は口先だけで歌ってはだめよ。心のこもってない歌は、だれも聞いてくれないからね。どんなときでもどんな歌でも、心をつくして歌いなさい。」

と、くり返し言いました。アンジーは、㋐その教えをわすれていなかったのです。

　そんなアンジーの歌声は、聞いていた町の人びとの心を大きく動かしました。気むずかしいフレッドじいさんがえ顔になり、なかの悪かったパン屋の兄弟までなか直りしたくらいです。そして、多くの人は感げきのあまり身動きできず、㋑はく手をすることさえわすれていました。そのため、アンジーが歌い終わると会場は㋒しずまりかえったのです。アンジーはこれをかんちがいして、

「わたしの歌がひどかったから、みんなをがっかりさせたのね。」

と悲しくなりましたが、それもいっしゅんでした。すぐに、アンジーはわれんばかりのはく手とかん声につつまれました。

(1) ――線㋐は、だれの教えですか。【20点】
（アンジー）の（おばあさん）

(2) ――線㋐にあるよい歌い方と、悪い歌い方を書きなさい。【一つ20点…40点】
よい歌い方：どんなときでもどんな歌でも、心をつくして歌う歌い方。
悪い歌い方：口先だけで歌う、心のこもってない歌い方。

(3) ――線㋑は、どうしてですか。よいものを一つえらび、○をつけなさい。【20点】
（　）気むずかしいフレッドじいさんが、え顔になったため。

（　）なかの悪かったパン屋の兄弟が、なか直りしたため。

（○）多くの人が感げきのあまり身動きできなかったため。

(4) ――線㋒と反対の様子を表す二十二文字の部分をさがし、はじめの六文字を書きなさい。【20点】
われんばかり

★「しずまりかえる」は、すっかりしずかになるの意味です。その反対の様子を表す言葉をさがします。

テスト5 ハイレベ（ハイレベル） 一、物語文 (1)

時間 10分　合格点 70点　点

● 次の文章を読んで、後の問いに答えなさい。

それまでだまって話を聞いていたさむらいが、はじめて口を開きました。

「では、わたしがそのつづみを打ってみせましょう。そして、見事に音が出たら、そのときはやくそく通り小ばん百両をはらっていただくということでよろしいですね。」

そう言うと、さむらいはすべるようななめらかな動きで、問題のつづみに近づき、手に取り、かたにかつぎ、せすじをのばして打ち出したのです。［あ］、今までだれが打っても鳴らなかったつづみが、ポンポンと耳に心地よい音をひびかせ始めました。これには、その場にいただれもが目を丸くしておどろきました。

「あの鳴らずのつづみの音が聞けるとは、ゆめを見ているようだ。しんじられない。」

人びとのおどろきをよそに、さむらいはしばらくの間、すずしい顔でつづみを打ち鳴らしました。［い］、さむらいが打つのをやめたとき、その手には、つづみの代わりに一ぴきのタヌキがにぎられていました。［う］、さむらいは、顔色を少しもかえずに、

「これがふしぎの正体です。十分にこらしめたので、もう悪さはしないでしょう。」

と言いました。こうして、つづみの持ち主だったご服屋の主人は、目の前から家のたからが消えうせた上に、小ばんを百両もはらうことになったのです。［え］、とてもがっかりして、元気をなくしてしまいました。

(1) 線㋐の「やくそく」は、だれとだれのやくそくですか。【20点】

（**さむらい**）と（**ご服屋の主人**）

(2) 線㋑の「問題の」を、ほかの言葉で言いかえたところがあります。四文字でぬき出しなさい。【20点】

鳴らずの

(3) ［あ］～［え］に入る言葉をえらんで、（　）に記号を書きなさい。【20点】

（**い**）そして　（**あ**）すると
（**え**）そのため　（**う**）それでも

(4) 線㋒の「すずしい顔で」は、どういう意味で使われていますか。よいものに○をつけなさい。【20点】

（**○**）何もかん係ないような顔で
（　）今にもなき出しそうな顔で
（　）つらいことを、がまんしているような顔で

(5) 線㋓の「ふしぎの正体」は、何でしたか。【20点】

つづみに化けて**悪さ**をしていた**タヌキ**。

★「すずしい顔」は自分にもかん係があるのに、他人事のように知らん顔をしている様子です。

6

テスト6 ハイレベ（ハイレベル） 一、物語文 (1)

時間 10分　合格点 70点　点

● 次の文章を読んで、後の問いに答えなさい。

春になって、わたり鳥たちが次つぎと北の国に旅立っていくのを見て、王子はとても悲しい気分になりました。そこで、まわりの者が止めるのも聞かずに、王子は池に向かったのです。人のせたけよりも高いあしの原をかき分けて見晴らしのよい岸べに出ると、水面にぽつんと一羽だけ、白鳥がのこっていました。それを見た王子は、

「シルヴィアータ。何てことだ、帰らなかったのか。」

と、白鳥によびかけました。すると、王子の声が聞こえたのか、白鳥は一声高く鳴くと、すいすい泳いで王子のそばにやってきました。そして、長い首を王子の足にこすりつけて、よろこびをあらわしました。王子もとてもうれしそうでした。でも、同時に、

「ああ、ぼくも会えてうれしいよ。でも、この国の［★］はとても暑くて、君にはすごせそうもない。今はそれが気がかりだ。」

と言って、ここにとどまった白鳥の身を心配したのです。そして、白鳥と人間がいっしょにいることはむずかしいと、つくづく思いました。そのため、王子は深いため息とともに、言いました。

「シルヴィアータ。君にかけられたまほうは、どうやったら［☆］のだろう。」

(1) 線㋐の「白鳥」の名前を書きなさい。【15点】

シルヴィアータ

(2) 白鳥はどこにのこっていましたか。【15点】

（**池**）

(3) 線㋑の「同時に」は、何と何が同時なのですか。よいものに○をつけなさい。【20点】

（　）王子の「悲しみ」と「気がかり」
（**○**）王子の「うれしさ」と「心配」
（　）王子の「悲しみ」と「うれしさ」

(4) ［★］に入るきせつを漢字で書きなさい。【15点】

（**夏**）

(5) なぜ、王子はため息をついたのですか。【一つ5点…20点】

白鳥と**人間**が**いっしょにいる**ことは**むずかしい**と、つくづく思ったから。

(6) ［☆］に入る三文字の言葉を考えて、ひらがなで書きなさい。【15点】

とける

★ まほうに「かかる」⇔まほうが「とける」

7

テスト7 最レベ（最高レベル） 最レベに（最高レベル）チャレンジ 一、物語文 (1)

時間 20分　合格点 60点　点

● 次の文章を読んで、後の問いに答えなさい。

列車の四角いまどからは、線路のそばの電柱が次から次に後ろへとび去っていくのが見えました。のぶおは、そんなけしきを、まどにへばりついて楽しんでいました。

「ママ、田んぼが見えるよ。トラックが小さいねえ。ああ、山だ、トンネルだ。」

のぶおは、とっ急列車に乗って旅をするのがはじめてでした。だから、［あ］とかわるけしきにすっかりむちゅうになって、はしゃいでいたのです。すると、

「ぼうやは、いくつ。お母さんと二人で旅行なんて、いいわねえ。」

と、二人がけのざせきの向かいにすわっていたおばさんから、声をかけられました。のぶおは知らない人から声をかけられてびっくりしました。何も答えられず、もじもじしてなき出しそうになりました。だから、そんなのぶおに代わって、

「五才ですけど、人見知りで、どうもすみません。うるさかったでしょうか。」

と、のぶおの母が答えました。それを聞いたおばさんは大わらいすると、

「［い］、わたしのところにも、同じ年くらいのまごがいるから、かわいらしくてね。つい声をかけてしまって、悪かったね。おわびに、みかんをあげましょう。」

と言って、おいしそうなだいだい色のみかんを二つさし出したのです。のぶおの母はみかんを受け取ると、もうしわけなさそうに［★］を軽く下げました。そして、

「ありがとうございます。ほら、のぶおもお礼を言いなさい。」

と言いました。それから、のぶおの手に、もらったみかんを二つとものせてあげました。のぶおは大すきなみかんを二つもらって、なき顔から急にえ顔になりました。

「おばさん、ありがとう。」

と、大きな声でお礼も言いました。そんなのぶおの子どもらしいすなおな様子に、おばさんはふたたび大わらいし、のぶおの母ははずかしそうに［☆］をしたのでした。

それから［う］の間、のぶおは外を見ず、みかんを食べることにねっ中していました。みかんを食べているのぶおは、とてもしあわせそうでした。しかし、それを見守る母は、何だか少しさびしそうでした。みかんをあげたおばさんは、そんな母親の様子が気になったので、おせっかいだと自分で思いながらも、

「わたしは次の駅でおりるけど、おくさんはどこまで行くつもりなの。この先には、温せんもないし、子どもがよろこぶ遊園地もないけどねえ。」

と聞きました。のぶおの母は、おばさんの親切な気づかいがうれしくて、

「［※］じゃないんです。わたしのいなかがこの列車の終点で、この子のおじいちゃんがいるので、実はこの子をあずけに行くのです。」

と、むねの内にしまっておいた自分の思いを話したのです。そして、のぶおの母は話し終わると、しくしくとなき出してしまいました。

8

★ 四行目に「はじめてでした」とあります。

(1) 線㋐の「けしき」について、書かれている部分をさがし、はじめと終わりの四文字をぬき出しなさい。【10点】

線路のそ～**っていく**けしき

(2) のぶおにとって、はじめてのことは何ですか。【10点】

（**とっ急列車に乗って旅をすること。**）

(3) 線㋑の「人見知り」の意味として、よいものに○をつけなさい。【10点】

（　）知っている人にしか、え顔を見せないこと。
（**○**）知らない人には、なつかないこと。
（　）人に見つかると、すぐになきそうになること。

(4) ［★］に入る言葉を漢字一文字で書きなさい。【10点】

（**頭**）

(5) ［☆］に入る言葉を一つえらんで、○をつけなさい。【10点】

（　）おわび　（**○**）苦わらい
（　）せのび　（　）はなし

(6) 線㋒は、何が気になったのですか。【10点】

しあわせそうにみかんを食べる**のぶお**を**見守**る母の**さびし**そうな様子。

(7) 線㋓の「気づかい」の意味に○をつけなさい。【10点】

（　）ていねいにあいさつすること。
（　）やさしくはげますこと。
（**○**）いろいろと心配すること。

(8) 母親がなき出したのは、なぜですか。【10点】

のぶおを**おじいちゃん**に**あずけ**に行くという、**むね**の**内**に**しまって**おいた**思い**を**話した**から。

(9) ［あ］～［う］にあてはまる言葉をえらんで（　）に記号を書きなさい。【10点】

（**い**）いやいや　（　）どうして
（**う**）しばらく　（　）はいはい
（　）みじかい　（**あ**）つぎつぎ

(10) ［※］に入る二文字の言葉を、文中からぬき出しなさい。【10点】

旅行

9

テスト8 標準レベル 二、伝記文 (1)

時間 10分 合格点 80点

1 次の文章を読んで、後の問いに答えなさい。

ヴィンセント・ヴァン・ゴッホは、一八五三年にオランダで生まれた画家です。絵の具がもり上がるくらいの力強い筆使いと、あざやかな色合いがとくちょうの絵をかきました。中でも、ひまわりをテーマにした作品は有名です。

［★］、かいた絵が広く知られるようになったのは、ゴッホが死んでからのことでした。生きている間は、画商である弟のテオの助けで絵をかきつづけました。一八九〇年、ゴッホはフランスでなくなりました。

(1) ゴッホの絵のとくちょうを二つ書きなさい。【一つ10点…20点】

（絵の具がもり上がるくらいの力強い筆使い）
（あざやかな色合い）

★ 「〜と、〜がとくちょうの絵」の部分からぬき出しましょう。

(2) ［★］に入る言葉に○をつけなさい。【10点】

（ ）それから （○）しかし
（ ）ところで （ ）たとえば

(3) ゴッホは、どこでなくなりましたか。【10点】

（フランス）

2 次の文章を読んで、後の問いに答えなさい。

がん真は、今から千三百年ほど前の中国のえらいおぼうさんです。日本のぶっ教をよくするために、まねかれて海をわたり、七五三年に［ア］に来ました。しかし、その旅には多くのこんなんがあり、あらしにあうなどして、五回も失ぱいしたのです。六度目に、やっと［イ］に着きましたが、その時には旅の苦ろうから、目が見えなくなっていました。

そんながん真は、当時の［ウ］の進んだ文化を［エ］につたえ、［オ］の発てんをささえました。

(1) がん真はなぜ、日本に来たのですか。【一つ10点…30点】

日本のぶっ教をよくするため、まねかれたから。

(2) ［ア］〜［オ］には、「日本」か「中国」の言葉が入ります。あてはまるほうを（ ）に書きなさい。【一つ6点…30点】

［ア］（日本） ［イ］（日本）
［ウ］（中国） ［エ］（日本）
［オ］（日本）

★ しつ問文中の言葉「命ぜられ」(1)、「ヒント にした」(2)、「発見しました」(3) を本文の中で注目しましょう。

10

テスト9 標準レベル 二、伝記文 (1)

時間 10分 合格点 80点

● 次の文章を読んで、後の問いに答えなさい。

しらせのぶは、今から百年ほど前の明じ時代に、日本人ではじめて南きょく大りくをたんけんした人です。一八六一年に秋田で生まれたしらせは、子どものころからたんけんにあこがれていました。そして、大人になると、ぐんたいに入って、北海道の北の、千島のたんけんにさんかしました。寒さのひどくきびしい北千島で三年間すごしたしらせは、寒さにたえる自しんがつきました。そこで、そのころだれもせいこうしていなかった、南きょくをたんけんすることにしたのです。

こうして、一九一〇年、しらせは開南丸という木の船で、南きょくに向け出発しました。そして、一九一二年、南きょくにとう着したしらせはそのまま南い八十度五分の地点まで進み、そこを『大和雪原』と名づけました。南きょく点までは食べ物が足りずに行けませんでしたが、しらせのたんけんは、日本の南きょくかんそくのきそになっています。

(1) 次の年にあったことを［ ］からえらび記号で答えなさい。【20点】

① 一八六一年 ［ウ］
② 一九一〇年 ［ア］
③ 一九一二年 ［イ］

㋐ しらせが南きょくに出発した。
㋑ しらせが南きょくにとう着した。
㋒ しらせが秋田で生まれた。

(2) ぐんたいに入ったしらせは、何をしましたか。【20点】

千島のたんけんにさんかした。

(3) (2)の答えによって、しらせが手に入れたものを九文字でぬき出しなさい。【20点】

寒さにたえる自しん

(4) 「大和雪原」と名づけたところは、どの地点ですか。【20点】

（南い八十度五分）の地点

(5) 文章に合っているものには○を、合っていないものには×をつけなさい。【20点】

（×）しらせは世界ではじめて南きょくかんそくをした。
（×）しらせはぐんたいに入って、南きょくかんそくをした。
（○）しらせは日本の南きょくかんそくのきそをつくった。

11

★ しらせは、日本人ではじめて**南きょくのたんけん**をした人です。

テスト10 標準レベル 二、伝記文 (1)

時間 10分 合格点 80点

● 次の文章を読んで、後の問いに答えなさい。

アルキメデスは、ふ力の原理を発見した有名な科学者です。王様から金でできたかんむりにまざり物がないか調べるように命ぜられ、それを調べる方ほうをおふろに入ったときに思いついたという話は、よく知られています。アルキメデスは、お湯の入った湯船に体を入れたときお湯があふれたのを見て、このあふれたお湯と物の大きさと重さのかんけいに気づいて、かんむりを調べる㋐ヒントにしたのです。このときアルキメデスは、自分の考えにむちゅうになって、はだかのまま町へとび出した㋑といわれています。

そんなアルキメデスは、今から二千三百年くらい前に、シチリア島のシラクサという場所で生まれました。一時期、勉強のために島をはなれましたが、すぐに帰ってシラクサの王様に仕えました。そして、シラクサがローマという国にせめこまれたときも、投石するきかいなどを発明して国を助けました。しかし、さい後はローマのへいたいにころされてしまいました。

(1) アルキメデスは、王様からどんなことを命ぜられましたか。それが書かれている二十一文字（ふ号をふくまない）の部分のはじめの五文字を書きなさい。【15点】

金でできた

(2) ——線㋐の「ヒントにした」は、何を見てヒントにしたのですか。【20点】

湯船に体を入れたときにあふれたお湯を見て、ヒントにした。

(3) アルキメデスは、何を発見しましたか。□に合うように書きなさい。【15点】

ふ力の原理

(4) ——線㋑の「といわれています」という書き方は、どんなことを表していますか。あてはまるものを一つえらんで、○をつけなさい。【20点】

（ ）筆者が思い出した。
（○）筆者がつたえ聞いた。
（ ）筆者が想ぞうした。

(5) アルキメデスについて正しいことには○を、まちがっていることや分からないことには×をつけなさい。【一つ5点…30点】

（×）シチリア島のシラクサという場所で勉強した。
（○）今から二千三百年くらい前に生まれた。
（○）シラクサの王様に仕えた。
（×）ローマという国を助けた。
（○）ローマのへいたいにころされた。
（○）科学者として有名である。

12

テスト11 ハイレベ（ハイレベル） 二、伝記文 (1)

時間 10分 合格点 70点

● 次の文章を読んで、後の問いに答えなさい。

せいしょうなごんは、今から一千年ほど前の平安時代に、「まくらの草子」という有名なずい筆を書いた女の人です。この「まくらの草子」は、日本のずい筆文学の始まりで、同時代のむらさき式部によって書かれた「げんじ物語」とならぶ名作といわれています。

せいしょうなごんというのは、本名ではありません。天のうがくらす宮中ではたらいていたときのよび名です。このように宮中ではたらく女の人を女ぼうといい、天のうやそのおくさん（きさき）の身の回りの世話が仕事でした。その女ぼうの中には文学にすぐれた者も多く、むらさき式部やせいしょうなごんがそうでした。

女ぼうとして、天のうのきさきの定子に仕えていたせいしょうなごんは、宮中で見たこと、聞いたことなどを、自分の考えを入れて書きつづりました。頭の回転のよかったせいしょうなごんは、むだのない、リズムのいい文章で作品をまとめたので、当時の宮中で話題になりました。しかし、主人の定子がなくなった後は、女ぼうをやめて宮中から遠ざかり、さびしいくらしを送ったそうです。

(1) せいしょうなごんは、いつの時代の人ですか。また、有名な作品は何ですか。【一つ10点…20点】

（平安）時代
「まくらの草子」という作品

(2) 女ぼうとは、どんな人のことですか。【一つ10点…20点】

（宮中）ではたらく（女）の人

(3) 女ぼうは、どんな仕事をしますか。【20点】

天のうやそのきさきの身の回りの世話

(4) 女ぼうとしてはたらいていたせいしょうなごんは、だれに仕えていましたか。くわしく書きなさい。【20点】

（天のうのきさきの定子）

(5) 「まくらの草子」について、あてはまるものには○を、あてはまらないものや、分からないものには×をつけなさい。【一つ4点…20点】

（×）平安時代の有名な物語である。
（○）日本のずい筆文学の始まりである。
（×）むらさき式部によって書かれた。
（○）宮中で見たこと、聞いたことに、作者の考えを入れて書かれている。
（○）むだのない、リズムのいい文章でまとめられている。

13

★ むらさき式部は、**「げんじ物語」**を書いた人です。

テスト 12 ハイレベ（ハイレベル）

二、伝記文 (1)

時間 10分　合格点 70点

● 次の文章を読んで、後の問いに答えなさい。

しょうとく太子は、用明天のうの子どもとして、五七四年に生まれました。子どものころの名前を、「うまやどのおうじ」または、「とよとみみのおうじ」といいました。馬小屋で生まれたからとか、十人の話を一度に聞き分けることができるくらい頭がよかったからなどの理由がつたえられています。

十九才のとき、おばさんにあたる「すいこ天のう」が、はじめての女せい天のうになりました。そこで、しょうとく太子が、この女せい天のうを助け代わりに仕事をする「せっしょう」という役しょくについたのです。

「せっしょう」になった太子は、血すじや家がらではなくのう力によってくらいが決まる「かんい十二階」のせい度や、日本ではじめてのほうりつの「十七じょうけんぽう」をつくって、国を動かす役人の心がまえを表しました。さらに、このころ文化の進んだ国だった中国と直せつ交流することを決めました。そして、小野妹子らを「けんずい使」としておくりました。太子のこれらの仕事は、その後の日本の国づくりの土台になりました。

また、太子は深くぶっ教をしんじていたので、ほうりゅう寺や四天王寺など、お寺をたくさんたてました。中でも、ほうりゅう寺は世界でもっとも古い木のたて物です。

(1) しょうとく太子の子どものころの名前には、どのような理由がつたえられていますか。【一つ10点…20点】

「うまやどのおうじ」
（馬小屋で生まれたから。）

「とよとみみのおうじ」
（十人の話を一度に聞き分けることができるくらい頭がよかったから。）

(2) しょうとく太子は、何という役しょくにつきましたか。【20点】

せっしょう

(3) 「十七じょうけんぽう」とは、何を表したものですか。【20点】

（国を動かす役人の心がまえ）

(4) どこへけんずい使をおくりましたか。【20点】

（中国）

(5) なぜ、太子は、お寺をたくさんたてたのですか。【20点】

深く ぶっ教 を しんじて いたから。

★「なぜ～」という問いでは、理由になる部分をていねいにさがしましょう。⇒「～ので」

14

テスト 13 ハイレベ（ハイレベル）

二、伝記文 (1)

時間 10分　合格点 70点

● 次の文章を読んで、後の問いに答えなさい。

ジェームズ・ワットは、じょう気の力できかいを動かすじょう気きかんの発明者です。この発明によって、それまで手でしていた仕事をきかいでできるようになり、物をたくさん作れるようになりました。そして、㋐そのことで世の中が大きくかわり、今のわたしたちのゆたかな生活のもとができあがったのです。

そんなワットは、イギリスの船大工の子として、一七三六年に生まれました。子どものころから、きかいがすきで手先もき用でした。それで、十八才になると、グラスゴーという町で、㋑大学で使うきかいのしゅう理をするようになりました。

そして、一七六三年に、ワットはニューコメンという人が考えたじょう気きかんのもけいをしゅう理することになりました。ふっとうした湯（じょう気）の力は昔から知られていて、それを使ってきかいを動かすことも考えられてきました。ニューコメンのじょう気きかんも、その一つでした。でも、ワットはそれを見て、いろいろなけっ点やむだを見つけたのです。そこで、一七六五年に、よりじょう気の力を㋒生かすように作りかえた新しいじょう気きかんを発明したのです。このワットの発明は、その後、フルトンのじょう気船、スチーブンソンのじょう気きかん車の発明へとつながっていきました。

(1) ——線㋐でどんなことが、世の中を大きくかえましたか。【20点】

ワットの じょう気きかん の 発明 によって、手 でしていた 仕事 を きかい でできるようになり、たくさんの 物 を作れるようになったこと。

(2) ワットの親の仕事は、何ですか。【20点】

（船大工）

(3) なぜ、——線㋑のようになりましたか。そのわけがわかる一文をさがし、はじめの三文字を書きなさい。【20点】

子ども

(4) ——線㋒の「生かす」の意味として正しいものに○をつけなさい。【20点】

（　）目立たせる。
（○）役立たせる。
（　）長もちさせる。

(5) ワットの発明は、その後どのようなことにつながりましたか。【20点】

（フルトンのじょう気船、スチーブンソンのじょう気きかん車の発明。）

★ ——線㋐のけっかの原いん（理由）は、「それで」の直前の文にかかれています。

15

テスト 14 最レベ（最高レベル） 最レベに（最高レベル）チャレンジ

二、伝記文 (1)

時間 20分　合格点 60点

● 次の文章を読んで、後の問いに答えなさい。

北里しばさぶろうは、日本が世界にほこる細きん学者です。北里による「はしょう風」のちりょうほうや「ペストきん」の発見は、医学の進歩に役立ちました。

一八五二年にくま本で生まれた北里は、東京大学医学部で学び、そつ業後は、えい生局の東京しけん所で細きん学の研究をしました。さらに、北里はもっと進んだ研究をしたいと思い、そのころ医学の進んでいたドイツに行ったのです。ドイツでは、その分野の研究で実力のあるコッホのもとで勉強しました。コッホは、でんせん病がそれぞれ決まった病原きんによっておこることを発見し、その病気のもとの細きんをふやして研究する方ほうを考えた人です。

北里も、コッホから細きんをふやす方ほうを教わりました。そして一八八九年、三十七才のとき、㋐「はしょう風」というけがのきずからばいきんが入ってかかる病気の病原きんをふやすことにせいこうしたのです。細きんの研究には、ほかのきんがまじらない、じゅんすいなきんのかたまりがひつようでした。「はしょう風」の病原きんは、いろいろな細きんとまじり合っていて、取り出すことがとてもむずかしかったのです。北里のせいこうで、はしょう風きんに対する研究が進み、一八九一年には血せいりょうほうというちりょうほうが発明されました。そして、これを考え出したのも、北里とそのなかまのベーリングという人でした。

「血せいりょうほう」というのは、細きんのどくそになれた血えきの一部（血せい）を注しゃして、病気をなおす方ほうです。このちりょうほうは、「はしょう風」だけでなくジフテリアやコレラなどいろいろなでんせん病に使われるようになったので、北里の名前は世界で有名になりました。

[あ]、ドイツから帰った北里は、一八九二年、四十才のとき、ふくざわゆきちの助けを受けて、東京にでんせん病研究所をつくりました。北里は、㋑ここでも細きんの研究をつづけ、一八九四年にそれまでなぞだったペストきんを発見しました。こうした北里の仕事によって、やがて、この研究所は、ドイツのコッホ研究所、フランスのパスツール研究所とならぶ世界の三大研究所とよばれるようになりました。

[い]、一九一四年、六十二才のとき、でんせん病研究所が国のしせつになると、考え方のちがいから北里はべつに新しい研究所をつくって、そこにうつりました。新しい北里研究所では、それまで研究だけだったのを、病気の予ぼうにも力をつくすようになりました。のちに、黄ねつ病などの研究で有名になる「野口ひでよ」や赤りの病原きんを見つけた「しがきよし」も、ここで勉強した一人です。このように、北里しばさぶろうは医学に一生をささげました。

16

(1) 大学をそつ業した北里は、まず、どこで何をしましたか。【10点】

（えい生局の東京しけん所で細きん学の研究をした。）

(2) コッホは、何をした人ですか。【10点】

でんせん病 が 決ま った 病原きん によっておこることを 発見 し、その 病気 のもとの 細きん を ふや して研究する 方ほう を考えた人。

(3) ——線㋐の「はしょう風」とは、何ですか。【10点】

（けがのきずからばいきんが入ってかかる病気。）

(4) 北里の名前が世界で有名になったのは、なぜですか。正しいものに○をつけなさい。【10点】

（　）新しい研究所をつくり、病気の予ぼうにも力をつくすようになったから。
（　）細きんをふやす方ほうを発見し、世界中に広めたから。
（○）発明した「血せいりょうほう」が、「はしょう風」い外のでんせん病にも使われるようになったから。

(5) [あ]・[い]に入る言葉をえらんで、記号を（　）に書きなさい。【一つ10点…20点】

（　）ですから　（あ）その後
（い）ところが　（　）こうした

(6) ——線㋑の「ここ」とは、どこのことですか。【10点】

ドイツ から帰った北里が ふくざわゆきち の助けを受けて 東京 につくった でんせん病研究所

(7) 北里研究所で勉強した二人の名前をかきなさい。【一つ10点…20点】

（野口ひでよ）（しがきよし）

(8) 北里しばさぶろうがしたことのじゅんに番号をつけなさい。【一つ2点…10点】

（6）ペストきんを発見する。
（3）はしょう風の病原きんをふやすことにせいこうする。
（2）コッホから細きんをふやす方ほうを教わる。
（7）北里研究所をつくる。
（4）血せいりょうほうを発明する。
（1）ドイツに行く。
（5）東京にでんせん病研究所をつくる。

★ [あ]はドイツから帰ってきたこと、[い]は新しい研究所をつくったことに着目しましょう。

17

〈きりとり線〉

★ □直前の「みんな」は動物たちのことで、それが何（だれ）の役に立っているのかを考えます。

テスト15 標準レベル 三、詩

1 次の詩を読んで、後の問いに答えなさい。

ニワトリは人間に
朝を教え、たまごをあたえ、
おいしい食べ物にもなってくれる。
でも、人間はニワトリに
何をあげるのだろう。
牛もブタも羊も馬も犬もネコも
みんな□の役に立っているのに、
そんな小さな者たちに人間は、
ありがとうと感じゃするのを
わすれている。
思い出せ、人間よ、
われわれも自ぜんの一部であることを。

(1) □に入る二文字の言葉を、詩の中からさがしなさい。〔15点〕
人間

(2) ——線は、だれが何をわすれていると言っていますか。〔20点〕
人間が、小さな者たちに感しゃすること。

(3) 作者は、人間にどんなことを思い出すように言っていますか。〔15点〕
（われわれも自ぜんの一部であること。）

2 次の詩を読んで、後の問いに答えなさい。

時間 10分 合格点 80点 点

バレリーナになりたいな。
羽のように軽くとんで、
こまのようにくるくる回って、
ゆめのような美しいしょうで、
たくさんのはく手をもらう。
そんな あ になれたらいいな。
今はまだ、い だから、
羽のようでも、こまのようでもない。
でも、練習を重ねたら、
いつかはぶ台の真ん中で
みんながうっとり見てくれる
バレリーナになれるかな。

(1) あ に入る五文字の言葉を、詩の中からさがしなさい。〔15点〕
バレリーナ

(2) い に入る言葉をえらび、（ ）に○をつけなさい。〔15点〕
（ ）れんしゅう
（ ）じょうず
（○）へたくそ

(3) 練習を重ねると、どのようになれると思っていますか。〔20点〕
（ぶ台の真ん中でみんながうっとり見てくれるバレリーナになれる。）

★「しみ出す」「のびていく」は、「広がっていく」ようすをたとえています。

テスト16 標準レベル 三、詩

1 次の詩を読んで、後の問いに答えなさい。

プールであおむけに
ぷかりとういて、
空を見た。
よく晴れた青い★が、
あ 見えた。
この美しい空とわたしの間には今、
さえぎるものが何もない。
広びろとした空を見ていると、
わたしの心も い
この体からはみだして広がっていく。
それはまるで、
紙にしみ出すインクのよう。
空にのびていく入道雲のよう。

(1) ★に入る漢字一字の言葉を、詩の中からさがしなさい。〔10点〕
（空）

(2) あ・い に入る言葉を、——でつなぎなさい。〔一つ10点・20点〕
あ　・ぴったり
い　・だんだんと
　　・どこまでも

(3) ——線の部分は、何をたとえたものですか。〔20点〕
心が広がっていく様子

2 次の詩を読んで、後の問いに答えなさい。

時間 10分 合格点 80点 点

ぼくがねているとき、
ゆめの中のぼくは、起きている。
起きて、走ったりわらったり、
ごはんを食べたり学校へ行ったり、
ときには空をとんだりしている。
ぼくは一人のはずなのに
※ のぼくは、一体だれだろう。
にせ者のぼくだろうか。
だとすれば、会ってみたいよ。
そして、聞いてみたいんだ。
ぼくにそっくりな君に。
ぼくは今、ねているのか、
それとも起きているのか。

(1) ※に入る言葉を、詩の中から四文字でぬき出しなさい。〔20点〕
ゆめの中

(2) ——線の「聞いてみたい」は、だれに何を聞いてみたいのですか。〔一つ15点・30点〕
・だれに（ぼくにそっくりな君）
・何を（ぼくは今、ねているのか、それとも起きているのか）ということ

テスト17 標準レベル 三、詩

1 次の詩を読んで、後の問いに答えなさい。

手のひらを見つめて思う。
二つ合わせても、
その広さは
たったこれだけ。
持てる物などかぎられている。
あ 人間は、
どうしてこんなによくばりなのか。
い よりもはるかに大きな
生き物の命をほしがり、
この星のすべてを
その手でつかもうとしている。
自分の手のひらの大きさを
わすれてしまっているように。

(1) あ に入る言葉に○をつけなさい。〔15点〕
（ ）たぶん　（○）なのに
（ ）やっぱり　（ ）だって

(2) い に入る言葉を、詩の中から四文字でぬき出しなさい。〔15点〕
手のひら

(3) 作者が感じたことを二つえらんで、○をつけなさい。〔一つ10点・20点〕
（○）人間の手のひらは小さい。
（ ）生き物の命は大切だ。
（ ）動物の手は大きいものだ。
（○）人間はよくばりだ。

2 次の詩を読んで、後の問いに答えなさい。

時間 10分 合格点 80点 点

さくらは、はらはらと
音もなくちる。
昼も☆も、
晴れていても★の日でも。
まるで声を出さずに
ないている□に。
何がそんなに悲しいのだろう。
もう、あたたかな春が来たのに、
生き物がかがやき出すきせつなのに、
さくらの花は、悲しげにちる。
みんなが美しいとほめたたえても
さくらの悲しみは止まらない。
今日もさくらは、はらはらとちる。

(1) ☆と★に入る言葉を、——でつなぎなさい。〔一つ10点・20点〕
★　☆
・雨　・雪　・空　・夜

(2) □に入る二文字のひらがなを考えて書きなさい。〔15点〕
よう

(3) さくらの花がちるのをどう思っていますか。よいものに○をつけなさい。〔15点〕
（○）悲しげ　（ ）やさしい　（ ）美しい　（ ）あたたかい

★ 作者がいいたいことは、**くり返される言葉**に注目して考えます。「悲しい」「悲しげ」

テスト18 ハイレベル 三、詩

● 次の詩を読んで、後の問いに答えなさい。

時間 10分 合格点 70点 点

木馬君　こんにちは
㋐ここに来たら
いつも君を見ているんだ
ぐるぐる回って楽しそうだね
なか間もたくさんいて
ちっともさみしくないね
でも　どうして
いつも悲しい目をしているの
どうして
いつもうつむいているの
㋑元気を出そうよ
そうだ　ぼくといっしょに旅に出よう
今夜は星ふる夜だから
やくそく通り君をむかえに来たよ
□　㋒北の町に向かって出発だ
ぼくをせ中に乗せてとび立って
ほら　あれがオーロラだよ
きれいな色だろう
ほら　あれが流れ星だよ
ちゃんとおねがいしたかい
心がへこんだら
ときどきここにやってくるんだ
もう君も元気になっているはずだ
㋓上を向いている君はとてもいさましいよ
もうすぐ朝がやってくる
子どもたちが心配するから
メリーゴーラウンドに帰ろう
今度は君がみんなを楽しませてあげてね

(1) ——線㋐の「ここ」とは、どこのことですか。あてはまるものに○をつけなさい。〔20点〕
（ ）北の町　（ ）すな場
（ ）草原　（○）遊園地

(2) ——線㋑は、だれがだれに言っていますか。〔20点〕
（ぼく）が（木馬君）に

(3) □に入るかけ声としてよいものに○をつけなさい。〔20点〕
（○）さあ　（ ）まあ　（ ）こらっ　（ ）やあ

(4) ——線㋒で、なぜ北の町にいくのですか。〔20点〕
（オーロラ）を見たり、（流れ星）におねがいしたりすれば、木馬君が（元気）になると思うから。

(5) ——線㋓の「上を向いて」と反対の意味の言葉を、詩の中から五文字で書きなさい。〔20点〕
うつむいて

テスト 19 ハイレベ（ハイレベル） 三、詩

● 次の詩を読んで、後の問いに答えなさい。

お姉ちゃんがわたしのいちごを
食べたので、わたしはないておこった。㋐
わたしの口に入るはずの、
あの赤くてあまくてすっぱいいちごは、
もうどこにもないのだ。

きっと、いちごもわたしに食べられる
つもりでいたのに、
お姉ちゃんに食べられるなんて、
やくそくがちがうと、
おこっているはずだ。㋑

でも、お姉ちゃんは、
にやにやわらっている。
そのにやにやするいちごを食べた口が
にくらしかったので、
わたしはたたいた。
お姉ちゃんをたたいた。
［あ］の気持ちになってたたいた。

今度は、お姉ちゃんが
ないておこった。
二人で、しばらくないていた。
わんわん大声でないていた。

きっと、いちごもおなかの中で
ないている。
たくさんないて、なみだが［い］、
お姉ちゃんが「ごめん。」㋒と言った。

きっといちごが、
おなかの中のいちごが、
お姉ちゃんに言わせたのだ。

時間 10分　合格点 70点　点

（1）――線㋐で、なぜわたしはおこったのですか。【一つ5点…20点】
（お姉ちゃん）が（わたし）の（いちご）を（食べた）から。

（2）――線㋑とありますが、作者はだれがおこっているはずだと思っていますか。【20点】
（（お姉ちゃんに食べられた）わたしのいちご）

（3）［あ］に入る三文字の言葉を詩の中からさがして書きなさい。【20点】
いちご

（4）［い］に入る言葉をえらんで、○をつけなさい。【20点】
（　）かすんで
（○）かれて
（　）うるんで
（　）光って

（5）――線㋒について、作者はどのように思っていますか。【一つ10点…20点】
（おなかの中のいちご）が（お姉ちゃんに言わせた）と思っている。

テスト 20 最レベ（最高レベル） 最レベにチャレンジ 三、詩

● 次の詩を読んで、後の問いに答えなさい。

もしもぼくが音楽家だったら
美しいメロディーをたくさん作って
いろんな人の［★］を楽しませよう

もしもぼくが画家だったら
すてきな絵をたくさんかいて
いろんな人の［☆］を楽しませよう

だけどぼくにはかなわないこと㋐
ただすきな歌を口ずさむだけ
ただ紙切れのすみに落書きするだけ

もしもぼくが雲になれるなら
大きな入道雲になって
かわいたさばくに雨をふらそう

もしもぼくが風になれるなら
さわやかな風になって
病んだ地球をいやしてあげよう

だけどぼくにはかなわないこと
ただ遠い空㋑を思いうかべるだけ
ただ風にふかれるだけ

大きな鳥でも小さな鳥でも
鳥は自分のつばさを広げて
大空にとび立っていく

そう　鳥たちはぼくに
教えてくれる
「目の前の山に登ってみなさい」
「青空㋒に向かって登ってみなさい」
と…

時間 10分　合格点 60点　点

（1）［★］と［☆］には、体の部分を表す言葉が入ります。漢字一字で答えなさい。【一つ10点…20点】
［★］…耳　［☆］…目

（2）――線㋐の「かなわない」と同じ意味で使われている文に○をつけなさい。【20点】
（　）すもうしてもお兄ちゃんには、かなわない。
（　）悪口ばかり言う人は、かなわないなあ。
（○）ぼくのねがいは、かなわない。

（3）――線㋑の「遠い空」とは、どこの空のことですか。【20点】
（（かわいた）さばく）があるところの空。

（4）――線㋒の「青空」は、何をたとえたものですか。よいものに○をつけなさい。【20点】
（　）自分の思い出
（○）自分のゆめ
（　）自分の幸せ

（5）作者はどんな人になりたいと思っていますか。あてはまるものに○をつけなさい。【20点】
（　）そんけいされる人
（　）大空をとべるような人
（○）世界の人びとに役立つ人

★「かなわない」には、「思いどおりにならない」「はり合えない」などの意味があります。

テスト 21 リビューテスト（復習テスト） 1－①

● 次の文章を読んで、後の問いに答えなさい。

陽一の手の中で、ハトがばたばたとあばれました。［あ］、ほんのいっしゅんのすきをついて陽一の手からのがれると、さっととび立っていきました。

「あっ、まだだめだよ。㋐きずの手当てをしていないのに。」

陽一は、聞こえるはずもないのに、とんでいったハトに向かってそう言いました。その声には、ハトを心配する思いとともに、自分をしんじてもらえなかったさびしさがにじんでいました。

陽一がきずついて弱ったハトを見つけたのは、きのうでした。

生き物が大すきな陽一は、これまでも、すから落ちたヒナや、けがをした動物の世話をしてきました。［い］、今回もきちんと手当てをしてから、空に放してあげようと思っていたのです。

「ぼくのどこが悪かったのかな。あんなにいやがらなくてもいいのに。」

と、陽一は思いつづけました。陽一にはわからなかった㋑のです。どんなにきずついても体が弱っても、野生の生き物は、自由に生きたいと強くのぞむものだということを。

時間 10分　合格点 70点　点

（1）［あ］・［い］に入る言葉をえらんで、○をつけなさい。【一つ10点…20点】
［あ］（　）つまり（○）そして
［い］（○）だから（　）しかし

（2）――線㋐は何がだめなのですか。よいものを一つえらんで○をつけなさい。【10点】
（　）ばたばたあばれること。
（○）とび立つこと。
（　）きずの手当てをすること。

（3）――線㋐と言ったときの陽一の気持ちに合うものに○を、ちがうものに×をつけなさい。【一つ5点…20点】
（○）心配だ
（×）こわい
（×）うれしい
（○）さびしい

（4）陽一がこれまでに世話をしたものを、二つくわしく書きなさい。【一つ10点…20点】
（すから落ちたヒナ）
（けがをした動物）

（5）――線㋑は、何がわからなかったのですか。それが書かれている一文のはじめの五文字を書きなさい。【10点】
どんなにき

（6）陽一は、どんな子だと思いますか。□には考えた言葉を書きなさい。【一つ10点…20点】
（生き物）がすきな［やさし］い子

★「その声には～にじんでいました。」の文に陽一の気持ちが書かれています。

テスト 22 リビューテスト（復習テスト） 1－②

● 次の文章を読んで、後の問いに答えなさい。

エドワード・モースは、大森貝づかを発見し、日本の考古学を発てんさせた動物学者です。貝づかというのは、今から三千年い上昔のじょう文時代の人びとが食べた貝がらが、すてられてつもった場所です。貝づかからは貝がらのほかにも動物のほねや木の実、土や石で作った道具などが見つかっていて、その時代の人びとの生活を知るのにたいへん役に立っています。このモースの発見は、日本において考古学という古い時代を研究する学問のきそになっていきました。

そんなモースは、一八三八年にアメリカ合しゅう国で生まれました。ハーバード大学で生物学を学び、日本には、一八七七年に海さん動物の研究のためにやってきました。そして、東京大学では動物学を教え、ダーウィンの進化ろんを日本にしょうかいしました。このほか、モースは日本人の生活にもきょう味を持ち、日本の皿やつぼなどのとうじきや生活用品を数多く集め、アメリカのボストンはく物館におさめました。これらはモースコレクションとして今も知られています。

時間 10分　合格点 70点　点

（1）――線は、どんなことをする学問ですか。【20点】
（古い時代）を（研究）する学問

（2）貝づかとは何ですか。せつ明されている四十文字（、をふくむ）の部分のはじめと終わりの五文字を書きなさい。【20点】
［今から三千］～［もった場所］

（3）貝づかから見つかったものを四つくわしく書きなさい。【一つ5点…20点】
（じょう文時代の人びとが食べた貝がら）
（動物のほね）
（木の実）
（土や石で作った道具）

（4）エドワード・モースについて、正しいものには○を、そうでないものには×をつけなさい。【一つ5点…20点】
（×）ハーバード大学で考古学と動物学を学んだ。
（○）一八七七年に日本に来て、東京大学で動物学を教えた。
（×）進化ろんを考えて発表した。
（○）大森貝づかを発見した。

（5）モースが研究のほかにきょう味を持っていたことを六文字で書きなさい。【20点】
日本人の生活

★ハーバード大学で生物学を学び、進化ろんを日本にしょうかいした人です。

〈きりとり線〉

テスト23　標準レベル　四、生活文

時間 10分　合格点 80点　点

1 次の文章を読んで、後の問いに答えなさい。

おとなりのお姉さんから四つ葉のクローバーの話を聞いたので、友だちのよしおかさんと公園にさがしに行きました。［　］、どんなにさがしても、見つかりませんでした。

「かんたんに見つからないからこそ、幸運のクローバーなんだよ。」

と、よしおかさんが言いました。わたしもそうだと思ったので、

「じゃあ、たくさんさいているこの花で首かざりを作ろう。」

と言いました。よしおかさんもさんせいしたので、二人で首かざりを作りました。

(1) ［　］に入る言葉をえらび、○をつけなさい。【10点】

（　）それから
（○）でも
（　）または

(2) 文章に合うものには○を、合わないものには×をつけなさい。【一つ10点…40点】

（×）よしおかさんから四つ葉のクローバーの話を聞いた。
（○）公園では、花で首かざりを作った。
（×）となりのお姉さんも四つ葉のクローバーをさがしてくれた。
（○）わたしとよしおかさんは友だちで、いっしょに公園に行った。

★ となりのお姉さんから話を聞いて、よしおかさんと公園にさがしに行きました。

2 次の文章を読んで、後の問いに答えなさい。

ぼくは、薬を飲むのが苦手です。口の中で、へんな味がするからです。だから、薬はいつもジュースに入れて飲みます。でも、この前、和田君はきゅう食が終わると、薬をそのまま口に入れて飲んだのです。ぼくはそれを見て、

「すごいね。薬をそのまま飲めるんだ。」

と、和田君に言いました。［　］、

「だって、めんどうだろ。いろいろ入れたり、つつんだりするのは。」

と、和田君はわらって答えました。ぼくは、そんな和田君をかっこいいと思いました。

(1) ぼくは、どうして薬を飲むのが苦手なのですか。【20点】

（口の中で、へんな味がする）から。

(2) 和田君は、どのようにして、薬を飲みましたか。【15点】

薬を（そのまま口に）入れて飲んだ。

(3) ［　］に入る言葉に、○をつけなさい。【15点】

（　）しかも
（　）だから
（○）すると

★ 空らん直後の「～おもかげがあった」「～ごはんを食べていた」「～のときと同じように」につながる名前をえらびましょう。

テスト24　標準レベル　四、生活文

時間 10分　合格点 80点　点

● 次の文章を読んで、後の問いに答えなさい。

ぼくたちの野球チームは、一点さで負けてしまいました。六年生たちは、みんなくやしそうにないていました。ぼくはしあいに出られなかったので、㋐心からくやしいと思えませんでした。ほかにもぼくのようにしあいに出られなかった人が四、五人いて、㋑ぼくと同じ思いなのが見て分かりました。

［あ］、ないていた㋒六年生たちが、ぼくたちの所にきたのです。①ぼくは、いっしょにくやしがらないことをおこられると思って、［★］をすくめました。②［い］、六年生たちは、

「さい後のしあいなのに、一点さで負けてくやしいよ。来年は君らががんばって、ぼくらの分も勝ってくれ。」

といって、手をさし出したのです。③［う］、しあいに出なかった人と、一人一人あく手をして回りました。④ぼくは手をぎゅっとにぎられて、はじめて、くやしくてなけてきました。⑤何だか手から、六年生の気持ちがつたわってくるようでした。

(1) 六年生たちは、なぜないていたのですか。【一つ5点…25点】

さい後のしあいなのに一点さで負けて、くやしかったから。

(2) ――線㋐「心から」と同じような意味の言葉として、あてはまるものをえらび、○をつけなさい。【5点】

（　）やっと　（○）本当に
（　）たぶん　（　）かならず

(3) ――線㋑は、どんな思いですか。よいものを一つえらび、○をつけなさい。【10点】

（　）しあいに出たかった。
（　）しあいに負けて、とてもくやしい。
（○）しあいに負けても、心からくやしいと思えない。

(4) ［あ］～［う］に入る言葉に○をつけなさい。【一つ10点…30点】

［あ］（だから・すると）　※「すると」に○
［い］（しかし・それで）　※「しかし」に○
［う］（そして・けれども）　※「そして」に○

(5) ［★］には、体の部分を表す言葉が入ります。漢字一字で書きなさい。【10点】

（首）

(6) ――線㋒は何をしにきましたか。それが書かれている文を①～⑤の文から二つえらび番号で答えなさい。【一つ10点…20点】

（②）（③）

★ 「すくめる」は、体の一部などをちぢませる意味で、**「首をすくめる」**で、おびえている様子を表しています。

テスト25　標準レベル　四、生活文

時間 10分　合格点 80点　点

● 次の文章を読んで、後の問いに答えなさい。

ひさしぶりにおばあちゃんの家に遊びにいった。そこには、㋐新しい犬がかわれていた。今まではシロという犬がかわれていたけど、きょ年の春、死んでしまったから、かわりにクロという犬がかわれていたのだ。シロはぼくによくなついていて、ぼくがようち園に通う前からたくさん遊んだ犬だった。

㋑その日、ぼくとクロははじめて会った。ぼくには［あ］のおもかげがあったので、シロと同じようになかよくなれると思った。だから、ぼくはクロにちっとも［★］をいだかなかった。

犬小屋の方へ行ってみると、ちょうど［い］がごはんを食べていた。［う］のときと同じように頭をなでようとしたら、クロは急にぼくの手にかみついてきた。おどろいたぼくはすぐに手をひっこめたけれど、手にクロの歯形がついて少し血が出た。おばあちゃんは、クロの鳴き声を聞きつけてかけよってきた。けがをしたぼくは、すぐにおばあちゃんと近所の病院に行って手当てをしてもらった。そのとき、お医者さんは、

「ごはんを食べているときの犬には、くれぐれも注意しないといけませんよ。」

と㋒言った。

(1) ――線㋐の「新しい犬」の名前は、何ですか。【10点】

（クロ）

(2) ――線㋑の「その日」とは、いつの日ですか。【10点】

（（ひさしぶりに）おばあちゃんの家に遊びにいった）日

(3) ［あ］～［う］には、「シロ」か「クロ」の名前が入ります。（　）に名前を書きなさい。【一つ10点…30点】

［あ］（シロ）
［い］（クロ）
［う］（シロ）

(4) ［★］に入る言葉に○をつけなさい。【10点】

（　）きぼう
（　）親近感
（○）けいかい心

(5) 文章に合うものには○を、合わないものには×をつけなさい。【一つ10点…30点】

（○）ぼくはクロの頭をなでることができなかった。
（×）おばあちゃんは、足をかまれてけがをした。
（×）けがをしたぼくは、一人で病院に行った。

(6) ――線㋒の「言った」をていねいな言い方に直しなさい。【10点】

おっしゃった。

テスト26　ハイレベ（ハイレベル）　四、生活文

時間 10分　合格点 70点　点

● 次の文章を読んで、後の問いに答えなさい。

かつおの家には、㋐古いくらがあります。白いかべで、母屋とうら門の間にあって、使わなくなった物をしまっておくそう庫の［あ］ものです。中には使わなくなったなべやふとん、かつおが小さいころに遊んだおもちゃや三りん車がおかれています。かつおと弟のしんたは、その中をたんけんするのが㋑楽しみでした。

ある日、かつおとしんたは、おふろのまきわりをしていました。㋒そこにいとこのひろとがやってきて、三人でまきわりを始めました。かつおは六年生、しんたは四年生、ひろとはまだ一年生です。

まきわりが一だん落すると、三人でくらの中をたんけんしました。ふだんは行かない二階のおくまで行ってみると、めずらしい金色のびょうぶがありました。長い間くらの中においてあったようで、びょうぶのまわりはほこり［い］です。三人でそれを外に持ち出して広げてみました。すると、びょうぶの中の金色がとってもあざやかでした。

三人は［※］、そっとほこりをとってきれいにしました。そして、そのびょうぶを部屋にかざることにしました。ふすまを外すと、三つの部屋が一つになって、まるでおしろの広間のようです。おもしろくなってきた三人は、もっとめずらしい物はないかと、㋓またくらの中をたんけんすることにしました。

(1) ――線㋐は、どこにありますか。くわしく答えなさい。【10点】

（かつおの家の母屋とうら門の間。）

(2) ――線㋑は、だれの楽しみですか。【10点】

（かつおとしんた）

(3) ――線㋒は、どこのことですか。【一つ10点…20点】

（かつおとしんた）が（（おふろの）まきわりをしていた）ところ。

(4) ［あ］と［い］に入る言葉に○をつけなさい。【一つ15点…30点】

［あ］（　）くらい　（○）ような　（　）らしい　（　）みたい
［い］（○）まみれ　（　）まさり　（　）まざり　（　）まぎれ

(5) ［※］に入る文に○をつけなさい。【15点】

（　）すべすべになるように
（　）おばあさんがよろこぶように
（○）金色がはげないように

(6) ――線㋓のときの三人の気持ちに○をつけなさい。【15点】

（　）なつかしい　（　）てれくさい
（○）楽しい　（　）やさしい

テスト27 ハイレベ(ハイレベル) 四、生活文

● 次の文章を読んで、後の問いに答えなさい。

時間 10分 合格点 70点 点

長野さんは体そう教室に通っていて、運動がとく意です。走るのもとても速くて、クラスで一番です。だから、わたしはいつも二番にしかなれません。今度の運動会では、どうしても長野さんに勝って一番になりたいと思ったので、走る練習をすることにしました。

夕食のときに、㋐このことをお父さんに話すと、お父さんは、

「じゃあ、お父さんも走るよ。いっしょに練習しよう。明日の朝六時に起きるぞ。」

とはりきって言いました。わたしはうれしかったのですが、お父さんがちゃんと走れるのか、㋑心配でした。ふだんのお父さんは車にばかり乗っていて、ほとんど運動していないからです。わたしはお父さんに言いました。

「お父さん、本当に走れるの。後で会社に行くんでしょう。むりしなくていいよ。」

「だいじょうぶだよ、これでも学生のころは走るのが速かったんだ。」

お父さんが自しんたっぷりに言ったので、わたしは㋒その言葉をしんじることにしました。そして、走ってみると、本当にお父さんは速かったのです。わたしはびっくりして、お父さんを少し見直しました。

(1) わたしがいつも二番にしかなれないのはなぜですか。【二つ10点…20点】

長野さんがいつも**一番**だから。

(2) ——線㋐が指していることには○を、ちがうことには×をつけなさい。【一つ5点…20点】

(×) 長野さんが体そう教室に通っていること。

(○) 今度の運動会で一番になりたいと思ったこと。

(○) 運動会までに走る練習をすること。

(×) お父さんといっしょに練習をすること。

(3) いつから練習を始めようと、お父さんは言いましたか。【20点】

(**明日(の朝)**)から。

(4) ——線㋑のように思ったわけが書かれてある一文のはじめの三文字を書きなさい。【20点】

ふだん

(5) ——線㋒が指している一文のはじめと終わりの五文字を書きなさい。(ふ号はふくまない。)【二つ10点…20点】

はじめ…**だいじょう**

終わり…**かったんだ**

★ 1だん落の内ようから考えます。

★ 直後の「ふだん…からです。」に注目します。「から」は理由を表します。

テスト28 ハイレベ(ハイレベル) 四、生活文

● 次の文章を読んで、後の問いに答えなさい。

時間 10分 合格点 70点 点

もうすぐわたしのたん生日です。この前、お母さんからプレゼントは何がいいか聞かれたので、わたしは、

「犬がいい。子犬を買って。ちゃんと世話をするから。ねえ、いいでしょう。」

と答えました。[あ]、お母さんは㋐むずかしい顔になって、

「犬ねえ。本当に世話ができるの。たいへんなのよ、生き物を育てるのは。」

と[★]しました。[い]、話を聞いていたお父さんが、

「まあ、いいじゃないか。どんなにたいへんか、自分でやってみないと分からないよ。」

と言ってくれたので、わたしのねがいどおりになりました。

[う]、日曜日に、家族で動物ほごセンターへ犬を見にいきました。センターでは、すてられた犬たちに新しいかい主をさがしています。かわいい子犬もたくさんいましたが、わたしは茶色の毛の大人の犬をもらうことに決めました。お母さんは子犬のほうがいいと言いましたが、わたしは、

「だって、あの犬と目があったとき、㋑ぼくの㋒かい主になってって言われた気がするの。」

と言いました。

(1) [あ]・[い]・[う]に合う言葉を○でかこみなさい。【一つ5点…15点】

[あ] (だから・そして・**すると**)

[い] (**でも**・それから・また)

[う] (しかし・**そして**・さらに)

(2) お母さんは、なぜ——線㋐のような顔になったのですか。【20点】

生き物を**育てる**のはたいへんで、本当に**世話**が**できる**かどうか、心配だったから。

(3) [★]には「さからう」という意味のひらがな四文字の言葉が入ります。考えて書きなさい。【10点】

はんたい

(4) どこへ犬を見にいきましたか。【10点】

(**動物ほごセンター**)

(5) (4)の答えの場所では、どんなことをしていますか。【15点】

(**すてられた犬たち**)に(**新しいかい主**)をさがしている。

(6) ——線㋑はだれのことですか。【20点】

毛が**茶色**の**大人の犬**

(7) ——線㋒はだれのことですか。【10点】

(**わたし**)

★ ——線㋐直後にお母さんの会話文があります。その言葉をあてはめましょう。

テスト29 最レベ(最高レベル) 最レベにチャレンジ 四、生活文

● 次の文章を読んで、後の問いに答えなさい。

時間 20分 合格点 60点 点

そうじの時間でした。森田君と井上君がふざけていて、ぼくが一生けん命にならべたつくえに、体をぶつけてしまいました。そうじをせずに、ほうきでチャンバラごっこをしていたのです。ぼくが注意をしたら、森田君は小さな声で[あ]、

「ごめん。このつくえ、ならべ直すの手つだうから。」

と、あやまってくれました。でも、井上君はあやまるどころか、[い]どこかへ行こうとしました。ぼくははらが立ったので、

「どこへ行くんだ。ちゃんとあやまれよ。それから、元にもどすの手つだえ。」

と、手をつかんで強く言いました。すると、井上君はぼくの手をふりほどいて、

「いたいなあ。あやまればいいんだろ。ごめん。これでいいよな。」

と言うと、教室から出ていってしまいました。ぼくは、㋐何だかすごくいやな気分になりました。それでも、そうじはさい後までやりとげました。

[★]、終わりの時間に女子から意見が出ました。

「今日のそうじの時間に、当番の男子はふざけて、そうじをしていませんでした。」

これを聞いて、ぼくは㋑とび上がるほどびっくりしました。そして、ぼくだけまじめにそうじをしていたことを言おうと思いましたが、その前に先生が、

「今日の当番は、森田君と井上君と宮島君だね。どうしてそうじをしなかったのかな。」

と言ったので、㋒言いそびれてしまいました。今さら、言いわけみたいに本当のことを言っても、しんじてもらえないかもしれないという考えが、ぼくの㋓頭の中でうずまきました。

そのとき、ずっと下を向いていた井上君が、口を開いたのです。

「そうじをさぼって遊んでいたのは、ぼくだけです。森田君と宮島君は、まじめにそうじをしていました。だから、おこられるのはぼく一人です。」

つづいて、森田君も立ち上がって言いました。

「先生、ぼくも遊んでいました。でも、宮島君はちゃんとそうじをしていました。」

ぼくは二人の話を聞いて、㋔なみだが出そうでした。さっきまで二人にはらを立てていたことなどすっかりわすれて、井上君にはあんなに強く注意して悪かったなあと反せいしました。

「森田君はとちゅうからきちんとそうじをしました。井上君もあやまってくれたし、ぼくはさい後までそうじをしたので、女子が言ったことは本当ではありません。」

こう言い終えると、すっきりした気分になりました。先生も、正直に話したぼくたち三人をしからず、しんじてくれました。

(1) そうじの時間に、井上君と森田君は何をしていましたか。【10点】

ほうきで**チャンバラごっこ**をしていた。

(2) [あ]・[い]に入るもっともよい言葉をえらんで、○をつけなさい。【一つ5点…10点】

[あ] ( )苦しそうに ( )悲しそうに (○)すまなそうに

[い] ( )ふらっと (○)ぷいっと ( )ちょっと ( )けろっと

(3) ——線㋐のような気分になったのはなぜですか。あてはまるもの二つに○をつけなさい。【一つ5点…10点】

( ) 森田君と井上君がふざけたから。

( ) 森田君の声が小さかったから。

(○) 井上君が心からあやまらずに、口先だけであやまったから。

(○) 井上君が手つだわずに教室から出ていったから。

(4) 女子から意見が出たのは何の時間ですか。【5点】

(**終わり**)の時間

(5) [★]に入る言葉として、正しいもの二つに○をつけなさい。【一つ5点…10点】

( )そして (○)けれども

( )だから (○)ところが

(6) ——線㋑はなぜですか。【10点】

ぼくは**まじめ**に**そうじ**をしていたのに、**当番の男子**は**ふざけ**て、そうじをしていなかったと言われたから。

(7) ——線㋒の意味として正しいものに○を、ちがうものに×をつけなさい。【一つ5点…15点】

(×) 言いたくなかった

(○) 言うきかいをのがした

(×) 言うほどではなかった

(8) ——線㋓の頭の中にうずまいたことを書いた部分のはじめと終わりの三文字を書きなさい。【10点】

今さら～**れない**

(9) ——線㋔は、どんななみだですか。正しいものに○をつけなさい。【10点】

( ) くやしなみだ

(○) うれしなみだ

( ) 悲しなみだ

(10) 宮島君の気持ちのうつりかわりのじゅんに、番号を書きなさい。【10点】

(2) いやな気分になった。

(4) しんじてもらえないかもしれないとふ安になった。

(1) はらが立った。

(3) びっくりした。

(5) すっきりした気分になった。

★ 場面ごとに気持ち(心じょう)を表す言葉をさがしていきましょう。

テスト30 標準レベル 五、日記文

時間 10分　合格点 80点　点

1 次の日記を読んで、後の問いに答えなさい。

七月九日　月曜日　くもり

今日は、プール開きの日でした。でも、天気はいま一つでした。気温もひくくて、プールに入るとくちびるが青くなるほど寒かったです。大すきなプールが始まるので、楽しみにしていたのに[　　]です。きのうは、真夏のように暑かったから、よけいにざんねんでした。ぼくは、今年こそ二十五メートル泳げるようになりたいと思っています。だから、次のプールの時間は、いい天気でたくさん泳げるといいなと思います。

(1) ——線から、どんなことがわかりますか。[15点]
(○) プールの水は、つめたい。

(　) プールの水は、水色だ。

(2) [　]に入る言葉をえらび、○をつけなさい。[15点]
(　) うれしい　(　) あたたか
(○) がっかり　(　) しんぱい

(3) ぼくの目ひょうは、何ですか。[20点]
(今年こそ二十五メートル泳げるようになること。)

★「楽しみにしていたのに」の後には、反対の気持ちを表す言葉が入ります。

2 次の日記を読んで、後の問いに答えなさい。

五月十六日　水曜日　雨

今日、算数のテストではじめて㋐百点を取りました。いつも一つか二つまちがっていて、なかなかまん点が取れませんでした。だから、わたしはとびあがって、よろこびました。家に帰ってお母さんに話すと、お母さんもとてもよろこんでくれました。㋑それを見ると、わたしは次のテストもがんばろうと思いました。㋒そのためには、もっと計算の練習をして、かんたんなまちがいをなくすようにしたいと思います。

(1) ——線㋐をちがう言い方で何と書いてありますか。三文字で書き出しなさい。[15点]
まん点

(2) ——線㋑は、何を指していますか。よいものに○をつけなさい。[15点]
(　) 百点を取った算数のテスト
(○) お母さんがよろこんでいる様子
(　) まちがっていた算数のテスト

(3) ——線㋒の「そのため」とは、何のためですか。[20点]
(次のテストでも百点をとる)ため。

テスト31 標準レベル 五、日記文

1 次の日記を読んで、後の問いに答えなさい。

六月二十二日（火曜日）くもり

今日は、おばあちゃんの六十六回目のたん生日でした。おばあちゃんは、年だからおいわいはしなくていいと、言っていました。[あ]、お母さんはケーキを用意して、わたしもプレゼントを買いました。そして、夕食の後にお母さんがケーキを出すと、[い]はとてもうれしそうでした。プレゼントのスカーフも、よろこんでくれました。えらぶのに時間がかかったので、気に入ってくれてよかったと思いました。

(1) [あ]に入る言葉に○をつけなさい。[10点]
(　) そして　(○) でも
(　) それで　(　) だから

(2) [い]に入る言葉を答えなさい。[20点]
(おばあちゃん)

(3) 次のプレゼントは、だれが用意しましたか。——でつなぎなさい。[一つ10点—20点]
スカーフ・　・お母さん
ケーキ・　・お父さん
・わたし
（スカーフ—わたし、ケーキ—お母さん）

2 次の日記を読んで、後の問いに答えなさい。

二月九日（水曜日）雪

今日は朝からとても寒くて、ぼくが学校に着いたころには雪が[　　]ふり出しました。ぼくは、この雪がつもればいいなあと、思いました。すると、ぼくのねがい通りに、帰る時間には校庭にうっすらと雪がつもっていました。ぼくは、下島君と友田君の三人で、校庭に雪だるまを作りました。手がとてもつめたくなりましたが、楽しかったです。雪だるまが、明日の朝もとけずにのこっていてほしいと思いました。

(1) [　]に入る言葉に○をつけなさい。[10点]
(　) しとしと　(　) ぴかぴか
(　) ざあざあ　(○) ちらちら

(2) 文章中に「　」をつける部分があります。「　」をつけてぬき出しなさい。[20点]
(「この雪がつもればいいなあ。」)

(3) ——線は、何が楽しかったのですか。くわしく答えなさい。[20点]
(ぼくと下島君と友田君の三人で、校庭に雪だるまを作った)こと。

★「しとしと」「ざあざあ」は、雨がふる様子を表す言葉です。

テスト32 ハイレベル 五、日記文

時間 10分　合格点 70点　点

● 次の日記を読んで、後の問いに答えなさい。

十月九日（金）くもり

算数の時間が終わろうとしているときでした。

「この前のテストを返します。」

と、先生が言われました。わたしは、けっこう自しんがあったので、百点かもしれないと思い、㋐むねがどきどきしました。

「山田さん。」

と先生によばれました。テストをもらって点数を見ると、とてもショックでした。いつもならできるかんたんなところでいくつもまちがえていたのです。

わたしは、なぜだろうと思い、反せいしました。一つは、計算を暗算でしてしまい、ひっ算でしなかったこと、もう一つは、問題文をさい後までしっかり読んでいなかったことが、まちがえた㋑原いんです。また、のこり時間に見直しもしないで、まどの外を見て安心していたこともくいがのこります。

わたしは、くやしくてなみだがでてきました。㋒こんな思いはもうしたくないので、次のテストでは[　　]をしないで、一つ一つ大切に取り組もうと思います。

(1) ——線㋐とありますが、どうしてむねがどきどきしたのですか。[20点]
(この前のテスト)は(自しん)があったので、(百点かもしれない)と思ったから。

(2) ——線㋑の「原いん」にあたることには○を、あたらないことには×をつけなさい。[一つ5点—20点]
(×) 先生にしつ問しなかったこと。

(○) 計算をひっ算でしなかったこと。

(×) 問題文に線を引かなかったこと。

(○) のこり時間に見直しをしなかったこと。

(3) ～～線の意味として、よいものに○をつけなさい。[20点]
(　) 心配の気持ちがのこること。

(○) ざんねんに思うこと。

(　) 自しんをなくしてしまうこと。

(　) 一生けん命なこと。

(4) ——線㋒は、どんな思いですか。[20点]
(くやしくてなみだがでる)ような思い

(5) [　]に入るもっともよい言葉に○をつけなさい。[20点]
(　) しっぱい　(　) 反せい
(　) ひっ算　(○) 油だん

★「油だん」は、注意しないでなまける（おこたる）ことです。前のだん落の内ようからかんがえましょう。

テスト33 ハイレベル 五、日記文

● 次の日記を読んで、後の問いに答えなさい。

八月十九日（水）晴れ

夏休みもあと十日あまり。今日は登校日でした。ぼくは、セミの鳴き声でいつもより早く起きました。そして、花だんの当番だったぼくは、㋐急いで家を出ました。

学校に着くと、となりのクラスの早川さんが、池のこいにえさをやっていました。プールの方では、同じクラスの村川君が水泳大会に向けて練習をしていました。友だちと会うのはひさしぶりだったので、なんだかなつかしい感じでした。

[　　]の水やりをして教室に入ると、クラスの半分くらいの人が登校していました。みんなの顔は日やけしてまっ黒です。今日は、夏休みの自由研究を持ちよる日でした。ぼくの自由研究は、夏休みにとったこん虫のひょう本作りです。親友の山下君は、夏の星ざを自由研究のテーマにしていました。みんなの自由研究は㋑りっぱに見え、ぼくのテーマはちっぽけなものに思えてきました。

帰るとき、先生からひょう本作りについて、いくつかのアドバイスをいただきました。夏休みも少なくなりましたが、先生のアドバイスをさん考に、みんなに負けない自由研究に仕上げたいと思います。

(1) ——線㋐とありますが、どうして急いで家を出たのですか。[10点]
(花だんの当番だった)から。

(2) 学校に着いてはじめに会った人は、だれですか。また、その人は何をしていましたか。[一つ10点—20点]
[会った人]
(となりのクラスの早川さん)
[していたこと]
(池のこいにえさをやっていた。)

(3) [　]に入る言葉を文中から三文字でぬき出しなさい。[10点]
花だん

★何の「水やり」かを考えます。

(4) 今日の登校日は、何をするための日でしたか。[10点]
(夏休みの自由研究を持ちよる)日

(5) ——線㋑の「りっぱ」と反対の意味の言葉を、文中から四文字でぬき出しなさい。[10点]
ちっぽけ

(6) 日記に合うことには○を、合わないことには×をつけなさい。[一つ10点—40点]
(×) 村川君と朝のあいさつをした。

(○) 山下君とぼくは同じクラスです。

(○) ぼくの自由研究は、まだ仕上がっていない。

(×) 先生は、ぼくのひょう本をほめてくれた。

テスト 34

五、日記文

時間 10分　合格点 70点

● 次の日記を読んで、後の問いに答えなさい。

一月三日　木曜日　晴れ

お正月なので、いとこのはるちゃんが遊びにきました。そこで、㋐みんなでカルタ取りをすることにしました。お母さんがふだを読む係で、わたしと弟とはるちゃんでふだを取りました。弟は、まだ字が読めないので、㋑実さいは、わたしとはるちゃんの勝負でした。わたしがさい後の『き』のふだを取ったので、はるちゃんよりわたしの取った分が一まい多くなりました。はるちゃんがとてもくやしがったので、㋒もう一度やりました。二回目は、はるちゃんが二まい多く取って勝ちました。

カルタ取りの次は、羽根つきをしました。十二月の大そうじのとき、昔お母さんが遊んだ羽子板が出てきたので、わたしは㋓これで遊ぶことを楽しみにしていました。でも、お母さんはいそがしいし、弟も相手になりません。だから、はるちゃんが来たら、ぜったい羽根つきをしようと思っていたのです。はるちゃんは、羽根つきがとても上手でした。テニスを習っているからだそうです。□とちがって、わたしは一度もはるちゃんに勝てませんでした。それでも、外で思いっきり体を動かしたので、気分がスカッとして、とても楽しかったです。

(1) ──線㋐「みんな」とは、だれのことですか。すべて書きなさい。【15点】

（いとこのはるちゃん・お母さん・わたし・弟）

(2) ──線㋑の「実さいは」は、どの意味で使われていますか。よいものに○をつけなさい。【15点】

（　）楽しいことに
（　）しんじられないことに
（　）おしまいには
（○）本当のところは

(3) ──線㋒は、なぜもう一度やったのですか。【一つ10点…30点】

取ったふだが［一］まい少なくて負けた［はるちゃん］が［くやしがった］から。

(4) ──線㋓「これ」とは何ですか。また、いつ見つけたものですか。くわしく書きなさい。【一つ10点…20点】

「これ」とは（昔お母さんが遊んだ羽子板）

いつ見つけたか（十二月の大そうじのとき）

(5) □に合う言葉を一つえらんで、○でかこみなさい。【20点】

〔羽根つき・テニス・(カルタ取り)〕

★「こそあどことば（指じ語）」の指す内ようは、前にあることが多いです。「これ」におきかえる部分をぬき出しましょう。

テスト 35

五、日記文

時間 10分　合格点 60点

● 次の日記を読んで、後の問いに答えなさい。

十月二十六日　金曜日　雨

今日は、音楽会の本番の日でした。朝から雨がふっていたので、みんなが見にきてくれるか心配でしたが、体育館がいっぱいになってとてもうれしかったです。遠くから、おじいちゃんとおばあちゃんもきてくれて、わたしは感げきしました。

わたしのクラスは、楽きの合そうをしました。わたしはたて笛のたん当で、たて笛は一人ずつ前に出てえんそうするところがありました。㋐その中でも、わたしのところはいちばんむずかしかったので、毎日たくさん練習したのです。ゆめの中でも、練習していたくらいです。だから、ぜったいまちがえない自しんがあったのですが、㋑いざ本番となってみると、手はふるえて口はからからになり、何が何だかわからなくなりました。それでも、おじいちゃんとおばあちゃんは、上手だったとほめてくれました。わたしは、遠くからわざわざ見にきてくれただけでもうれしかったのに、㋒そのあまり上手じゃなかった合そうまでほめてもらって、やさしさになみだが出そうでした。そこで考えたのですが、来年はできれば歌を聞いてもらいたいと思います。歌なら、どんなに手がふるえても平気だからです。

(1) おじいちゃんとおばあちゃんは、どこに何をしにきてくれましたか。【一つ10点…30点】

［体育館］に［音楽会］を［見にきて］くれた。

(2) ──線㋐「その中」が指している部分を文中からさがし、はじめと終わりの四文字を書きなさい。【一つ10点…20点】

［一人ずつ］～［るところ］の中

(3) わたしが一生けん命練習したことがもっともよく分かる一文のはじめの四文字を書きなさい。【10点】

［ゆめの中］

★「ゆめの中でも、練習していたくらいです。」から、一生けん命な心じょうを読み取りましょう。

(4) ──線㋑「いざ」と同じような意味の言葉を○でかこみなさい。【15点】

［もう・(さあ)・また］

(5) わたしがとてもきんちょうしていることが分かる三十二字の部分（ふ号をふくむ）のはじめの六字を書きなさい。【15点】

［手はふるえて］

(6) ──線㋒とは、どんなことですか。次からもっともよいものをえらび、○をつけなさい。【10点】

（　）遠くからわざわざえんそうを見にきてくれたこと。
（○）上手じゃないえんそうでもほめてくれたこと。
（　）歌をほめてくれたこと。

〈きりとり線〉

★「期間」をせつ明する言葉です。

テスト36 標準レベル 六、説明文(1)

時間 10分　合格点 80点

1 次の文章を読んで、後の問いに答えなさい。

北きょくや南きょくに近い地いきは、一年中気温がひくく、雪や氷におおわれています。冬の期間は★、一日中太陽がのぼらない日がつづきます。反対に、夏は☆、一日中太陽がしずまず、夜も明るい日がつづきます。この太陽がしずまない夜を、㋐白夜といいます。

そんな夏の太陽のおかげで、氷がとけて植物の生える場所があります。そのような所を㋑ツンドラとよびます。ツンドラには、せのひくい草やこけなどは生えますが、木は育ちません。

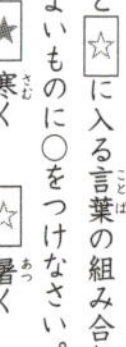

(1) ★と☆に入る言葉の組み合わせとして、よいものに○をつけなさい。【10点】
( ) ★寒く　☆暑く
(○) ★長く　☆短く
( ) ★明るく　☆暗く

(2) ——線㋐の白夜とは、どんな夜のことですか。【10点】
(太陽)が(しずまない)夜

(3) ——線㋑のツンドラのことには○を、そうでないことには×をつけなさい。【一つ10点…30点】
(×) 氷がとけない場所。
(○) せのひくい草やこけが生える。
(○) 木は育たない。

2 次の文章を読んで、後の問いに答えなさい。

テレビの画面は、赤、緑、青の光の点からできています。このたった三色だけでテレビにさまざまな色がうつって見えるのは、わたしたちの目の仕組みがかん係しています。

実はわたしたちの目は、この三色の光しか見えません。★、これらの光の強弱などの見え方のちがいを頭の中で組み合わせて、さまざまな色を感じているのです。☆、黄色を見たと感じるとき、目は赤と緑の光を見ているのです。だから、この三色の光は、全ての色の元という意味で、光の三原色とよばれます。

(1) ——線の三色を書きなさい。【10点】
(赤、緑、青)

(2) ★と☆に入るつなぎ言葉の組み合わせとして、よいほうに○をつけなさい。【10点】
( ) ★それで　☆ところで
(○) ★けれど　☆たとえば

(3) 文章に合うものには○を、合わないものには×をつけなさい。【一つ10点…30点】
(○) わたしたちの目は、三色の光しか見えない。
(×) わたしたちの目の中で、光が強められたり弱められたりする。
(○) 赤と緑の組み合わせで、黄色に感じる。

40

テスト37 標準レベル 六、説明文(1)

時間 10分　合格点 80点

● 次の文章を読んで、後の問いに答えなさい。

わたしたちが住む家は、国や地いきによって使われるざいりょうやその形がちがいます。それは、それぞれの土地によって気こうやくらし方がちがうからです。

あ、わたしたちの国は、山が多く木がたくさん生えています。い、昔から木を使った家が作られてきました。う、台風が来ることもあるので、屋根には重いかわらを使う事が多いです。え、世界には木の少ない地いきもあります。㋐そうした場所では、どろをかためた日ぼしレンガや、石をつみ上げた家が作られています。お、一年中暑く雨の多い地いきでは、植物の葉で作ったかべや屋根、地面から高くはなれたゆかなど、㋑風通しのよい家が作られています。さらにウマやヒツジなどの家ちくとくらしている遊ぼくみんとよばれる人びとは、おりたたんで運べるテントを家にしています。家ちくが草をもとめてべつの場所に行くとき、テントの家も動いていくのです。

(1) 住む家は、国や地いきによって何がちがいますか。二つ書きなさい。【一つ5点…10点】
・家に使う(ざいりょう)
・家の(形)

(2) なぜ、(1)のようなちがいがあるのですか。【一つ5点…10点】
国や地いきによって(気こう)や(くらし方)がちがうから。

(3) あ～おに入る言葉をえらんで、( )に記号を書きなさい。【一つ4点…20点】
(お) また　(え) しかし
(う) そして　(あ) たとえば
(い) だから

(4) ——線㋐とは、どんな所ですか。八文字で書きなさい。【10点】
(木の少ない地いき)

(5) ——線㋑にあてはまる家には○を、あてはまらないものや分からないものには×をつけなさい。【一つ5点…25点】
(×) かわら屋根の家
(○) ゆかの高い家　(×) 石の家
(×) 日ぼしれんがの家
(○) かべや屋根が植物の葉でできている家

(6) 遊ぼくみんとは、どんな人びとですか。【一つ5点…15点】
(ウマやヒツジ)などの(家ちく)と(くらして)いる人びと。

(7) 遊ぼくみんは、なぜテントを家にしているのですか。【10点】
(おりたたんで運べる)から。

41

★「～所」は「～土地」のことなので、さかのぼって二十五文字をかぞえましょう。

テスト38 ハイレベ(ハイレベル) 六、説明文(1)

時間 10分　合格点 70点

● 次の文章を読んで、後の問いに答えなさい。

せなかにこぶのあるラクダは、さばくでくらしていくことができる数少ない動物です。さばくは、めったに雨のふらない、岩とすなばかりのかわいた土地です。ラクダは、㋐そんな所で、何日も水を飲まずに生きていくことができるのです。

では、ラクダのこぶの中には、水がつまっているのでしょうか。㋑昔はそのように考える人もいましたが、こぶの中にあるのは水ではなくて、えいようのつまったしぼうのかたまりなのです。さばくにはえさになる草などがほとんどないので、ラクダは食べることができるときにできるだけたくさん食べ、それをしぼうとしてこぶの中にためこんでいるのです。

ラクダが何日も食べないでいると、こぶの中のしぼうが使われて、こぶはしぼんでいきます。また、何日も水を飲まずにいられるのは、一度に百リットルい上の水を血えきの中にふくませておくことができるからです。

このように、じょうぶな体をもつラクダは、昔からさばくで荷物を運ぶのに役立ってきました。今では、ほとんどのラクダが、家ちくとして人にかわれています。

(1) ——線㋐は、何という所ですか。【10点】
(さばく)

(2) ——線㋐をくわしくせつ明している二十五文字(ふ号をふくむ)の部分のはじめの四文字を書きなさい。【10点】
(めったに)

(3) ——線㋑は、どのように考えたのですか。【20点】
(ラクダ)の(こぶ)の中には(水)が(つまっている)と考えた。

(4) ラクダのこぶの中身は何ですか。【10点】
(しぼう)の(かたまり)

(5) ラクダは何日も食べないでいると、どうなりますか。【20点】
(こぶの中)の(しぼう)が使われて、(こぶ)は、(しぼんで)いく。

(6) ラクダは、百リットルい上の水をどこにふくませていますか。【10点】
(血えきの中)

(7) ラクダは、昔からどんなことで役立ってきましたか。【20点】
(さばく)で(荷物を運ぶ)こと。

42

テスト39 ハイレベ(ハイレベル) 六、説明文(1)

時間 10分　合格点 70点

● 次の文章を読んで、後の問いに答えなさい。

音は、どのようにしてわたしたちの耳につたわるのでしょうか。それは、音を出しているものにせっしている空気がふるえ、そのふるえ(しん動)が波のように広がって、耳につたわってくるのです。この音のしん動をつたえる波のことを音波といいますが、人間の耳は、一秒間に二十回から一万六千回までのしん動数の音波しか、音として聞くことができません。それい外のしん動数の音は聞こえないのです。

あ、人間の耳には聞こえないちょう音波(しん動数がとても多い音)を聞くことができる生き物もいます。い、コウモリは自分でちょう音波を出して、暗いところでも物にぶつからずにとぶことができますし、イルカはちょう音波でなかまと会話をしています。

う、わたしたちはくらしの中でちょう音波を使っています。「音が物に当たるとはね返るように、ちょう音波もはね返る」というせいしつを使って、かんたんには見えないところを知ることができるようになりました。え、海の中で魚のむれを見つけたり、おなかの中の赤ちゃんの様子を調べたりすることができるようになったことです。このほか、人や物が近づくと自動てきに開くドアや、プラスチックのせっ着にも、ちょう音波は使われています。

(1) あ～えに入る言葉を、○でかこみなさい。【一つ5点…20点】
あ(しかも・〔しかし〕)
い(〔たとえば〕・ところで)
う(〔でも〕・だから)
え(ただし・〔たとえば〕)

(2) 音波とは、何ですか。【20点】
(音)の(しん動)を(つたえる)波

(3) 人間の耳には聞こえないしん動数のとても多い音のことを何といいますか。【20点】
(ちょう音波)

(4) ちょう音波を聞くことができる生き物を文章からさがして書きなさい。【20点】
(コウモリ・イルカ)

(5) 人間がちょう音波をり用しているものすべてに○をつけなさい。【20点】
(○) 魚のむれを見つける。
( ) 電車のドアを開ける。
(○) おなかの中の赤ちゃんの様子を調べる。
( ) なかまと会話する。

43

★電車のドアとは書いてありません。

テスト40 最レベ（最高レベル） 最レベに（最高レベル）チャレンジ 六、説明文 (1)

時間 20分　合格点 60点　点

● 次の文章を読んで、後の問いに答えなさい。

空気は直せつ目で見ることはできませんが、わたしたちの身の回りにはいつも空気があります。[あ]、空気がなければ、こきゅうもできないし、音も聞こえません。また、空気は入れ物にとじこめることができ、タイヤやうきわのように重さをささえたり、ボールのようにはずんだりする力を生み出します。

そのような空気は、地球のまわりを五百キロメートルい上のあつみでとりまいています。これを「大気」といい、地上でくらしているわたしたちはこの大気のそこに住んでいるといえます。[い]、わたしたちの頭上には、五百キロメートルもの高さの空気がのっているわけです。空気はたいへん軽いものですが、これだけのりょうの空気にはかなりの重さがあります。地球上のあらゆる物は、生き物もそれい外の物も、この空気の重みでおされているのです。これを「大気あつ」とよび、そのおす力（あつ力）は、一平方センチメートルの地面に一キログラムの重さの物がのっているのと同じです。それを一気あつといい、大気あつのたんいになっています。

大気あつは、上からだけでなく、横からも下からも、あらゆる方向からかかっていますが、わたしたちの体がつぶれてしまわないのは、体の中からも大気あつと同じ力でおし返しているからです。同じように、中に空気のつまったゴムまりにもあらゆる方向から大気あつがかかっておされていますが、中の空気も内から外へ同じ力でおしているので、丸い形をたもっているのです。[う]、中の空気が少しでも[A]と、ゴムまりは大気あつにおされて、へこんでしまいます。

大気あつは、気あつ計ではかります。ところで、大気あつのちがいはどこから生じるのでしょう。ふじ山のような高い山の上では、上にある空気のあつみが少ないので、平地より大気あつが[B]なります。また、空気はたえず動いているので、同じ場所でも、時間によって大気あつが上下します。そして、大気あつの高い所とひくい所がとなり合うと、空気は大気あつの高いほうからひくいほうへ流れていきます。このような空気の流れが、風なのです。

わたしたちは、大気あつをはかることで、天気を予想することができます。みなさんは、天気図を見たことがあるでしょうか。それには、大気あつの同じ場所どうしをむすんだ等あつ線というたくさんの線が引かれています。これを引くと、大気あつの高い場所とひくい場所が一目でわかり、風のふく向きなどがわかります。さらに、大気あつの高い場所では晴れのことが多く、大気あつのひくい場所では雨やくもりのことが多いです。天気予ほうでは、これらを全体てきに見て、これからの天気を予想しているのです。

★ [A]の後に「～へこんでしまいます。」[B]の前に「空気のあつみが少ないので」とあります。

★ 3だん落には、大気あつのかかり方と（4）の答えなどが書いてあります。

(1) [あ]～[う]に入る言葉をえらんで、記号を書きなさい。【一つ4点…12点】

（う）ところが　（　）まるで
（あ）もし　（い）つまり
（　）まさか

(2) 大気とは、どんなものですか。【10点】

（地球のまわり）を（五百キロメートル）い上の（あつみ）でとりまいている（空　気）。

(3) 大気あつについて、正しいものすべてに○をつけなさい。【8点】

（　）大気のそこにたまっている。
（　）入れ物にとじこめることができる。
（○）空気の重みで地球上のものをおす力。
（　）生き物の上にだけかかる。
（○）地球上のあらゆる物にあらゆる方向からかかる。

(4) わたしたちの体が、大気あつによってつぶれてしまわないのはなぜですか。それが書かれている部分のはじめと終わりの五文字を書きなさい。【8点】

体の中から～返している から。

(5) [A]・[B]に入る言葉を[　]からえらんで、記号で答えなさい。【一つ4点…8点】

[A]（ウ）　[B]（イ）

ア、高く　イ、ひくく
ウ、へる　エ、ふえる

(6) 大気あつは何ではかりますか。【10点】

（気あつ計）

(7) 風は、かんたんにいうと、どんなものですか。【一つ3点…12点】

（大気あつ）の（高い）ほうから（ひくい）ほうへ流れる 空気の流れ

(8) 等あつ線とはどんなものですか。【一つ4点…12点】

大気あつ の 同じ場所 どうしを むすんだ 線。

(9) 大気あつの高い場所の天気には○を、大気あつのひくい場所の天気には×をつけなさい。【一つ4点…12点】

（×）くもり　（○）晴れ　（×）雨

(10) 天気図はどんなことに役立ちますか。【一つ4点…8点】

風のふく 向きを知り、天気 を予想すること。

テスト41 リビューテスト（復習テスト） 2－①

時間 10分　合格点 70点　点

● 次の文章を読んで、後の問いに答えなさい。

ぼくは、本を読むのがすきです。わくわくどきどきするような物語が、とくにすきです。[あ]、学校の図書館には、㋐そういう本があまり多くありません。ぼくが読めそうな本は、ほとんど読んでしまいました。[い]、この前、ぼくはお母さんに言って、家から少し遠い町の図書館につれていってもらいました。

[う]、そこで、ぼくはとても㋑おもしろそうな本を見つけました。たんていがむずかしい事けんを次つぎとかい決していくというお話です。つづきの話が何さつもあるので、ぼくは、まずはじめの三さつをかりることにしました。家に帰ってさっそく読み始めると、思った通りわくわくどきどきして読むのをやめられません。ぼくが夕食のときも読みながら食べているので、お母さんが言いました。「ゆうしょく。食事のときは、本を読むのをやめなさい。行ぎが悪いですよ。」

それでぼくは、しぶしぶ本を手放しました。そして、急いでごはんを食べ終えると、㋒本のお話の世界にもどったのでした。

(1) [あ]～[う]に入る言葉を、○でかこみなさい。【一つ5点…15点】

[あ]（また・〇でも〇）
[い]（しかし・〇そこで〇）
[う]（〇そして〇・けれど）

(2) ——線㋐とは、どんな本ですか。【20点】

わくわくどきどき する ような（物語）の本。

(3) ——線㋐をさがすために、どこへ行きましたか。【15点】

（(家から少し遠い)町の図書館）

(4) ——線㋑について、くわしくせつ明している一文のはじめの五文字を書きなさい。【20点】

たんていが

(5) 文章の中の会話の部分に「　」を一組つけなさい。【15点】

(6) ——線㋒は、どういう意味ですか。よいもの一つに○をつけなさい。【15点】

（　）また、図書館に行った。
（○）また、本のつづきを読み始めた。
（　）本を読んでいるゆめを見た。

★「～お母さんが言いました。」の直後に会話文があります。

テスト42 リビューテスト（復習テスト） 2－②

時間 10分　合格点 70点　点

● 次の文章を読んで、後の問いに答えなさい。

地球は大きなじしゃくです。じしゃくにはエヌきょくとエスきょくがありますが、地球のエヌきょくは南きょくに、エスきょくは北きょくにあります。じしゃくには、[A]きょくどうしは引きつけ合うせいしつがあります。[あ]、地球上で方いじしゃくを使うと、方いじしゃくのエヌきょくは、いつでも北を指すのです。これは、方いじしゃくの[B]きょくと、北きょくにある[C]きょくが、引きつけ合っているせいなのです。

では、なぜ地球は、じしゃくになっているのでしょう。それは地球の内部に、とけた鉄があって、それがぐるぐる流れているからだと考えられています。それによって電気の流れが起こり、この電流がじしゃくの力を生んでいるのです。

このような地球が持つじしゃくの力を地じ気といい、これは地球全体をとりまいています。[い]、地じ気自身は目に見えませんが、わたしたちは地じ気のはたらきで起こるものを見ることができます。北きょくや南きょくの空に見えるオーロラがそうです。

★ ——線の直後の「それは～」でせつ明されています。

(1) [あ]と[い]に合わない言葉を一つずつさがして、×をつけなさい。【一つ10点…20点】

[あ]（だから・×しかし×・それで）
[い]（×または×・また・そして）

(2) [A]～[C]に合う言葉をえらんで、○でかこみなさい。【一つ5点…15点】

[A]｛大きい・〇ちがう〇｝　[B]｛エス・〇エヌ〇｝　[C]｛〇エス〇・エヌ｝

(3) ——線の問いの答えになる、つづいた二文の終わりの四文字（ふ号はふくまない）を書きなさい。【15点】

るのです。

(4) 地球の内部でぐるぐる流れているものは、何ですか。【15点】

（とけた鉄）

(5) 地じ気とは、何ですか。十三文字（ふ号はふくまない）まで書きなさい。【20点】

地球が持つじしゃくの力

(6) 地じ気のはたらきで、わたしたちが見ることができるものを書きなさい。【15点】

オーロラ

★「ほなみのせよりも高い」「ひまわりのめい路」などから、□にあてはまる言葉をえらびましょう。

テスト43 標準レベル 七、物語文 (2)

時間 10分 合格点 80点

1 次の文章を読んで、後の問いに答えなさい。

右へ左へと角を曲がっているうちに、ほなみは自分がどこにいるのか分からなくなりました。まわりはどこも同じ、ほなみのせよりも高い、ひまわりの□でした。そうです。ほなみはひまわりのめい路の中で、まい子になっていたのです。同じ所を何度も通りながら、ほなみは思いました。

「このまま出られなかったら、わたしはここでたった一人で死ぬんだわ。」

そう考えると、とてもおそろしくて、ほなみはひっしで★をはたらかせました。

(1) ――線で、ほなみはどこでどうなったのですか。【20点】

（ひまわりのめい路の中）で（まい子）になった。

(2) □に入る言葉に、○をつけなさい。【15点】

（ ）てんじょう　（○）かべ　（ ）とびら　（ ）ゆか

(3) ★には、体の部分を表す言葉が入ります。漢字一字で答えなさい。【15点】

（頭）

2 次の文章を読んで、後の問いに答えなさい。

「たいへんだ。火事だ。けむりだよ。」

三毛ネコのこまが、大きな声で言いました。しかし、かい主のじろうさんには、ニャーニャーとしか聞こえません。そのため、じろうさんは、

「何だ、ごはんがほしいのか。さっき食べたばかりなのになあ。」

と言いながら、ネコのごはんの用意を始めたのです。こまはちがうと言いたくて、ひときわ大きな声で鳴きましたが、やっぱり通じません。このときほどこまはネコである自分をうらんだことは※。

(1) 文章に合うものには○を、合わないものには×をつけなさい。【一つ10点…30点】

（×）じろうさんは火事に気づいて、火を消しに行った。
（○）こまは、「火事だ。」と、大きな声で鳴いたつもりだった。
（×）こまは、自分のごはんの用意を始めた。

(2) ――線の意味として、よいほうに○をつけなさい。【10点】

（○）とくに目立っている様子
（ ）とくにきめこまかい様子

(3) ※に入る言葉に○をつけなさい。【10点】

（ ）ときどきありました。
（○）ありませんでした。

★ ネコのごはんを用意しているのはじろうさんです。

テスト44 標準レベル 七、物語文 (2)

時間 10分 合格点 80点

● **次の文章を読んで、後の問いに答えなさい。**

研究室のドアがとつぜん開くと、顔中ひげぼうぼうの㋐アップル教じゅが出てきて、

「やったぞ。ついにできた。㋑大発明だ。」

とさけびました。あ、近くを通りかかった人すべてに、自分の発明について、

「いいかね。わたしは、着ればすがたが見えなくなるマントを作ったのだよ。」

と、ねっ心にせつ明したのです。何でも、カメレオンのすがたをヒントにして、思いついたのだそうです。たしかに、今までだれも考えたことのない物でした。い、

「そんな物、何の役に立つのさ。どこで使うって言うんだい。」

と、話を聞いた人から言われると、アップル教じゅは急にだまってしまいました。そして、しょんぼりとうを落として研究室にもどると、ドアをかたくしめたのでした。アップル教じゅは役に立つ物の発明がとても㋒苦手だったのです。

(1) ――線㋐「アップル教じゅ」について、それぞれの問いに答えなさい。【一つ10点…30点】

① どんな顔でしたか。八文字で書きなさい。

（顔中ひげぼうぼう）

② どこから出てきましたか。

（研究室）から出てきた。

③ どんなことが苦手ですか。あてはまるものを一つえらんで○をつけなさい。

（ ）自分の発明についてせつ明すること。
（ ）だれも考えたことのない物を作ること。
（○）役に立つ物を発明すること。

(2) あといに入る言葉を、〇でかこみなさい。【一つ10点…20点】

あ（それでも・**そして**）
い（**でも**・だから）

(3) ――線㋑「大発明」は、何を作ったのですか。それを表す十六文字の部分のはじめの四文字を書きなさい。【15点】

（着ればす）

(4) ――線㋑「大発明」は、何を見て思いつきましたか。【10点】

（カメレオン）の（すがた）

(5) うには、体の部分を表す言葉が入ります。よいもの一つに○をつけなさい。【10点】

（ ）足　（ ）首　（ ）せなか　（○）かた

(6) ――線㋒「苦手」と反対の意味の言葉を考えて、ひらがな三文字で書きなさい。【15点】

（とくい）

★「かたを落とす」とは、「かたの力がぬけるほどがっかりする」の意味です。

テスト45 標準レベル 七、物語文 (2)

時間 10分 合格点 80点

● **次の文章を読んで、後の問いに答えなさい。**

旅人は、女主人からもう一日とまっていくようにと言われたのを、ていねいにことわりました。そして、㋐自分の決意がかたいことをつたえるために、

「今、出発すると㋑日のあるうちにとうげをこえられます。とうげをこえたら都までは、歩いて半日のきょりです。ぐずぐずしてはいられません。」

と言って、女主人にわかれをつげたのです。すると、女主人はざんねんそうに、

「そうですか。それならお引きとめはいたしません。でも、今日は一日、山道をお歩きになるのですから、せめてお昼の㋒おべんとうを持っていってくださいな。」

と言いました。それを聞いた旅人は、何て親切な人だろうと感げきしました。しかし、A旅人が女主人の本心を知っていたら、これを親切とは決して思わなかったB。

旅人は、宿を出て歩き始めました。ところが、いくらも歩かないうちに、もうれつにおなかがすいてきました。仕方がないので、先ほどもらったおべんとうを出して、近くの木の下で食べることにしました。それは、やきたてのパンにチーズ、みずみずしいりんごというかんたんなものでしたが、おなかがすいていた旅人にとっては何よりのごちそうでした。その後、まんぷくになった旅人は、ひと休みのつもりで木の下で横になりました。でも、目ざめたとき、旅人はあの女主人の宿にもどっていたのです。

(1) ――線㋐の「自分の決意」とは、どんなことですか。【15点】

今すぐに（宿）を（出発）すること。

(2) ――線㋑の「日のあるうちに」とは、どんな意味ですか。□にひらがなを入れて答えなさい。【15点】

（あかるい）うちに

(3) 旅人は、これからどこへ行くつもりですか。【15点】

（都）

(4) ――線㋒の「おべんとう」の中身は何でしたか。すべて書きなさい。【15点】

（（やきたての）パン・チーズ（みずみずしい）りんご）

(5) AとBに入る言葉を□に合うように、ひらがなで書きなさい。【一つ10点…20点】

A…（もし）　B…（でしょう）

(6) この話の内ように合うものを一つえらんで、○をつけなさい。【20点】

（ ）旅人はとてもつかれているので、もう一日とまったほうがよい。
（ ）女主人は旅人をおべんとうで元気づけたいと思った。
（○）宿を出て間もなく、旅人はおなかがすいてきた。

テスト46 ハイレベ（ハイレベル） 七、物語文 (2)

時間 10分 合格点 70点

● **次の文章を読んで、後の問いに答えなさい。**

バスは、にぎやかな町の中をはなれて、山の中を走り始めていました。それまでバスに乗っていたたくさんの人は、一人二人とおりていき、今バスに乗っているのはマヤ一人でした。マヤは、Aとしたバスのいちばん後ろのざせきで、心細さに暗い気分でBいました。バスの外は、まだ昼間の太陽が明るくてらしていたのにです。マヤは、お母さんからたのまれた入院中のおばあちゃんの着がえがつまった荷物を持ち、「早く終点の病院に着かないかなあ。大きなバスに一人は、なんだかこわいな。」と思っていました。そんなマヤに、とつぜんバスの運転手さんが、

「おじょうちゃん、年はいくつ。山の上の病院に行くんだろう。一人でえらいねえ。」

と話しかけてきました。この言葉にマヤはびっくりしました。いつもだまって仕事をしている運転手さんから話しかけられるなんて、思いもしなかったからです。それでも、マヤはいつもお母さんからよその人には礼ぎ正しくと言われているので、

「はい、三年生です。病院には、おばあちゃんのお見まいに行きます。」

と、はきはきと答えました。運転手さんは、マヤのしっかりした答え方に感心して、マヤをほめました。それから、運転手さんと終点まで楽しくおしゃべりしていたマヤに、さっきの心細さはのこっていませんでした。

(1) AとBに入る言葉を□からえらんで、記号で答えなさい。【一つ10点…20点】

ア、がやがや　イ、がらん　ウ、しずんで　エ、うかんで

A（イ）　B（ウ）

★「乗っているのはマヤ一人」⇒**がらん**、「心細さに暗い気分で」⇒**しずんで**

(2) マヤの持っている荷物の中には、何が入っていますか。【20点】

（入院中）の（おばあちゃん）の（着がえ）

(3) ――線は、どうしてびっくりしたのですか。それが書かれた一文のはじめの五文字（ふ号をふくむ）を書きなさい。【10点】

（いつもだま）

(4) マヤがいつもお母さんから言われていることを、十二字まで書きなさい。【20点】

（よその人には礼ぎ正しく）

(5) バスの運転手さんは、マヤの何をほめましたか。合うものに○を、合わないものに×をつけなさい。【一つ10点…30点】

（○）一人で病院に行くこと。
（×）お母さんの言うことをよくきくこと。
（○）聞かれたことに、はきはきと答えたこと。

テスト47 ハイレベ(ハイレベル) 七、物語文 (2)

時間 10分　合格点 70点　点

● 次の文章を読んで、後の問いに答えなさい。

「ねえ、おじいさん。㋐あのもこもことした雲の下には、何があるの。」

おじいさんといどにのこったわずかな水をくみにきたサジェは、空を見上げてこう言いました。サジェの指さした先には、空に大きく立ち上がる入道雲がありました。おじいさんは、何でも知りたがるまごがかわいくてたまらない様子で、

「あの雲の下には、雨がふっていてな、水のたくさんある、大きな町があるんだよ。」

と、ていねいに答えました。おじいさんの水という言葉に、サジェは㋑目をかがやかせ、

「本当?うちの水がめ十こくらいのたくさんの水があるの?」

と聞きました。かわいた土地にくらすサジェにとって、たくさんの水というのは、そのくらいしか思いうかびませんでした。おじいさんは、そんな㋒サジェの思いちがいを、やさしくわらって正しました。

「たくさんの水というのはな、この地面の上を流れていて、どれだけバケツでくんでもなくならないだけの、たくさんのことだよ。」

「うわあ、すごいんだねえ。水がすきなだけ、いつでも使えるね。㋓行ってみたいなあ。」

サジェの心には、あの雲の下の町に対するあこがれが、大きくふくらんでいきました。

(1) ——線㋐は何という雲ですか。名前を書きなさい。【15点】

(入道雲)

(2) サジェは、だれと何をしにいくところでしたか。【20点】

おじいさんといどの水をくみにいくところだった。

(3) おじいさんは、サジェのことをどのように思っていますか。文章中からさがして、十文字の言葉で答えなさい。【15点】

かわいくてたまらない

(4) ——線㋑は、サジェのどんな気持ちを表していますか。よいものに〇を、ちがうものに×をつけなさい。【一つ5点…15点】

(×) うたがっている。

(×) 楽しんでいる。

(〇) わくわくしている。

(5) ——線㋒「サジェの思いちがい」を表す一文のはじめの五文字を書きなさい。【15点】

うちの水が

(6) ——線㋓は、どこに行ってみたいのですか。【20点】

あの雲の下の町

★ サジェの会話文に思いちがいがあります。

テスト48 ハイレベ(ハイレベル) 七、物語文 (2)

時間 10分　合格点 70点　点

● 次の文章を読んで、後の問いに答えなさい。

白い花しか植えてはいけないという王様の命れいにそむいて、マルセルは家の庭に黄色いマリーゴールドのたねをまきました。病気の母親に明るい色の花を見せて、気分だけでも明るくなってもらおうと思ったからです。

[あ]、つぼみがついて、いよいよ花がさき出すというときに、おしろから役人が来て、

「おまえ、王様の命れいを知っているだろう。黄色い花を、植えてはいけないのだ。」

と言いました。マルセルは、なぜ分かったんだろうと、真っ[1]になりましたが、

「いいえ。[2]い花なんか、植えていません。何なら庭を調べてみてください。」

と、うわべだけは平気なふりをして言いました。マルセルは、まだ花がさいていないので、分かるわけがないと思っていました。[い]、役人と二人で庭に出てみると、あおとした緑葉の中にたった一つ、お日様色のマリーゴールドがさいていたのです。これを見た役人は、勝ちほこったように言いました。

「これは明らかに、命れいい反だ。マルセル・メイヨー、おまえをたいほする。」

マルセルは、おとなしく役人につかまりました。花がさけば、いつかはつかまるとかくごしていたからです。[う]、一つざんねんなのは、あのあざやかな色を母親に見せられないことでした。

(1) ——線「王様の命れい」とは、どんなことですか。【15点】

白い花しか植えてはいけないということ。

(2) マルセルは、なぜ——線にそむいたのですか。それが分かる一文のはじめの五文字を書きなさい。【10点】

病気の母親

(3) [あ]～[う]のどれにも入る言葉には〇を、入らない言葉には×をつけなさい。【一つ5点…30点】

(〇) しかし
(×) すると
(×) だから
(〇) でも
(×) また
(〇) けれども

(4) [1]～[3]に入る色として、よい方を〇でかこみなさい。【一つ5点…15点】

[1]…(赤・(青))
[2]…(白・(黄色))
[3]…((青)・緑)

(5) マルセルは、なぜたいほされましたか。十文字までで書きなさい。

(王様の命れい)にそむいたから。

(6) マルセルがざんねんに思ったのは、どんなことですか。【15点】

母親にあざやかな色を見せられないこと。

★ 空らん前後の内ようから、反対のかん係を表すつなぎ言葉をえらびます。

テスト49 最レベ(最高レベル) 最レベに(最高レベル)チャレンジ 七、物語文 (2)

時間 20分　合格点 60点　点

● 次の文章を読んで、後の問いに答えなさい。

十一月になると、山には全国から神様が集まってきました。そこに来るのは、海の神に山の神、かまどの神からトイレの神様まで、実にさまざまです。[あ]、ただ一人だけ、その集まりに出られない神様がいました。空っぽの神社を守る、る守番役のかぎの神でした。[い]、かぎの神もみんなの集まりに出たくてしかたありませんでした。

「たのんだぞ。このかぎを見ているだけでいいんだ。だれにもとられないようにな。」

かぎの神はネズミにそう言うと、[え]とはずんだ足どりで山に向かいました。

ネズミは言われた通りずっとかぎを見はっていましたが、[お]たいくつして、ねむたくなってきました。そして、ほんのちょっとの間でしたが、[か]としてしまいました。すると、ちょうどそこへ通りかかったネコが、いねむりをするネズミを、かぎといっしょに飲みこんでしまったのです。こうして、おなかがいっぱいになったネコは、その場で丸くなってねむり始めたのです。

何も知らないかぎの神が、ほかの神様より一足早く上きげんで帰ってきたとき、そこにいたのは、(1)ではなく見知らぬ(2)でした。かぎの神は、

「こら、わたしの社で勝手にねるな。しっ、しっ。」

と、(3)をつめたく㋐追いはらい、(4)をさがしましたが、もちろんいるはずがありません。かぎの神はたいへんあわてました。そのかぎは、どの社も開けることができます。だから、それがないと今、山に集まっている全国の神様は、だれも元の社に帰ることができないのです。そうなると、大ぜいの神様にしかられるのは自分です。

かぎの神は、さっきまでの楽しい気分がどこかに㋑ふきとんでいくのを感じました。

「何としても、㋒神がみが山からおりてくる前に、ネズミをさがさなければならない。」

と、心にかたく決めたのでした。

まず、かぎの神は、社のすみずみとあなを一つずつたんねんに調べました。

「ネズミやネズミ、出ておいで。」

と、やさしくよびかけてもみました。しかし、地にもぐったか天に上ったか、ネズミのすがたはかけらも見えません。かぎの神も、[き]つかれはて、その場にすわりこんでしまいました。そこへ、先ほど追いはらわれたネコがやってきたのです。かぎの神には、もう追いはらう気力はありません。㋓うつろな目でネコを見ていると、ネコはどうやら気分が悪いようでした。何度かおなかを[く]させると、ついに、

「おえー。」

というへんな声とともに、口からかぎをはき出したのです。それを見たかぎの神様は、ネコをだき上げ、おどり出しました。それほど、㋔うれしかったのです。

(1) [あ]～[う]に入る言葉を、〇でかこみなさい。【一つ4点…12点】

[あ]…(だから・(しかし))
[い]…((でも)・そのうえ)
[う]…((そこで)・けれど)

(2) かぎの神はネズミにどんなことをたのみましたか。【8点】

かぎを見はっていること。

だれにもとられないように

(3) [え]～[く]に入る言葉をえらんで、記号を書きなさい。【一つ3点…15点】

(き) とうとう
( ) とぼとぼ
(え) うきうき
( ) ぽんぽん
(か) うとうと
(お) だんだん
( ) くるくる
(く) ひくひく

(4) ネコが飲みこんだものをすべて書きなさい。【8点】

(ネズミ・かぎ)

(5) (1)～(4)に入る言葉を、〇でかこみなさい。【一つ2点…8点】

(1)…((ネズミ)・ネコ)
(2)…(ネズミ・(ネコ))
(3)…(ネズミ・(ネコ))
(4)…((ネズミ)・ネコ)

(6) ——線㋐で、なぜあわてましたか。【一つ2点…8点】

かぎがないと、大ぜいの神様にしかられるから。

(7) ——線㋑と同じ使い方の文に〇を、ちがうものに×をつけなさい。【一つ3点…9点】

(×) 風でぼうしがふきとんでしまった。

(〇) ドッジボールをすると、寒さがふきとんで温まる。

(〇) 歌いながら歩くと、さみしさがふきとんで、一人でも平気だ。

(8) ——線㋒には、どんな神様がいますか。四人書きなさい。【一つ3点…12点】

(海)の神　(山)の神
(かまど)の神　(トイレ)の神

(9) ——線㋓とは、どんな様子ですか。合うものに〇をつけなさい。ちがうものに×をつけなさい。【一つ3点…12点】

(×) おこっている。

(〇) ぼんやりしている。

(×) ねむそうである。

(〇) 気がぬけている。

(10) ——線㋔の様子がわかる部分(ふ号をふくむ)を書きうつしなさい。【8点】

(かぎの神様は、)ネコをだき上げ、おどり出しました。

★ 人や物事のありさまを表す言葉なので、空らん前後をていねいに読み取り、その様子から言葉をえらびましょう。

★ 「ふきとぶ」には、「風などにふかれて物がとぶ」と「いっぺんに消えてなくなる」の意味があります。

テスト50 標準レベル 八、観察記録文

時間 10分　合格点 80点

1 次の文章を読んで、後の問いに答えなさい。

四月二十七日
ツバメが車庫のかべに、土とかれ草ですを作っていました。たまごもあったので、そっと見守ることにしました。
五月十一日
ツバメのたまごがかえりました。ヒナは全部で四羽です。ヒナは、大きな口で親からえさをもらっていました。
六月五日
ヒナがすからとび立ちました。でもまだ近くの電線にとまって、親にえさを運んでもらっているようです。

(1) ツバメは、何ですを作っていましたか。【10点】

（土とかれ草）

(2) 文章に合うものには○を、合わないものには×をつけなさい。【一つ10点…40点】

（×）ツバメがすを作っているときは、まだたまごはなかった。

（×）ヒナは全部で四羽で、そのうち二羽が親からえさをもらっていた。

（○）すからとび立ったヒナは、まだ親からえさをもらっているようだ。

（○）ヒナは大きな口をあけて、親からえさをもらっていた。

2 次の文章を読んで、後の問いに答えなさい。

たねがめを出すために、何がひつようか調べてみました。

まず、水分をふくませたわたとかわいたわたを用意して、それぞれの上にたねをのせ、めが出るかかんさつしました。

十日後、水分のあるわたにのせたたねは、めが出ましたが、かわいたわたにのせたたねは何もへん化がありません。このことから、たねがめを出すためには、水分がひつようなことがわかりました。

また、わたの上でもめが出ることから、土はとくにひつようでないのがわかりました。

(1) この文は、何を調べたことが書かれていますか。【20点】

（たねがめを出す）ために、（何がひつようか）

(2) (1)の答えを調べるために、はじめに用意したものをすべて答えなさい。【20点】

（水分をふくませたわた、かわいたわた、たね）

(3) たねがめを出すために、とくにひつようでないものは、何でしたか。一文字で答えなさい。【10点】

（土）

★ すを作っているときは、たまごもありました。

★「わたの上でもめが出る」とあります。

テスト51 標準レベル 八、観察記録文

時間 10分　合格点 80点

● 次の文章を読んで、後の問いに答えなさい。

九月十四日
午後六時ごろ、西の空のひくい場所に、細い糸のような三日月が見えました。その月は、七時になると、地平にしずんで見えなくなりました。
九月十九日
午後六時ごろに太陽がしずむと、南の空の高い所に、半円の月が見えました。円の右半分が光っている月です。上げんの月というそうです。九時に見ると、月は西の空にありました。そして、真夜中に見たときは、地平にしずんでいて見えませんでした。
九月二十六日
午後六時ごろ、東の空に円い月が上ってきました。まん月です。真夜中に、月は南の空に見えました。そして、二十七日の朝、日の出の前に西の地平にしずみました。

(1) それぞれの月はどんな形をしていますか。【一つ10点…30点】

・三日月
細い糸のような形。
・上げんの月
円の右半分が光っている半円の形
・まん月
円い形。

(2) 真夜中に南の空に見えた月はどれですか。よいものに○をつけなさい。【10点】

（　）三日月　（　）上げんの月　（○）まん月

(3) 次の図は、午後六時と真夜中の空の図です。それぞれの方角に見えた月を［　］からえらんで、（　）に記号を書きなさい。ないときは×をつけなさい。【一つ5点…30点】

〈午後六時〉 西（イ）　南（ウ）　東（ア）

〈真夜中〉 西（×）　南（ア）　東（×）

［ア ○　イ ☽　ウ ◗］

(4) 文章から分かることには○を、まちがっていたり、分からないことには×をつけなさい。【一つ10点…30点】

（×）月は、毎日同じ時こくに同じ方角に見える。

（○）まん月は、雲がなければひとばん中見えている。

（○）三日月は、上げんの月より見える時間が少なかった。

★ 日によって同じ時こく（午後六時ごろ）でも見える方角（西→南→東）はかわっています。

テスト52 標準レベル 八、観察記録文

時間 10分　合格点 80点

● 次の文章を読んで、後の問いに答えなさい。

七月二十二日に起こった、部分日食の様子をかんさつしました。部分日食というのは、月にかくされて、円い太陽がかけて見えることです。今回この場所からは、太陽のだいたい九十パーセントがかけて見えるそうです。それから、日食のかんさつのために、黒いフィルムをはった日食メガネを用意しました。太陽を直せつ見ると、目をいためるからです。

日食が始まったのは、九時四十分ごろです。日食メガネで太陽を見ていると、右上の方からだんだんかけてくるのがわかりました。半分くらいになったのは、十時二十分ごろです。十時四十分には、太陽は三日月ほどの細さになりました。このくらい太陽がかけても、太陽のかがやきはかわりません。太陽がいちばんかけて細くなったのは、その十六分後の十時五十六分です。この時でも、日ざしが少しやわらいだかなというくらいでした。
★［その後、太陽は、三日月のように見えたまま、その形が少しずつ太くなっていきました。十一時四十分には、半分くらいの大きさにもどりました。元の円い形にもどったのは、十二時十八分をすぎたころです。］日食が終わって、太陽が空はずっと明るいままでした。太陽はなんて強い光を出しているのだろうと思いました。

(1) 部分日食とは、どんなものですか。【15点】

太陽が月にかくされて、かけて見えること。

(2) ——線の「かけて」と同じ意味で使われているものには○を、ちがうものには×をつけなさい。【一つ5点…15点】

（×）エンジンをかけている。

（○）月がかけている。

（×）かたに水とうをかけて出かける。

(3) 日食のかんさつに使った道具を書きなさい。また、それを使うわけが書かれた一文の、はじめの五文字を書きなさい。【一つ10点…20点】

・道具
黒いフィルムをはった日食メガネ
・わけ
太陽を直せ

(4) 次の時こくと合う太陽の形を下からえらんで、番号を書きなさい。【一つ10点…40点】

九時四十分ごろ（③）
十時二十分ごろ（②）
十時四十分（④）
十時五十六分（①）

(5) ★の中にかなづかいのまちがいが一つあります。その字に×をつけなさい。【10点】

★ 本文の**「かける」**は、円形でなくなる意味で使われています。⇔**「みちる」**

★「いちばんかけて細くなった」⇒①をえらびます。

テスト53 ハイレベル 八、観察記録文

時間 10分　合格点 70点

● 次の文章を読んで、後の問いに答えなさい。

六月十八日（金曜日）
メダカが水草にたまごをうみつけていました。朝早く、うんだようです。たまごは、毛のようなもので水草にからみついています。大きさは一ミリくらいです。すきとおったたまごの中に、丸いつぶが見られます。㋐油てきという油のつぶだそうです。
六月二十二日（火曜日）
メダカのたまごの中に、頭や目ができているのが見えました。でもまだ、㋑それらの部分は、たまごと同じようにすきとおっています。
六月二十八日（月曜日）
たまごの中に、メダカのすがたが見えるようになってきました。黒い目玉がはっきり見えます。ときどき、㋒赤いえき体が流れているのもわかります。血えきや心ぞうが見えているのだそうです。
七月一日（木曜日）
たまごから、メダカの子ども（ち魚）がかえりました。大きさは、五ミリくらいです。おなかには、小さなふくろがついていました。中に、えいようが入っているそうです。そのせいか、㋓えさをやっても食べませんでした。

(1) ——線㋐の「油てき」とは何ですか。【20点】

メダカのたまごの中に見られる丸い油のつぶ。

(2) ——線㋑の「それらの部分」とは、何のことですか。【20点】

メダカのたまごの中にできた頭や目

(3) ——線㋒の「赤いえき体」とは何ですか。よい方を○でかこみなさい。【20点】

［（血えき）・目玉］

(4) ——線㋓の理由をかんさつした人はどう考えましたか。よいものを一つえらんで、○をつけなさい。【20点】

（　）メダカのお母さんにえさをもらっているから。

（　）自分でえさをとって、おなかの小さなふくろにためているから。

（○）ち魚のおなかについている小さなふくろに、えいようが入っているから。

(5) 次の文のうち、メダカのたまごのことには○を、メダカの子どものことには×をつけなさい。【一つ4点…20点】

（○）大きさは一ミリくらいである。

（×）大きさは五ミリくらいである。

（×）おなかにふくろがついている。

（○）毛のようなもので水草にからみついている。

（○）すきとおっている。

★ ——線㋓の直前に「そのせいか」とあります。何のせいなのかを読み取ります。

テスト54 ハイレベ（ハイレベル）

八、観察記録文

時間 10分　合格点 70点

● 次の文章を読んで、後の問いに答えなさい。

池でとってきたヤゴ（トンボのよう虫）が羽化を始めたので、かんさつすることにしました。ヤゴの形から、トンボのしゅるいは体の赤いアキアカネだと思われます。

午後八時すぎ、水中にいたヤゴが水から出て、水そうに立てておいた木のえだに上りじっとしていました。しばらく見ていると、九時ごろになって、ヤゴのせ中にわれ目ができトンボの頭が出てきましたが、とつぜん全く動かなくなりました。ぼくは、羽化がしっぱいして死んでしまったのではないかと、とても心配になりました。けれども、二十分くらいすると、また動き出したので、ほっとむねをなでおろしました。二十分の休けいの後、トンボは、足でヤゴのからをつかむようにして、おなかの部分を引っぱり出しました。

出てきたばかりのトンボの羽は、しわがよってちぢんでいます。おなかもすらっと長い形ではなく、短くずんぐりしています。体の色も黄色だったので、調べてみるとアキアカネの体が赤くなるのは秋になってからで、夏の間は黄色いままだそうです。

午後十時ごろ、ちぢんでいた羽がのびてきました。十時半をすぎたころには、羽はすっかりのびて、おなかも長くなりました。もう、いつでもとび立てそうです。

（1）何のかんさつをしましたか。【15点】

（アキアカネ）のヤゴの（羽化）

（2）ヤゴはどこからどこへい動して、羽化を始めましたか。【20点】

（水中）から（水そう）に立てた（木のえだ）

（3）どこにわれ目ができましたか。【15点】

（（ヤゴの）せ中）

（4）ヤゴのからからそれぞれの部分が出たじゅんに番号をつけなさい。【20点】

（3）むね・足　（1）頭　（2）おなか

（5）出てきたばかりのトンボの様子を書きなさい。【一つ5点…15点】

・体の色（黄色）
・羽（しわがよってちぢんで）いる。
・おなか（短くずんぐりして）いる。

（6）ヤゴのせ中にわれ目ができてから、羽がすっかりのびるまで、どれくらいかかりましたか。【15点】

（一時間半）

★ 羽がすっかり伸びたのは、十時半をすぎたころです。

テスト55 ハイレベ（ハイレベル）

八、観察記録文

時間 10分　合格点 70点

● 次の文章を読んで、後の問いに答えなさい。

七月十日

実の終わったイチゴのなえの根元から、ランナーというくきが長くのびていました。くきのとちゅうや先には、小さな葉もついています。ランナーがいつも土にふれているようにところどころに土をかけて、地面をはわせておきました。

九月二十日

ランナーの土にふれていた部分から、また、新しい根が出ていました。全部で三か所ありました。それぞれに新しい葉も出てきています。ランナーを切って、一つずつなえにして、新しい場所に植えかえました。

三月二十日

ランナーから作ったなえに、花がさきました。白くて円い花びらが五まいついた小さな花です。実がかならずつくように、おしべの花ふんをめしべにつけておきました。

四月二十一日

イチゴの実がじゅくして、赤くなりました。なえの根元からは、もうランナーがのび始めていました。

（1）ランナーとは何ですか。【20点】

（イチゴ）の（なえ）の（根元）から（長く）のびた（くき）。

（2）ランナーのところどころに土をかけたのは、なぜですか。【15点】

（ランナー）がいつも（土）に（ふれているように）するため。

（3）ランナーの土にふれていた部分から出てきたものを○でかこみなさい。【10点】

［葉・め・**根**］（根に○）

（4）一本のランナーから、いくつのなえができましたか。【10点】

（三）つ

（5）なえを植えてからどのくらいで花がさきましたか。また、花がさいてから実がじゅくすまでどのくらいかかりましたか。□に漢字を書きなさい。【一つ10点…20点】

花がさくまで（六）か月、その後、実がじゅくすまで（一）か月。

（6）花の様子を書いた一文のはじめの五文字を書きなさい。【15点】

（白くて円い）

（7）何のために――線のようなことをしたのですか。【10点】

（実がかならずつくようにするため。）

★ 「何のために」という問いですから、「～するため」と答えましょう。

テスト56 最レベ（最高レベル）　最レベにチャレンジ

八、観察記録文

時間 20分　合格点 60点

● 次の文章を読んで、後の問いに答えなさい。

五月十七日

田んぼにつづく用水路でカエルのたまごをみつけたので、持って帰りました。黒い点のようなたまごは、ぶよぶよとしてすきとおったゼリーみたいなものにつつまれています。水そうに入れて、たまごがかえるのをかんさつすることにしました。

五月十八日

水そうの中の水の温度が二十度しかなかったので、ヒーターで二十四度まで温めました。ついでに、ポンプで空気を少し送るようにしました。ゼリーの中のたまごは、たて横に何本もすじもようができていました。

六月一日

ゼリーにいくつもあなが開いて、たまごがかえりました。でも、出てきたおたまじゃくしは、まだおも短くて、㋐うまく泳げないようです。水草にみんなでくっついて動きません。㋑口もできていないのか、えさをあたえても食べませんでした。

六月十一日

おたまじゃくしのおがのびて、水の中を泳ぎ回るようになりました。口もできたようで、えさを食べています。えさは、細かくした金魚のえさと、ゆでてやわらかくした緑のなっ葉です。

七月三日

おたまじゃくしのおのつけ根の両がわに、ふくらみができてきました。このごろ、おたまじゃくしは、とてもよくえさを食べます。今は、なっ葉よりかつおぶしやイトミミズの方がすきなようです。えさが足りなくなると、とも食いといって、おたまじゃくしどうしで食べ合ってしまうので、えさをじゅうぶんにあたえるように注意しています。

七月十七日

おのつけ根のふくらみがのびて、足になりました。

八月二日

おたまじゃくしに前足が出てきました。でも、すがたはまだおたまじゃくしのままで、水中を泳いでいます。それでも、いつでも水から上がれるように、水そうの中に石と木でりく地を作りました。

八月八日

おたまじゃくしのおが短くなって、頭の形がカエルらしくなってきました。りく地にいる時間の方が多くなってきています。

八月十六日

おたまじゃくしのおは、全部なくなりました。すっかりカエルのすがたです。

（1）どこでカエルのたまごを見つけましたか。【10点】

（田んぼにつづく用水路）

（2）たまごの様子が書いてある一文のはじめの五文字を書きなさい。【10点】

（黒い点のよ）

（3）おたまじゃくしにちょうどよい水の温度を書きなさい。【10点】

（二十四）度

（4）――線㋐、――線㋑は、それぞれ、どんな様子をかんさつして思ったことですか。【一つ5点…10点】

㋐…（水草）に（みんな）で（くっつい）て（動）かない様子。

㋑…（えさ）を（あたえ）ても（食べ）ない様子。

（5）おがのびたころのおたまじゃくしのえさをくわしく書きなさい。【10点】

（細かくした金魚のえさ。ゆでてやわらかくした緑のなっ葉。）

（6）おのつけ根にふくらみができてから、足になるまでに、何日間かかりましたか。それぞれかんさつした日もふくめて数えます。【10点】

（十五）日間

（7）文章の言葉を使って、「とも食い」をせつ明しなさい。【10点】

（おたまじゃくし）どうしで（食べ合ってしまう）こと。

（8）八月二日に何を作りましたか。【10点】

（水そうの中）に（石と木）で（りく地）を作った。

（9）たまごがかえってから、カエルになるまで、およそどれくらいかかりますか。□に漢字を書きなさい。【10点】

（二）か月（半）

（10）カエルのたまごがカエルになるまで、じゅんに番号をつけなさい。【10点】

（5）前足が出てきた。
（3）おがのびてきた。
（1）たまごにすじもようができた。
（4）イトミミズなどをよく食べるようになった。
（6）おが短くなり、りく地にいる時間の方が多くなってきた。
（2）ゼリーにあなが開いて、おたまじゃくしが出てきた。
（7）おが全部なくなった。

★ 六月一日のかんさつ⇒たまごがかえる。八月十七日のかんさつ⇒すっかりカエルになる。

★ 空らん直後に「発くつ」とあります。

テスト57 標準レベル 九、見学記録文

時間 10分 合格点 80点 ／ 点

1 次の文章を読んで、後の問いに答えなさい。

はく物館のきょうりゅうてんを見にいきました。動くティラノサウルスのもけいは、大きな口の中にとがった歯がならんでいて、おそろしかったです。また、全身のほねの化石も見ました。一つ一つのほねが大きくて、おどろきました。こんなに［あ］て強そうな動物が、どうしていなくなったのか、とてもふしぎに思いました。

それから、［い］の発くつの様子も、写真で見ました。すべて手作業で、たいへんな仕事だなと思いました。

(1) ――線は、ティラノサウルスのもけいの何がおそろしかったのですか。【20点】

大きな口の中に（とがった歯）が（ならんで）いるところ。

(2) ［あ］に入るもっともよい言葉に、○をつけなさい。【15点】

（　）重く　（○）大きく　（　）おもしろく　（　）するどく

(3) ［い］に入る言葉を、文章の中から二文字で書き出しなさい。【15点】

化石

2 次の文章を読んで、後の問いに答えなさい。

テレビの放送局を見学しました。放送局は、㋐スタジオといって番組をさつえいする場所がいくつもありました。歌番組やドラマをさつえいしていて、ふしぎな感じでした。そして、スタジオでは、㋑カメラでさつえいする人のほかにも、たくさんの人がはたらいていました。音声係やしょう明係、時間を計る人、全体をとり仕切るディレクターとよばれる人などです。テレビの［　］が、たくさんの人の力で作られていることが、よく分かりました。

(1) ――線㋐とは、どんな場所のことですか。【15点】

（番組をさつえいする）場所

(2) ――線㋑のほかに、スタジオではたらく人の仕事はいくつ書かれていますか。【20点】

（四）つ

(3) ［　］に入る言葉を、文章の中から二文字で書き出しなさい。【15点】

番組

テスト58 標準レベル 九、見学記録文

時間 10分 合格点 80点 ／ 点

● **次の文章を読んで、後の問いに答えなさい。**

ぼく場で、牛をかっている様子を見学しました。ぼくたちがいつもきゅう食で飲んでいる牛にゅうを作ってくれているぼく場です。

近くで見る牛はけっこう大きくて、少しこわかったです。このぼく場では、牛にゅうをしぼるとき、きかいを使っているそうですが、ぼくたちのために、手でしぼるところを見せてくれました。おちちを引っぱられていたそうに見えましたが、牛はおとなしかったです。［　］、しぼった牛にゅうをまぜるきかいやさっきんするきかい、びんづめするところを見ました。ばいきんが牛にゅうに入らないように、それぞれのきかいやびんは、使うたびに消どくするそうです。また、牛小屋や牛の体も、とてもせいけつでした。牛にゅうを作るために、こんなにそうじや消どくがひつようであるということをはじめて知りました。ぼく場の仕事は、とてもたいへんだなあと思いました。

(1) ぼくたちは、どこを見学しましたか。【20点】

（きゅう食）で（飲ん）でいる（牛にゅう）を（作っ）てくれている（ぼく場）。

(2) ぼくたちのために、いつもとちがうどんなところを見せてくれましたか。【20点】

（きかい）を使わずに（手）で（牛にゅう）を（しぼ）るところ。

(3) ［　］にあてはまる言葉に、○をつけなさい。【20点】

（　）それでは　（　）それでも　（○）それから　（　）それとも

(4) ――線は、どんなきかいがありましたか。二つくわしく書きなさい。【一つ10点…20点】

（しぼった牛にゅうをまぜる）きかい

（しぼった牛にゅうをさっきんする）きかい

(5) 次の文で、ぼくが思ったことに○を、せつ明を聞いたことに×をつけなさい。【一つ5点…20点】

（○）ぼく場の仕事はたいへんだ。

（×）きかいやびんは、使うたびに消どくしている。

（×）牛にゅうをしぼるとき、きかいを使っている。

（○）牛を近くで見ると、少しこわかった。

★ 本文中の「～そうです。」の文には、せつ明を聞いた事が書かれています。

テスト59 ハイレベ（ハイレベル） 九、見学記録文

時間 10分 合格点 70点 ／ 点

● **次の文章を読んで、後の問いに答えなさい。**

石けん工場へ見学に行きました。工場に着くとすぐ、石けんのいいにおいがしてきました。［あ］、これはこうりょうというにおいのもとのかおりで、石けんそのものにあまりにおいはないそうです。［い］、こうりょうをかえると、いろんなにおいの石けんが作れるそうです。

わたしたちがはじめに見たのは、石けんの原りょうをまぜる大きなかまです。石けんは、しぼうさんという油と、かせいソーダという薬品から作られます。大きなかまは火で温められていて、工場の中はとても暑かったです。［う］、まぜる人はあせをかきながらがんばっていました。原りょうのまぜ具合、温め具合は、すべて手につたわる感じで分かるのだそうです。

［え］、どろどろのとけた石けんのもとにこうりょうなどを入れて、きかいで練るところを見ました。これをかためると、石けんができ上がるそうです。でき上がった石けんをさわらせてもらったら、まだ少し温かかったです。さい後に、手で一つずつ、紙につつんで箱に入れるところを見学しました。

手作りの石けんには、多くの手間がかかっていることを知りました。だから、大切に使おうと思いました。

(1) ［あ］～［え］に入る言葉を、◯でかこみなさい。【一つ5点…20点】

［あ］…（また・でも）　※「でも」に○

［い］…（だから・しかし）　※「だから」に○

［う］…（それとも・それでも）　※「それでも」に○

［え］…（それで・それから）　※「それから」に○

(2) こうりょうとは何ですか。六文字で書きなさい。【20点】

においのもと

(3) 石けんの原りょうを書きなさい。【20点】

しぼうさんと かせいソーダ

(4) ――線はなぜですか。よいもの一つに○をつけなさい。【20点】

（　）大ぜいの人がいるから。

（　）力を使う仕事だから。

（○）火を使っているから。

(5) 石けんができるじゅんに番号をつけなさい。【20点】

（4）紙につつんで箱に入れる。

（2）石けんのもとにこうりょうを入れて練る。

（1）原りょうをまぜて、温める。

（3）石けんのもとをかためる。

★ ――線の直前に「火で温められていて」とあります。

テスト60 ハイレベ（ハイレベル） 九、見学記録文

時間 10分 合格点 70点 ／ 点

● **次の文章を読んで、後の問いに答えなさい。**

天文科学館で、プラネタリウムを見ました。プラネタリウムというのは、たて物の中できかいを使って星空を見せるものです。今回は、冬の星ざのオリオンざや、おおいぬざ、ふたござなどのせつ明を聞きました。プラネタリウムで見る星ざは、線でむすんであるので、実さいの夜空で見るよりずっと分かりやすかったです。

せつ明の中でいちばんおもしろいと思ったのは、オリオンざと夏の星ざのさそりざとは決して同じ空には見えないという点です。神話によると、かりの名人オリオンは、どくを持つさそりにさされて死んだそうです。だから、星空の中でもオリオンはさそりからにげていて、さそりざが夜空に見え出す五月ごろには地平線にしずんで見えなくなるそうです。星になってもにげ回るなんて、よほどさそりがこわかったんだと、思いました。それから、ここからは見られない南半球の星ざも見ました。南十字ざや、みずへびざ、コンパスざなどです。こんなめずらしい星ざが見られるのも、プラネタリウムのいいところだと思いました。

ほかにも、北の空で動かないと思っていた北きょく星が、実は動いていることなど、星のことをたくさん知ることができました。

(1) プラネタリウムは、どんなものですか。【15点】

（たて物の中）で、（きかい）を使って（星空）を（見せる）もの。

(2) プラネタリウムで見る星ざは、夜空で見る星ざとどんなところがちがいますか。【15点】

星を（線）で（むすんである）ところ。

(3) オリオンざとさそりざが同じ空に見えないわけをくわしくせつ明している、つづいた二文の、はじめの四文字を書きなさい。【15点】

神話によ

(4) 次の星ざで、南半球の星ざには○を、ちがうものには×をつけなさい。【一つ5点…35点】

（×）おおいぬざ　（○）南十字ざ

（×）オリオンざ　（×）ふたござ

（○）みずへびざ　（×）さそりざ

（○）コンパスざ

(5) プラネタリウムのいいところは、どんなところですか。よいものに○を、ちがうものに×をつけなさい。【一つ5点…20点】

（×）北きょく星が動かないところ。

（○）めずらしい星ざが見られるところ。

（○）星ざの形が分かりやすいところ。

（×）たくさんの流れ星を見ることができるところ。

★ 3～4行目の「プラネタリウム～ずっと分かりやすかったです。」⇒「星ざの形が分かりやすい」ということです。

テスト61 最レベ（最高レベル） 九、見学記録文

時間 20分　合格点 60点

● 次の文章を読んで、後の問いに答えなさい。

わたしたちの飲み水を作ってくれているじょう水場を見学しました。じょう水場に着くと、まず、係の人が安全でおいしい水の作り方を図を使ってせつ明してくれました。

[あ]、じょう水場が二十四時間、休みなくはたらいていることも、教えてくれました。じゃ口をひねるといつでも水が出てくるべんりな生活は、じょう水場が休みなく水を作ってくれているからだと知りました。その後、わたしたちは、実さいに水を作っている所を、あん内してもらいました。

さいしょに見たのは、ちんさ池です。川から取り入れた水をためて、水の中のごみやすなを下にしずめる所です。近くで見ると、ちんさ池の水はにごっていて、あまりきれいとはいえないものでした。[い]、これが本当に飲める水になるのか、少し心配になって係の人にたずねました。[う]、係の人は、ちんさ池の水は川の水そのままなので川のよごれがよく分かると、答えてくれました。

それから、次に見たのはちんでん池です。㋐薬を入れて、水のにごりを小さなかたまりにして下にしずめる所です。ちんでん池の水は、さいしょのちんさ池の水よりもきれいになっているようで、少し安心しました。そして、つづいてろか池を見学しました。ろか池では、ちんでん池から送られてきた水が、すなやじゃりの中を通ってかん全にすきとおった、きれいな水になるところを見ました。㋑この水ならなんだか飲めそうな気がしてきましたがこれはまだ、飲むことはできないそうです。

ろか池の次は、水にえんそという薬を入れて消どくするところを見ました。えんそは、水の中のばいきんをころす役わりをしていて、これが終わってはじめて飲み水になるそうです。じゃ口から出てきた水をそのまま飲んでも平気なのは、このように、消どくをしているからだと分かりました。そして、係の人が言うには、昔はもっとたくさんのえんそを入れていたそうです。川の水がそれだけよごれていたからで、それにくらべると、今はずいぶんえんそのりょうが少なくなったらしいです。川をきれいにしようと、多くの人が考えるようになったからで、これからも、そのど力をつづけていければいいなあと思いました。

さいごに、でき上がった水を送り出す送水ポンプを見学しました。とても大きなきかいで、そこから出ている水道かんも太くてびっくりしました。何十万人もの人が使う水を送り出すためには、これくらい太くないと足りないのだそうです。そして、このポンプが止まると、それぞれの家や工場、学校などに水がとどかなくなります。だから、これはとても大切なきかいなのだと、教えてもらいました。

じょう水場を見て思ったのは、安全な水を作るためには、たいへんな手間がかかるということです。水のむだ使いはやめようと、強く思いました。

(1) [あ]～[う]に入る言葉を、○でかこみなさい。【一つ4点…12点】

[あ]…（〔それから〕・それとも）

[い]…（しかし・〔だから〕）

[う]…（〔すると〕・また）

(2) 水を作っている所を見る前に、どんなせつ明を聞きましたか。二つ書きなさい。【一つ5点…10点】

・（安全でおいしい水）の作り方。

・じょう水場が（二十四）時間、（休みなくはたらいている）こと。

(3) ちんさ池のそこにたまっている物を二つ書きなさい。【一つ5点…10点】

（ごみ）（すな）

(4) ちんさ池の水を見ると何が分かるのですか。五文字で書きなさい。【6点】

川のよごれ

(5) ——線㋐は何の薬ですか。【6点】

水のにごりをかためる薬。

(6) ——線㋑は、どんな水ですか。十五文字（ふ号はふくまない）で書きなさい。【6点】

かん全にすきとおったきれいな水

(7) えんその役わりを二通りの言い方で書きなさい。【一つ5点…10点】

・水を（消どく）する。

・水の中の（ばいきん）を（ころ）す。

(8) どちらの水がきれいですか。よい方に○をつけなさい。【6点】

（　）昔の川の水　（○）今の川の水

(9) 川の水がわたしたちにとどくまでを図にしました。（　）に合う言葉を[　]からえらんで、記号で書きなさい。【一つ4点…24点】

（㋒）→（㋖）→（㋓）→（㋑）→（㋐）→（㋕）→ 家・工場・学校など

（㋔）

㋐ 送水ポンプ　㋑ ろか池　㋒ 川　㋓ ちんでん池　㋔ じょう水場　㋕ 水道かん　㋖ ちんさ池

(10) この文章は、大きく三つの意味だん落に分けられます。二だん落と三だん落のはじめの五文字を書きなさい。【一つ5点…10点】

二だん落　さいしょに

三だん落　じょう水場

★ 「図を使ったせつ明」「じょう水場内の見学」「わたしの思ったこと」の三つに分けることができます。

★ 五月十八日の記ろくで「きのう～生まれました。」とあります。

テスト62 リビューテスト（復習テスト） 3－①

時間 10分　合格点 70点

● 次の文章を読んで、後の問いに答えなさい。

五月十八日（火曜日）

学校でかっているウサギに、きのう子どもが生まれました。全部で六ぴきです。生まれたばかりのウサギの赤ちゃんは、毛が生えてなくて、ピンク色のはだが見えています。耳も大きくありません。目もとじたままで、見えていないようです。

六月一日（火曜日）

ウサギの赤ちゃんは毛が生え、目も開いてきて、㋐ウサギらしいすがたになってきました。でも、まだえさは食べられません。お母さんのおちちを飲んでいます。

六月八日（火曜日）

ウサギの赤ちゃんにえさを少しあたえてみたら、食べました。㋑もちろん、おちちも飲んでいますが、これから少しずつえさをあたえていこうと思います。

八月三十一日（火曜日）

㋒赤ちゃんだったウサギの子どもたちは、親とかわらない大きさになりました。

(1) ウサギの赤ちゃんは、いつ生まれましたか。【20点】

（五）月（十七）日（月）曜日

(2) 生まれたばかりのウサギの赤ちゃんは、どんな様子でしたか。【一つ5点…20点】

・毛は（生えて）いない。

・はだは（ピンク）色だ。

・耳は（大きく）ない。

・目は（とじたまま）だ。

(3) ——線㋐に合うものに○を、ちがうものや分からないものに×をつけなさい。【一つ5点…20点】

（×）耳が大きく、長くなった。

（○）毛が生えてきた。

（×）はだが白くなった。

（○）目が開いてきた。

(4) ——線㋑「もちろん」と同じような意味の言葉として、もっともよいものに○をつけなさい。【20点】

（　）言うとおり

（　）言ってみれば

（○）言うまでもなく

(5) ——線㋒の数を漢字で書きなさい。【20点】

六 ぴき

★ 「もちろん」は、はっきりしているさまです。

テスト63 リビューテスト（復習テスト） 3－②

時間 10分　合格点 70点

● 次の文章を読んで、後の問いに答えなさい。

中央おろし売り市場へ見学に行きました。㋐おろし売り市場は、わたしたちがふだんの生活で買い物をする小売りの市場とはちがいます。魚や野さいなどの品物をいろんな地いきから集めて、㋑わたしたちが買い物をするお店やスーパーにせりという方ほうで売る市場のことです。

わたしたちが見学に行ったときは、野さいのせりが行われていました。㋒せり台におかれたトマトを見て、なか買人とよばれる人たちが声を出していました。早口すぎて何と言っているのかよくわかりませんでしたが、なか買人は自分の買いたいねだんを言っているそうです。そして、いちばん高いねだんを言った人が、そのトマトを買うことができます。これがせりだと、市場の人が教えてくれました。

なか買人は、それぞれのお店を代表しています。そして、このせりで決まったねだんをもとにして、お店で売るときのねだんを決めるそうです。[あ]は、物の[い]を決めている所なのだと知りました。

(1) ——線㋐をくわしくせつ明している一文の、はじめの五文字を書きなさい。【10点】

魚や野さい

(2) ——線㋑をべつの言い方で表している六文字の言葉を書きなさい。【20点】

小売りの市場

(3) ——線㋒を買うことができるのは、どんな人ですか。【20点】

いちばん高いねだんを言ったなか買人。

(4) なか買人の仕事として正しいものに○を、ちがうものに×をつけなさい。【一つ10点…30点】

（×）品物をいろんな地いきから集める。

（○）おろし売り市場に品物を買いにいく。

（○）せりで、自分の買いたいねだんを言う。

(5) [あ]・[い]に入る言葉を[　]からえらんで、記号で答えなさい。【一つ10点…20点】

[あ]（イ）　[い]（オ）

ア、せり　イ、おろし売り市場　ウ、なか買人　エ、買い方　オ、ねだん

★ 直前の二文を短くまとめると、空らんの文になります。

〈きりとり線〉

テスト64 標準レベル 十、説明文(2)

時間 10分　合格点 80点

1 次の文章を読んで、後の問いに答えなさい。

秋になると、木ぎの葉が赤や黄に色づきますが、赤色と黄色とでは葉の色づく仕組みがちがいます。

赤くなるのは、葉にたまったでんぷんが日光に当たって赤い色そアントシアニンにかわるからです。

しかし、黄色くなるのは、葉を緑色に見せている葉緑そがこわれてなくなり、元からあるカロチンという黄色の色そが目立つようになるからです。

そして、そのどちらも、冬にそなえて葉を落とすためのじゅんびなのです。

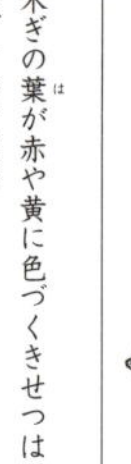

(1) 木ぎの葉が赤や黄に色づくきせつは、いつですか。【10点】

（秋）

(2) 何が――線のアントシアニンに、かわりますか。【10点】

（葉にたまったでんぷん）

(3) 次のものは、それぞれ何色ですか。――でつなぎなさい。【一つ10点・30点】

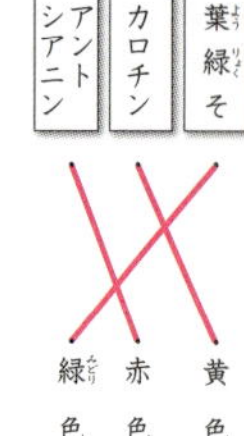

葉緑そ――緑色
カロチン――黄色
アントシアニン――赤色

2 次の文章を読んで、後の問いに答えなさい。

ピグミーマーモセットは、世界でいちばん小さなサルです。大人になっても、体長は十四センチにしかなりません。南アメリカのアマゾン川の近くに住んでいて、虫や木の実、木のしるなどを食べています。

このサルは木のしるを食べるために、前日のうちに木のみきに歯できずをつけます。そして、次の日の朝、きずにたまったしるを食べます。次の日の食物を前日から用意するなんて、かしこいサルだと思いませんか。

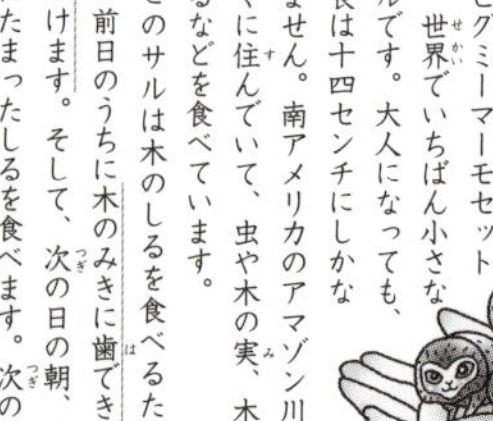

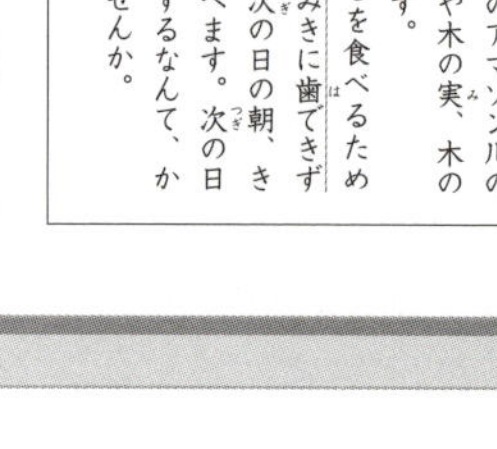

(1) ピグミーマーモセットは、どんなサルですか。【一つ10点・30点】

・体長（十四センチ）
・住んでいる場所（南アメリカのアマゾン川の近く）
・食べ物（虫や木の実、木のしる）

(2) なぜ、――線のようなことをするのですか。【一つ5点・20点】

［きず］に［たまっ］た［しる］を［食べる］ため。

テスト65 標準レベル 十、説明文(2)

時間 10分　合格点 80点

● 次の文章を読んで、後の問いに答えなさい。

物を食べておいしいと思うのは、わたしたちの体に味を感じる部分があるからです。口の中のしたには味らいとよばれる細ぼうがあり、ここに水やつば（だえき）にとけた食物がふれると味を感じます。そんな味らいは、大人の人のしたにだいたい九千こあるといわれています。［あ］、味らいが感じる味は、したの場所によってちがいます。

［い］、あまい味はしたの真ん中のあたりで感じ、から味やすっぱさはしたの両がわで感じています。

［う］、おいしいと思うためには、鼻の役わりも大きいです。鼻は、息の通り道だけでなく、においを感じる部分でもあります。鼻のおくにはにおいを感じる細ぼうがあり、食べたときの食物のにおいも感じとれます。そして、したが感じる［え］の上に、［お］がくわわることで、人はその食物をおいしいと思うのです。

(1) ［あ］～［う］に入る言葉を、○でかこみなさい。【一つ10点・30点】

［あ］（ それで ・ ㋐そして ・ または ）→ そして
［い］（ ところで ・ なぜなら ・ たとえば ）→ たとえば
［う］（ また ・ では ・ だから ）→ また

(2) 味らいについて、それぞれの問いに答えなさい。【一つ15点・30点】

① 体のどこにありますか。また、大人で何こくらいありますか。

・［口の中］の［した］にある。
・（九千）こくらいある。

② いろいろな味は、したのどこで感じていますか。それが分かる一文の、終わりの五文字（ふ号はふくまない）を書きなさい。

［じています］。

(3) 鼻の役わりを二つ書きなさい。【一つ10点・20点】

・（息）の（通り道）。
・（におい）を（感じ）る。

(4) ［え］・［お］に入る言葉を［　］からえらんで、記号で答えなさい。【一つ10点・20点】

［え］（ウ）　［お］（イ）

ア、おいしさ　イ、におい
ウ、味　エ、味らい

★「物を食べておいしいと思う」ことを、「鼻の役わり」とともにまとめている文です。

テスト66 標準レベル 十、説明文(2)

時間 10分　合格点 80点

● 次の文章を読んで、後の問いに答えなさい。

電気が流れる道すじのことを回路といい、その回路に流れる電気を電流といいます。

そして、電流には次の三つのものを作り出すはたらきがあります。

その一つは、ねつです。電気の回路には金ぞくのどう線が使われますが、金ぞくには電気が流れやすいものとそうでないものがあります。電気が流れにくいどう線に電流が通るとき、どう線はねつであつくなります。わたしたちは、そんな電流の㋐発ねつ作用を身近な所で使っています。電気ストーブやドライヤー、アイロンやすいはんきなどがそうです。また、もう一つは光です。電流によってねつが発生したとき、同時に光も出るのです。電球が明るくかがやくのは、電球の中のフィラメントという部分に電流が流れているからです。このとき、電球をさわると、ほんのりあたたかいのがわかります。これは、電流が光とねつを同時に作っているしょうこです。

のこりの一つは、じしゃくです。電流によって作られるじしゃくを㋑電じしゃくといいます。電じしゃくは、じしゃくの強さやエヌエスのきょくを自由にかえられるので、たいへんべんりです。そのため電気で回転するモーターや、スイッチで音が鳴るベルなどに使われています。とくにモーターは、電車やエレベーターなど身近にたくさん使われる物です。

(1) 電流とは何ですか。【15点】

（回路）に（流れ）る（電気）

(2) 電流が作り出す三つのものをそれぞれ□に合うように書きなさい。【一つ5点・15点】

［ねつ］・［光］・［じしゃく］

(3) ――線㋐の「発ねつ作用」についてまとめました。それぞれよい方を、○でかこみなさい。【一つ10点・20点】

電気が流れ｛やすい・にくい｝どう線に｛電流・回路｝が通るとき、どう線はあつくなる。→ にくい／電流

(4) 電球はどの部分が明るくかがやくのですか。六文字で書きなさい。【14点】

［フィラメント］

(5) ――線㋑の「電じしゃく」は、なぜべんりなのですか。【一つ6点・18点】

じしゃくの［強さ］や［エヌエス］の［きょく］を自由にかえられるから。

(6) 次のうち、「発ねつ作用」を使っているものには○を、「電じしゃく」を使っているものには×をつけなさい。【一つ3点・18点】

（×）エレベーター　（○）ドライヤー
（○）アイロン　（×）ベル
（○）すいはんき　（○）電気ストーブ

★ 直後の文の「～ので」までが、べんりなことの理由になります。

テスト67 ハイレベル 十、説明文(2)

時間 10分　合格点 70点

● 次の文章を読んで、後の問いに答えなさい。

多くの植物は、花をさかせてたねを実らせ、そのたねでふえていきます。［あ］、このようにたねを作る植物は、実は植物の中では新しいしゅるいなのです。古いしゅるいの植物は花がさかず、たねを作りません。そのかわり、ほうしというものでふえていきます。

そんなほうしでふえる植物に、キノコのなかまやコケのなかまがあります。さらに、山さいとして知られているワラビやゼンマイ、お正月のかざりに使うウラジロなどのシダのなかまも、その一つです。シダのなかまは、きょうりゅうの時代よりも古い、三おく五千万年くらい前から地球上に生えていた植物です。［い］、そのころたくさんあったシダの大木は、今は地中深くにうもれて、石炭になっています。

このようなシダのなかまが作るほうしは、ほうしのうとよばれるふくろに入っていて、これがはじけると中からほうしが出てきます。ほうしのうは、葉のうらにある場合が多いです。しゅるいによっては、くきの先にほうしのうだけをつける、とくべつなものがあります。このくきを、ほうしけいといいます。春になると土から出てくるツクシは、スギナというシダのなかまのほうしけいです。ツクシは、スギナがほうしをとばすために地上にのびたもので、地下でスギナのくきとつながっています。

(1) ［あ］と［い］に入る言葉を、○でかこみなさい。【一つ10点・20点】

［あ］（ だから ・ しかし ・ それで ）→ しかし
［い］（ たとえば ・ すると ・ そして ）→ そして

(2) 古いしゅるいの植物に○をつけなさい。【15点】

（　）たねでふえる植物
（○）ほうしでふえる植物

(3) ほうしでふえる植物には、何のなかまがありますか。三つ書きなさい。【一つ5点・15点】

・（キノコ）のなかま
・（コケ）のなかま
・（シダ）のなかま

(4) 石炭は、もともと何でしたか。【15点】

（三おく五千万）年くらい前の（シダ）の（大木）

(5) シダのなかまのほうしのうは、どの部分にありますか。二つ書きなさい。【一つ10点・20点】

・（葉）のうら・（くき）の先

(6) 文章に合うものには○を、合わないものや分からないものには×をつけなさい。【一つ5点・15点】

（×）花がさいた後、ほうしができる。

（×）ワラビやゼンマイはコケのなかまだ。

（○）ツクシは、スギナのほうしけいだ。

★「ほうし」「ほうしのう」「ほうしけい」は、それぞれ何なのかをたしかめてから答えましょう。

テスト68 ハイレベ（ハイレベル） 十、説明文(2)

時間 10分　合格点 70点

● 次の文章を読んで、後の問いに答えなさい。

火山は、地下深くのマグマが地上にふき出て作られる山のことです。マグマというのは、どろどろにとけた岩石のことで、地下深くのマグマだまりという所にたくわえられています。そして、マグマの中にあるガスの力が大きくなると、地表の岩をつきやぶって出てくるのです。これをふん火といいます。また、ふん火で地上に流れ出たマグマをよう岩、空中にふきとばされてかたまった岩を火山だんや火山れき、それよりも小さなちりを、火山ばいといいます。よう岩の温度は九百度から千二百度もあるので、ふれる物はみんないっしゅんのうちにもえてしまいます。また、ふん火のときには、有どくな火山ガスが出たり、高温の火山ばいが火山ガスといっしょに高速で山はだをすべり落ちてくる火さい流が起こったりすることもあります。これらにまきこまれると、人の命は一たまりもありません。火山のふん火は、おそろしいものなのです。

しかし、火山がもたらすのはおそろしいことばかりではありません。わたしたちのすきな温せんは、火山がないとできないからです。地下にしみこんだ水がマグマのねつで温められ、火山ガスのせい分などがとけこんだものが温せんです。温せんのわく所ではくさいにおいがしますが、それはイオウという火山ガスのせい分の一つです。

(1) マグマとは何ですか。十文字で書きなさい。【20点】

どろどろにとけた岩石

(2) 次の図は、火山のふん火を表しています。（　）に合う言葉を［　］からえらんで、記号で答えなさい。【一つ4点…20点】

（イ）　（ア）（エ）　（ウ）　火山　（オ）　…マグマ

ア、火山だん　イ、火山ばい
ウ、よう岩　エ、火山れき
オ、マグマだまり　カ、岩石

(3) 火さい流にふくまれるものを、四文字で二つ書きなさい。【一つ10点…20点】

火山ガス　火山ばい

(4) ―――線の言葉の使い方でよいものには○を、まちがっているものには×をつけなさい。【一つ10点…20点】

（○）大風がふくと、庭の木は一たまりもありません。
（×）みんな帰ってしまったので、公園には一たまりもありません。

(5) 火山がもたらすよい物とは何ですか。【20点】

（温せん）

★ 4～6行目にそれぞれのせつ明があります。

★ 「一たまりもない」は、「わずかの間も持ちこたえられない」という意味です。

76

テスト69 ハイレベ（ハイレベル） 十、説明文(2)

時間 10分　合格点 70点

● 次の文章を読んで、後の問いに答えなさい。

四年に一度開かれる世界で一番大きなスポーツ大会が、オリンピックです。そもそもオリンピックは、二千年い上昔に、ギリシャという国で始まったものでした。㋐そのころは、神様にささげるものとして、スポーツ大会を開いていました。［あ］、たとえとなりの町とせんそうしていても、神様のために、せんそうを中だんしてオリンピックは開かれたのです。［い］、このせんそうをやめてまで開かれた昔のオリンピックを㋑平和のシンボルにしようとふっ活させたのが今のオリンピックなのです。

それを考えたのは、フランス人のクーベルタンという人です。今から百年い上前の一八九六年に、第一回の大会がギリシャのアテネという都市で開かれました。平和なスポーツ大会にしようという考えの下で、どんな国でもさんかすることができ、はだの色やしんじる神様のちがいによって、さんかする人を区べつしないと決まっています。㋒その考え方をよく表しているのが、㋓オリンピックのマークの五つのわです。赤・緑・黒・黄・青の五色のわは、世界の五つの大りくを表しています。そして、それが横にならんで手をつないでいるような形は、「世界中の人が、このわのようになかよくしていこう」という意味がこめられています。

(1) ［あ］と［い］に入る言葉をえらんで、記号を書きなさい。【一つ10点…20点】

（い）そして　（　）しかし
（あ）だから

(2) ―――線㋐は、いつごろですか。【15点】

（二千年い上昔）

(3) ―――線㋑とありますが、昔のオリンピックのどんなことが、平和のシンボルになったのですか。一つえらんで○をつけなさい。【15点】

（　）神様にささげるものだということ。
（　）ギリシャで始まったということ。
（○）せんそうをやめてまで開かれたということ。

(4) 決まり通りに行われたとすると、第二回の大会は、何年に開かれましたか。【15点】

（一九〇〇）年

(5) ―――線㋒についてくわしく書かれている一文の、はじめの五文字を書きなさい。【15点】

平和なスポ

(6) ―――線㋓には、どんな意味がこめられていますか。【一つ10点…20点】

（世界中の人）が（なかよく）していこう。

★ 第一回大会は一八九六年なので、その四年後が第二回大会になります。

77

テスト70 最レベ（最高レベル） 最レベにチャレンジ 十、説明文(2)

時間 20分　合格点 60点

● 次の文章を読んで、後の問いに答えなさい。

わたしたちの生活に、石油はなくてはなりません。車を動かすのにも、電気を作るのにも、石油が使われています。そんな石油はもともと、大昔のプランクトンのような小さな生物の死がいが地中で長い年月がかかってへん化したもので、化石ねんりょうとよばれています。化石というだけあって、石油のほとんどは地下深くにうもれています。石油がうまっている場所を油田といいます。油田では、石油をほり出すまでだいたい数千メートル地下をほります。［あ］、油田からほり出された石油は原油とよばれ、そのままでは使いません。原油は、せい油所（石油せいせい工場）といわれるたて物で、使いやすいように、とう油やガソリンなどのせい分に分けられるのです。

さらに、この油田からせい油所に原油を運ぶときに使われるのが、パイプラインやタンカーです。パイプラインは、主に、りく地で原油を運ぶのに使われます。油田からパイプをつなげば、どこまでも原油を運ぶことができるので、べんりです。［い］、わたしたちの国のようにまわりを海でかこまれているときは、そうもいきません。そんな場合は、タンカーという船が役に立ちます。タンカーは原油を運ぶために作られた船で、油を入れるタンクは船がゆれても中の油が流れないようにかべでいくつも仕切られています。

こうして、せい油所に着いた原油は、ねつをくわえられて、中のせい分をより分けられます。原油のせい分は、それぞれ、じょう気になる温度がちがうので、㋐それを使って原油を温度のひくいじゅんから、エルピーガス、ガソリンやナフサ、とう油、軽油、重油に分けていくのです。そして、この分けられたせい分のナフサや重油などを使う工場も、せい油所の近くに集まっています。せい油所からパイプを通じて、㋑これらを受け取り使うためです。こうした工場の集まりを、コンビナートとよびます。

その中のナフサを使う工場からは、わたしたちの身近な品物がたくさん作られています。［う］、薬に、せんざい、ゴム、化学せんいの服、プラスチックを使った物などです。さらに、火薬や、作物のためのひりょう、ペンキなどのとりょう、りょう理の味つけに使う化学調味りょうも、ナフサから作られています。もし、今、石油がなくなったら、わたしたちはくらしていけないでしょう。

ところが、石油は化石ねんりょうなので、うまっている石油にはかぎりがあり、いつかはほりつくしてなくなってしまいます。［え］、今からでも、石油にたよらない生活を考えていくべきかもしれません。また、近年このような化石ねんりょうをたくさん使うことで地球の空気中に二さん化炭そがふえすぎて、地球をあたたかくしていることが分かってきました。いわゆる『地球の温だん化』です。このことからも、㋒わたしたちは、今のくらしを見直すひつようがあります。

(1) ［あ］～［え］に入る言葉をえらんで、記号を書きなさい。【一つ3点…12点】

（い）しかし　（え）だから
（　）ところで　（あ）そして
（う）たとえば

(2) 石油は、何が長い年月かかってへん化したものですか。【8点】

（大昔のプランクトン）のような（小さな生物）の（死がい）。

(3) 石油は、そのでき方から何とよばれていますか。【8点】

化石ねんりょう

(4) 石油は、どのあたりにうまっていますか。また、その場所を何といいますか。【一つ5点…10点】

・地下［数千］メートルあたり
・［油田］

(5) 原油を運ぶ方ほうを図にしました。［　］に入る言葉を［　］からえらんで、記号を書きなさい。【一つ4点…12点】

［エ］→［イ］（海）・［ア］（りく地）→［ウ］

ア、パイプライン　イ、タンカー
ウ、せい油所　エ、油田

(6) 原油のせい分が書いてあります。じょう気になる温度が高いものからじゅんに、（　）に番号を書きなさい。【10点】

（4）ガソリンやナフサ　（5）エルピーガス
（1）重油
（3）とう油　（2）軽油

(7) ―――線㋐「それ」と、―――線㋑「これら」は何を指していますか。【一つ5点…10点】

・―――線㋐「それ」
（じょう気）になる（温度）のちがい。
・―――線㋑「これら」
（ナフサや重油など）

(8) ナフサを使って作られるものには○を、ちがうものや分からないものには×を（　）に書きなさい。【一つ2点…20点】

（×）せっけん　（○）化学せんい
（○）薬　（×）おかし
（○）ゴム　（○）ひりょう
（×）紙　（○）せんざい
（×）レンガ　（×）絵の具

(9) ―――線㋒の理由を二つ書きなさい。【一つ5点…10点】

・うまっている（石油）には（かぎり）があるから。
・『（地球）の（温だん化）』が分かってきたから。

★ 二だん落に運ぶ方ほうが書かれています。

★ 三だん落には、じょう気になる温度のひくいじゅんにせい分が書かれています。高いじゅんに番号をつけましょう。

78

79

テスト71 標準レベル 十一、手紙文

時間 10分　合格点 80点

1 次の手紙を読んで、後の問いに答えなさい。

> 長田さん、本をかしてくれて、ありがとう。長田さんの言った通り、とてもおもしろかったです。ぶあつい本だったので、全部読み切れるか心配でしたが、あっという間に読んでしまいました。主人公のまほう使いが悪者につかまる場面は、とくにはらはらしますよね。つづきがあるそうですが、また、かしてもらえますか。長田さんが読み終わったらすぐにでも、おねがいします。
> では、また来週、学校で会いましょう。さようなら。
> 金さき　みなより

(1) この手紙は、どんな手紙ですか。あてはまるものに○をつけなさい。【15点】
（○）お礼　（　）お知らせ
（　）おわび　（○）おねがい

(2) ――線㋐で、どういうところがおもしろかったかが分かる一文のはじめの三文字を書きなさい。【15点】
主人公

(3) ――線㋑は、どんなおねがいですか。【20点】
長田さんからかりた 本 の つづき を かして もらうこと。

★「～ありがとう（お礼）」「～かしてもらえますか（おねがい）」

2 次の手紙を読んで、後の問いに答えなさい。

> けんちゃん、お帰りなさい。お母さんは、今日も帰りがおそくなりそうです。細川さんの家で、荷物をあずかってもらっています。細川のおばさんにきちんとあいさつをして受け取ってくださいね。
> それから、お兄ちゃんが五時すぎには帰るので、おやつはのこしておいてね。お茶は、れいぞう庫に入っています。それから、お兄ちゃんとは、けんかをしないで、二人でなかよく待っていてください。八時すぎには帰ります。
> 母より

(1) この手紙は、だれからだれに書いた手紙ですか。【15点】
（お母さん（母））から（けんちゃん）に

(2) この手紙でいちばんつたえたいことを書いた一文をぬきだしなさい。【20点】
（お母さんは、今日も帰りがおそくなりそうです。）

(3) この手紙には、いくつのおねがいが書いてありますか。【15点】
（③三）つ

★「～受け取ってくださいね。」「と～おやつはのこしておいてね。」「～待っていてください。」の3つです。

テスト72 標準レベル 十一、手紙文

時間 10分　合格点 80点

● 次の手紙を読んで、後の問いに答えなさい。

> すず木せん手へ
> はじめまして。ぼくは、神戸に住んでいる小山しんじです。今、小学三年生です。ぼくは、すず木せん手のドリブルするすがたが、大すきです。だから、今けがでしあいに出ていないのが、㋐とてもざんねんです。でも、すず木せん手ならきっとすぐにけがをなおして、またかっこいいドリブルをしあいで見せてくれますよね。ぼくは、いつでもおうえんしています。
> それから、㋑ぼくも今年からサッカーを始めたのですが、ぜんぜんうまくなりません。すず木せん手のように上手になるには、どうしたらいいでしょうか。こんなぼくでも、練習すれば、プロのサッカーせん手になれますか。すず木せん手は、どう思いますか。
> では、けがが早くなおることをいのっています。さようなら。
> 小山　しんじより

(1) この手紙は、だれが書いた手紙ですか。【15点】
小山しんじ

(2) これまで、ぼくはすずきせん手に手紙を出したことがありますか。あてはまるほうを、○でかこみなさい。また、それが分かる六文字の言葉（ふ号はふくまない）を書きなさい。【一つ10点…20点】
（ある・㊀ない）
はじめまして

(3) ――線㋐は、何がざんねんなのですか。【15点】
すずきせん手 が けが で しあい に 出ていない こと。

(4) ぼくは手紙でどんなことをたずねていますか。それが書かれているつづいた三文の、はじめの四文字を書きなさい。【15点】
すず木せ

★「～いいでしょうか。」「～なれますか。」「～思いますか。」のところでたずねています。

(5) この手紙は、何のために書いたものですか。合うものすべてに○をつけなさい。【20点】
（　）お礼　（○）お見まい
（○）おうえん　（　）おわび
（　）おさそい　（○）しつ問

(6) ――線㋑のしょうらいのゆめは何ですか。【15点】
（プロのサッカーせん手）になること。

テスト73 ハイレベ（ハイレベル） 十一、手紙文

時間 10分　合格点 70点

● 次の手紙を読んで、後の問いに答えなさい。

> きのうの見学では、いろいろとお世話になりました。おいそがしい中、ていねいにあん内してくださったり、くわしくせつ明を聞かせくださったり、とても勉強になりました。本当にありがとうございました。
> 高さ四メートルもあるタンクがたくさんならんでいたのには、㋐みんなおどろきました。わたしたちが毎日飲んでいる牛にゅうが、あの大きなタンクの中に入っていると思うと、とてもふ思ぎでした。また、工場の中はきかいがたくさんあって、牛にゅうパックがどんどんできあがっていく様子には、㋑みんなも感心していました。
> 今日のホームルームで、「牛にゅう工場を見学して」という感想文を書きました。その文集ができたら、お送りしますので、見てください。
> どうか、みなさん、お体に気をつけて、いつまでもわたしたちにおいしい牛にゅうを作ってください。さようなら。
> 六月十日
> 三年三組　一同
> 元気牛にゅう工場のみなさまへ

(1) この手紙の目てきは、次のうちのどれですか。（　）に○をつけなさい。【10点】
（　）見学のお知らせ
（　）見学のおまねき
（○）見学したお礼
（　）見学のおねがい

(2) いつ見学に行きましたか。【20点】
六 月 九 日

(3) 何を見学しましたか。【10点】
（牛にゅう工場）

(4) ――線㋐とありますが、何におどろいたのですか。【20点】
（高さ四メートルもあるタンク）が（たくさんならんでいた）こと。

(5) ――線㋑とありますが、感心したことが書かれている部分のはじめと終わりの四文字を書きなさい。【20点】
（はじめ）工場の中 ～（終わり）いく様子

(6) 〰〰線の「見て」を、けい語に直しなさい。【20点】
ごらん

テスト74 ハイレベ（ハイレベル） 十一、手紙文

時間 10分　合格点 70点

● 次の手紙を読んで、後の問いに答えなさい。

> おじいちゃん、こしの具合はどうですか。おじいちゃんが階だんをふみはずしてこしのほねがおれたとおばあちゃんから聞いて、すごくびっくりしました。もう、だいぶ動けるようになりましたか。車いすの生活はとてもふべんだと思いますが、今度、わたしがおじいちゃんの車いすをおしますから、外のけしきを見にいきましょう。
> ところで、今日、わたしは音楽会でけんばんハーモニカの合そうをしました。お正月に、おじいちゃんはわたしのけんばんハーモニカを聞いて、「とても上手だね。」と、手をたたいてほめてくれましたね。それで、わたしも自しんを持ってえんそうすることができました。
> でも、おじいちゃんに聞いてもらえなかったので、とても□でした。お父さんが、音楽会の動画をとってくれたので、今度、おばあちゃんといっしょにみてくださいね。早くこしをなおして、みんなでお花見に出かけられるようになったらいいですね。では、さようなら。
> 三月二十日
> 西口　ゆみこ
> おじいちゃんへ

(1) この手紙は何のために書かれましたか。あてはまるものには○を、あてはまらないものには×をつけなさい。【一つ6点…30点】
（×）おわび　（×）あいさつ
（○）ほうこく　（○）お見まい
（×）お礼

★ おじいちゃんのけがのことが中心になっている手紙です。

(2) この手紙で、西口さんがいちばん書きたかったことは、どれですか。一つえらんで、○をつけなさい。【10点】
（　）音楽会を見てもらいたかった。
（○）早く元気になってもらいたい。
（　）動画をみてもらいたい。
（　）お花見に出かけてもらいたい。

(3) この手紙は、いつ書きましたか。【10点】
（音楽会）があった日

(4) □に入る言葉を考えて、ひらがなで答えなさい。【10点】
ざんねん

(5) この手紙には、何人の人が登場しますか。【10点】
四 人

(6) この手紙から分かることには○を、分からないことには×をつけなさい。【一つ10点…30点】
（×）きょ年の音楽会には、おじいちゃんは来ていた。
（○）おじいちゃんはわたしのけんばんハーモニカを聞いたことがある。
（×）おじいちゃんはみんなでお花見に行きたいと思っている。

テスト75 ハイレベ（ハイレベル） 十一、手紙文

時間 10分　合格点 70点　点

● 次の手紙を読んで、後の問いに答えなさい。

　㋐親切なおじょうさん。お名前を聞くのをわすれていたので、そうよばせてもらいますね。わたしは、この前この場所で転んでしまった年よりです。こしを打ってしまい、㋑動けなくなっていたわたしに、あなたは、「おばあさん、だいじょうぶですか。」と、やさしく声をかけてくれましたね。そのとき、わたしがどれほどうれしかったか、言葉では言い表せません。それから、わたしの重い荷物を持って、手を引っぱって、近くの病院までつれていってくれて、本当にありがとうございました。幸い、たいしたけがではなく、今は元気にしております。

　それより、すぐにお礼を言うべきだったのですが、転んだことでおどろいてしまって、そこまで気が回りませんでした。㋒ごめんなさいね。おじょうさんが帰った後で、気がついたのです。それから、どうしようかと考えて、この㋓はり紙をすることに決めました。

　転んだみっともないおばあさんを助けてくれた親切なおじょうさん、この紙を見たら、どうか次の電話番号まで、れんらくをくれませんか。ささやかですが、□ばかりのお礼をさし上げたいと思っております。よろしく、おねがいします。

電話　六八八二―××××

花おか　まさ子より

(1) ――線㋐は、何をしてくれましたか。それがよく分かる文を二つさがして、それぞれはじめの五文字（ふ号をふくむ）を書きなさい。【一つ10点…20点】

・こしを打っ

・それから、

(2) ――線㋑のわたしの名前を書きなさい。また、動けなくなったわけを書きなさい。【一つ10点…20点】

・名前

（花おかまさ子）

・わけ

（転んでこしを打った）から。

(3) ――線㋒は、なぜあやまっているのですか。よいものを一つえらんで、○をつけなさい。【20点】

（　）おじょうさんの名前を聞くのをわすれたから。

（　）おじょうさんに重い荷物を持たせたから。

（○）おじょうさんに、すぐにお礼を言わなかったから。

(4) ――線㋓は、どこにはりましたか。【20点】

わたしが（転ん）だ場所

(5) □に入る言葉を、○でかこみなさい。【20点】

（言葉・㊀心・物）

★「心ばかり」⇒わずかに心の一部を表したものであるという意味で、ひかえ目な気持ち（けんそん）で使う言い方です。

テスト76 最レベ（最高レベル） 最レベに（最高レベル）チャレンジ 十一、手紙文

時間 10分　合格点 60点　点

● 次の手紙を読んで、後の問いに答えなさい。

　あし川君、お元気ですか。お父さんの仕事の都合で、とつぜん㋐引っこすことになったので、あし川君やクラスのみんなにおわかれのあいさつができませんでした。本当にごめんなさい。ぼくは、今、北海道のさっぽろ市という所に住んでいます。ここは、十一月になると雪がふるような寒い所ですが、二月には、㋑雪まつりという、有名なお祭りがあるそうです。あし川君は知っていましたか。雪の大きなかたまりに、いろいろな形をほるのだそうです。だれでもさんかできるそうなので、今度の雪まつりには、ぼくもぜひさんかしたいと思っています。北海道は遠いですが、あし川君も、よかったら見にきませんか。

　また、こちらの学校では、ヒツジをかっています。ぼくはさっそくヒツジ係になりました。あし川君は、本物のヒツジを見たことがありますか。毛が□で、さわるととてもあたたかいんですよ。つもった雪で作った雪だるまや学校のヒツジの写真などを送りますね。クラスのみんなにも、㋒見せてあげてください。

　さい後に、ぼくの北海道の住所を書いておきます。今のあし川君の様子や三年二組のことなどを知らせてくれると、うれしいです。では、さようなら。

石ざわ　ひろやより

(1) ――線㋐とありますが、だれがどこへ引っこしたのですか。【20点】

（石ざわひろや）君が、（北海道）の（さっぽろ市）に引っこした。

(2) ――線㋑は、どんなお祭りですか。くわしくせつ明しているつづいた二文の、はじめの五文字（ふ号をふくむ）を書きなさい。【20点】

雪の大きな

(3) □に入る言葉を一つえらんで、○でかこみなさい。【20点】

（ぴかぴか・㊀ふかふか・ぽかぽか）

(4) ――線㋒は、何を見せるのですか。それが書かれた二十五文字の部分のはじめの五文字を書きなさい。【20点】

つもった雪

(5) この手紙には、様子を知らせるほかに、どんなことが書いてありますか。あてはまるものには○を、あてはまらないものには×をつけなさい。【一つ4点…20点】

（○）おわび　（×）お礼

（×）おいわい　（○）おねがい

（○）おさそい

★「～ごめんなさい。（おわび）」「～来ませんか。（おさそい）」「～見せてあげてください。（おねがい）」

〈きりとり線〉

テスト77 標準レベル 十二、伝記文(2)

時間 10分　合格点 80点

1 次の文章を読んで、後の問いに答えなさい。

まつおばしょうは、今から三百五十年くらい前の江戸時代に生きた、はいくを作る人、はい人です。

ばしょうは、五・七・五の十七文字で、風けいやきせつ感、心が動かされた事がらなどを表すはいくの作風を新しく作り出しました。

また、全国を旅してはいくを作り、文章と組み合わせた本も出しました。その中でもとくに、弟子のそらと、東北、北りく地方を旅行したときのことを書いた「おくの細道」は有名です。

(1) ——線の「はい人」とは、どんな人ですか。[10点]

（はいくを作る人）

(2) 本文に合うものには○を、合わないものには×をつけなさい。[一つ10点・40点]

（×）ばしょうは、はじめてはいくを作った人である。

（○）ばしょうは、全国を旅してはいくを作った。

（×）ばしょうは、先生のそらといっしょに旅行した。

（○）「おくの細道」は、はいくと文章を組み合わせた本である。

★ ばしょうは、はいくの新しい作風（作品のけい向や特ちょう）を作り出した人です。

2 次の文章を読んで、後の問いに答えなさい。

ウィリアム・シェークスピアは、世界に名の知られた、げき作家です。「ロミオとジュリエット」や「ベニスの商人」など、悲げきからきげきまで、[あ]名作を数多くのこしています。

一五六四年にイギリスで生まれたシェークスピアは、はじめは役者をしていました。でも、そのうちぶ台の台本を書くようになり、三十さいのころには、一流の[い]になっていました。

そんなシェークスピアの作品は、今でもさまざまな形でえんじられています。

(1) [あ]に入る言葉に○をつけなさい。[15点]

（　）少ないしゅるいの

（○）はば広い

（　）悲しい

(2) シェークスピアは、作家になる前は、何をしていましたか。[15点]

（役者）

(3) [い]に入る四文字の言葉を、本文からぬき出しなさい。[20点]

げき作家

★ 空らんの直前に「悲げきからきげきまで」とあります。

テスト78 標準レベル 十二、伝記文(2)

時間 10分　合格点 80点

● 次の文章を読んで、後の問いに答えなさい。

鳥羽そう正は、今から千年くらい前の、平安時代のおぼうさんです。一〇五三年に京都で生まれ、鳥羽のお寺に住んだことから、㋐そうよばれるようになりました。おぼうさんの中では高い地いの人でしたが、㋑同時に絵もとく意で、黒いすみの線書きによって生き生きとした絵をかきました。

鳥羽そう正がかいた絵といわれるものの中でいちばん有名なのは、㋒「鳥じゅうぎ画」とよばれるまきものです。ぎ画というのは、おもしろおかしく、じょうだんめかしてかいた絵のことです。そして「鳥じゅうぎ画」とは、㋓その当時の人間の行いを、鳥やウサギやサル、カエルなどにすがたをかえてまんが風にかき表したものです。そうすることで、みだれた生活をするお金持ち（き族とよばれる人たち）や、一部のふまじめなおぼうさんたちを、わらいとばす考えがあったといわれています。

(1) ——線㋐の「そうよばれる」とは、何とよばれていたのですか。五文字で書きなさい。[15点]

鳥羽そう正

(2) ——線㋑「同時に」と同じ使い方のものに○を、ちがうものに×をつけなさい。[一つ5点・15点]

（×）開店と同時にお客がどっとおしよせた。

（×）ぼくは、ふえの合図と同時に走り出した。

（○）チーズは、おいしいと同時にえいようがある。

★ 「同時に」は、「時を同じにして」「〜だけでなく、くわえて〜」の意味があります。

(3) ——線㋒の「鳥じゅうぎ画」について、それぞれの問いに答えなさい。[一つ10点・50点]

① 「ぎ画」とは何ですか。それが書かれた二十二文字（ふ号をふくむ）の部分のはじめの五文字を書きなさい。

おもしろお

② そこにえがかれている生きものを四つ書きなさい。

（鳥）（ウサギ）（サル）（カエル）

(4) ——線㋓の「その当時の人間」とは、とくにどんな人たちのことですか。十三〜十五文字で二つ書きなさい。[一つ10点・20点]

・みだれた生活をするお金持ち

・一部のふまじめなおぼうさんたち

テスト79 ハイレベル 十二、伝記文(2)

時間 10分　合格点 70点

● 次の文章を読んで、後の問いに答えなさい。

すず木うめたろうは、世界ではじめて、ビタミンを発見した化学者です。

一八七四年、しずおか県で生まれたうめたろうは、東京大学を卒業後、スイスやドイツにりゅう学し、たん白しつの研究をしました。そして、日本に帰ってからも、東京大学で教えながら、米のたん白しつの研究をつづけました。

こうして、一九一〇年に、うめたろうは米ぬかから大事なせい分を取り出すことにせいこうし、それをオリザニンと名づけました。オリザニンは、多くの日本人をなやませていたかっ気という病気をなおすのに役立つものでした。今ではオリザニンはビタミンB1とよばれています。ビタミンは、うめたろうより一年おくれて同じ物を発見したポーランドのフンクが名づけたもので、ビタミンの方が世界に先に知られてしまい、オリザニンの名はわすれられたのです。

しかし、うめたろうはその後も、合せい酒の研究や実用化、食べ物のうま味せい分であるグルタミン酸の研究をつづけて、せいかを上げました。さらに、一九一七年、その後の日本の化学研究の中心となる理化学研究所を作ることにもさんかし、日本の化学の発てんにつくしました。

(1) うめたろうはどこで生まれましたか。[10点]

（しずおか県）

(2) 大学をそつ業後、どこにりゅう学しましたか。[10点]

（スイスやドイツ）

(3) りゅう学中からずっと研究していたものは何ですか。[10点]

たん白しつ

(4) オリザニンとはどんなものですか。[15点]

米ぬか から取り出したせい分で、かっ気 という病気を なおす のに役立つもの。

(5) オリザニンは、今では何とよばれていますか。[10点]

（ビタミンB1）

(6) なぜ(5)の答えのようによばれるようになったのですか。正しいものに○、ちがうものに×をつけなさい。[一つ5点・15点]

（×）フンクが先に発見したから。

（○）フンクがつけた名前が先に世界に知られてしまったから。

（×）オリザニンより言いやすかったから。

(7) うめたろうが研究や発見したことを短くまとめなさい。[一つ10点・30点]

・（オリザニン（ビタミン））の発見

・（合せい酒）の研究や（実用化）

・（グルタミン酸）の研究

テスト80 ハイレベル 十二、伝記文(2)

時間 10分　合格点 70点

● 次の文章を読んで、後の問いに答えなさい。

アンリ・デュナンは、万国赤十字社を作るのに力をつくした人です。

赤十字社とは、せんそうによってきずついた人をてき味方なく手当てする組しきのことで、今では、せんそうのときだけでなく、いつでも、きずついたりして守られるひつようのある人びとをすくう活動をしています。

デュナンは、一八二八年にスイスで生まれました。銀行家や事業家としてせいこうしましたが、病人やお金のない人を助ける仕事にも力を入れていました。そして、一八五九年に、北イタリアで、せんそうによってきずついた多くのへいしをすくう活動をしたことから、国をこえた組しきを作って、このようなへいしをすくうひつようがあると強く思ったのです。

そして、デュナンのよびかけで、一八六三年にスイスのジュネーブで、十二か国を集めた会ぎが開かれました。そして、よく年それらの国ぐにの間で赤十字じょうやくというやくそくがむすばれ、万国赤十字社が作られることになったのです。デュナンは、赤十字の仕事などに自分のお金のほとんどを使ってしまいましたが、こうした活動がみとめられ、一九〇一年にノーベル平和しょうの第一回受しょう者になりました。

(1) デュナンは、何を作るのに力をつくした人ですか。[15点]

万国赤十字社

(2) 赤十字社は、はじめ、どんな組しきとして作られましたか。それが書いてある部分のはじめと終わりの三文字を書きなさい。[15点]

せんそ 〜 てする 組しき。

★ 3行目の「今では〜」の直前に書かれていることが、赤十字社のはじめの目てきです。

(3) ——線のへいしを指す十三文字の部分を文章からさがして書きなさい。[20点]

せんそうによってきずついた へいし

(4) 赤十字じょうやくは、何年に、何か国の間でむすばれたやくそくですか。[15点]

（一八六四）年　（十二）か国の間

(5) デュナンがたすけた人たちを○でかこみなさい。[15点]

（(きずついたへいし)・銀行家・(病人)・事業家・(まずしい人)）

(6) デュナンは、いつ、どんなしょうの受しょう者になりましたか。[一つ10点・20点]

（一九〇一）年に　（ノーベル平和しょう）

テスト81 最レベ（最高レベル） 最レベに（最高レベル）チャレンジ

十二、伝記文（2）

時間 20分 合格点 60点 点

● 次の文章を読んで、後の問いに答えなさい。

チャールズ・ダーウィンは、「地球上のすべての生き物は、かんたんなものから高等なものに進化してきた」という進化ろんを発表した生物学者です。この発表は、それまでの生き物に対する考え方を根本からひっくり返すもので、世の中に大きなえいきょうをあたえました。

ダーウィンは、一八〇九年、イギリスの医者の家に生まれました。子どものころから動物などの生き物にきょう味があり、大学をそつ業後、生物学者として国のかんそく船ビーグル号に乗って世界を旅しました。一八三一年にイギリスを出た船は、南アメリカ大りくや太平洋の島じま、ニュージーランドやオーストラリアなどをおとずれました。そして、この旅の間にそれぞれの土地の動植物や化石などを調べて、生き物が進化することをしんじるようになったのです。［あ］、ダーウィンがその考えを強めたのは、赤道直下の太平洋にうかぶガラパゴスの島じまをおとずれたときだといわれています。

ガラパゴスの島じまには、ほかのどの地いきともにていないかわったすがたの生き物がたくさんいました。［い］、フィンチという鳥は、住む島ごとに、くちばしの太さや形がちがっていましたし、ゾウガメというりくに住むカメも、島によって、こうらの形がちがいました。どうしてこのようなちがいができるのか、大へんきょう味を持ったダーウィンは、島ごとに動植物を［う］調べました。そして、元は同じすがただった生き物が、住む所にある食物などのちがいによって、少しずつかわっていったと考えるようになったのです。

こうして、一八三六年に帰国したダーウィンは、［A］年間の調さで集めたたくさんの記ろくをもとに、進化についてさらに研究をつづけました。そして、帰国から［B］年後の一八五九年に、［え］「しゅの起げん」という本を書き上げ、生物が進化することを世界に向けて発表したのです。ダーウィンは、この本の中で、生き物はいつも生きるためのきょうそうをしていること、また、少しでも都合のよいせいしつを持つものが生きのこって子どもを作り、それが何世代もたつうちにちがったしゅるいの生き物に進化していくことをせつ明しました。

しかし、ダーウィンの進化ろんは、すべての生き物は神様がそのような形に作ったのだとしんじる人たちにとっては、神様をばかにする悪い考えに思えました。そのために、あちこちで強い反対がおこったのです。それでも、進化ろんの正しさは、その後の化石の発くつや進化の研究によって明らかになっていきました。そして、進化ろんは、しだいに世の中にみとめられるようになっていったのです。

(1) ダーウィンは、いつ、どこで生まれましたか。【一つ4点…8点】

（一八〇九）年に、（イギリス）で生まれた。

(2) ［あ］～［え］に入る言葉を［　］から えらんで、記号で答えなさい。【一つ3点…12点】

［あ］（エ）　［い］（ウ）
［う］（イ）　［え］（ア）

ア、ようやく　イ、たんねんに
ウ、たとえば　エ、とくに

(3) ダーウィンが旅したかんそく船の名前は何ですか。【6点】

（ビーグル号）

(4) ダーウィンは、おとずれた土地で何を調べましたか。【6点】

それぞれの［土地］の［動植物］や［化石］など

(5) ——線㋐は、どんな考えですか。またそれを四文字でまとめて何といいますか。【一つ4点…8点】

・（生き物）が（進化する）という考え。
・［進化ろん］

(6) ——線㋐の考えを強めたのは、どこをおとずれたときですか。【6点】

（ガラパゴスの島じま）

(7) (6)の場所でダーウィンがきょう味を持ったことには○、ちがうことには×をつけなさい。【一つ3点…12点】

（×）フィンチという鳥がいたこと。
（×）りくに住むカメがいたこと。
（○）住む島によって、同じフィンチでもくちばしの太さや形がちがっていたこと。
（×）ゾウガメのこうらの色がかわっていたこと。

(8) ——線㋑の答えとなるダーウィンの考えが書かれている部分のはじめと終わりの五文字を書きなさい。【一つ4点…8点】

はじめ…［元は同じす］
終わり…［っていった］

(9) ［A］・［B］に入る漢数字に○をつけなさい。【一つ5点…10点】

［A］…（㊅・十）
［B］…（十三・㉓二十三）

(10) ダーウィンの書いた本の題名は何ですか。【6点】

（しゅの起げん）

(11) ダーウィンが本の中でせつ明した二つのことがらのはじめの七文字ずつを書きなさい。【一つ3点…6点】

・［生き物はいつも］
・［少しでも都合の］

(12) この文章に書かれていることには○を、書かれていないことには×をつけなさい。【一つ4点…12点】

（×）ダーウィンは医学者だった。
（○）はじめはダーウィンの考えに強い反対があった。
（○）進化ろんは、化石の発くつや進化の研究によって、正しいとみとめられるようになっていった。

★ 一八三一年から一八三六年…［A］
一八三六年から一八五九年…［B］

〈きりとり線〉

テスト82

リビューテスト（復習テスト）4－①

時間 10分 合格点 70点 点

● 次の文章を読んで、後の問いに答えなさい。

花のさく植物は、主にたねを作ってふえていきます。しかし、たねを使わずに、くきを使ってふえる植物もあります。

くきは、植物の体の中でもじょうぶな部分で、よう分も持っています。だから、新しい根やめを出しやすく、くきでふえる植物は多いのです。たとえば、イチゴはランナーという長いくきを地面にのばします。そして、くきが土にふれたところから根を出してふえていきます。

また、くきは地面の下で根のようにのびることもできます。これを地下けいとか、根けいといいます。そして、地下でのびたくきのところどころからめが出て、ふえていくのです。タケやハス・ショウガなどは、このようなふえ方をします。春にわたしたちが食べるタケノコは、地下けいから出た新しいめの部分です。

ほかにも、チューリップ・ユリ・ニンニクなどは球根でふえる植物ですが、この球根はりんけいといわれる地下けいの一つでくきなのです。つまり、球根は、短い地下けいのまわりによう分を持った葉が集まって、球のように丸くなったものなのです。これを土に植えると、花が終わった後には、また新しい球根ができて、ふえていくのです。

(1) 何についてせつ明した文章ですか。あてはまるもの一つに○をつけなさい。【15点】

（　）たねを作ってふえる植物
（○）くきを使ってふえる植物
（　）根を使ってふえる植物
（　）球根でふえる植物

(2) イチゴは何をのばしてふえていきますか。【15点】

（ランナー）

(3) 地下でのびたくきを何といいますか。【一つ10点…20点】

（地下けい）（根けい）

(4) (3)のようなくきでふえる植物には○を、そうでないものには×をつけなさい。【15点】

（○）タケ　（×）イチゴ
（○）ユリ　（○）ショウガ
（×）タンポポ　（○）ハス

(5) タケノコはどの部分を食べるのですか。【15点】

［地下けい］から出た［新しいめ］の部分。

(6) チューリップなどの球根をくわしくせつ明している部分のはじめと終わりの三文字を書きなさい。【一つ10点…20点】

・はじめ…［短い地］
・終わり…［なった］もの

★「つまり、～」に注目しましょう。前の文のことがらをくわしくせつ明したり、かんたんにまとめたりするときに使うつなぎ言葉です。

テスト83

リビューテスト（復習テスト）4－②

時間 10分 合格点 70点 点

● 次の文章を読んで、後の問いに答えなさい。

㋐［　］おみまい申し上げます。

つゆ明けしてから暑い日がつづきますが、㋑おじいちゃん、㋒おばあちゃんは、おかわりないですか。畑仕事をがんばっていると思いますが、このきせつは、ねっ中しょうに気をつけてくださいね。

わたしは毎日プールで泳いでいるので、真っ黒になりました。お父さんもお母さんも、仕事でいそがしそうですが、元気にしています。それで、㋓実はざんねんなお知らせがあるのです。㋔そちらに行く予定でしたが、お父さんたちの休みがとれなくなったのです。八月のおぼん休みに遊びに行けそうにありません。楽しみにしていたのに、がっかりです。かわりに、十月のれん休はかならず休みをとると言っていました。十月だったら、イネのかり取り作業がありますよね。㋕お手つだいするので、待っていてください。ネコのゴローにも、よろしくね。では、お二人ともお元気で、さようなら。

しのはら　あやかより

しのはら　そういち、晴子様

(1) ——線㋐は、手紙のさいしょに書くあいさつの文です。［　］に入る言葉を一つえらんで○をつけなさい。【20点】

（　）病気　（○）暑中　（　）日中

(2) ——線㋑と、——線㋒の名字と名前を書きなさい。【一つ10点…20点】

㋑（しのはらそういち）
㋒（しのはら晴子）

(3) ——線㋓とは、どんなことですか。それが書かれているつづいた二文の、はじめの五文字（ふ号はふくまない）を書きなさい。【20点】

［八月のおぼ］

(4) ——線㋔は、いつにかわりましたか。あてはまるものに○をつけなさい。【20点】

（　）つゆ明け
（　）八月のおぼん休み
（○）十月のれん休

(5) ——線㋕は、何のお手つだいをするのですか。【20点】

［イネ］の［かり取り］作業

★ 会などが開さいされるの意味です。

テスト84 標準レベル 十三、いろいろな文章を読む(1)

時間 10分 合格点 80点

1 次の文章を読んで、後の問いに答えなさい。

星空かんさつ会が開かれる

毎年、夏休みに行われる星空のかんさつ会が、今月二十九日に㋐開かれました。きょ年よりも多い、三十七組の親子がさんかし、夏の夜空をみんなで楽しみました。

台風のえいきょうで、天気が心配されましたが、当日は雲一つない晴天でした。ふだんは見えにくい暗い星まで㋑はっきり見えた［　］です。そのせいか、夜おそくまでかんさつをつづける親子が多く、楽しいかんさつ会になりました。

(1) ――線㋐と同じ意味で使われている文に○をつけなさい。【15点】

（　）部屋のドアが開かれました。
（○）三時に子ども会が開かれました。
（　）貝のからが開かれました。

(2) ［　］に入る言葉としてよいものに○をつけなさい。【15点】

（　）ばかり　（　）ように
（○）くらい　（　）ながら

(3) ――線㋑は、なぜですか。【20点】

（ふだん）は（見えにく）い（暗い星）まで（はっきり）と（見えた）から。

2 次の文章を読んで、後の問いに答えなさい。

本村先生に赤ちゃんが生まれる

五月から学校を休まれている本村先生が、九月十七日に男の赤ちゃんをおうみになりました。本村先生も赤ちゃん［★］大へん元気だそうです。

本村先生は、赤ちゃんの世話のため、もうしばらく学校を休まれますが、三組のみんなに向けて、しばらく会えませんが、わたしがもどるまで、みんな元気でしっかり勉強していてください。と、おっしゃっていました。

(1) ［★］に入る言葉を、ひらがな一字で答えなさい。【15点】

［も］

(2) ――線の意味としてよいものに○をつけなさい。【15点】

（　）ずいぶん　（　）ひさしぶり
（　）すぐに　（○）少しの間

(3) 本文に「　」をつけるところがあります。その部分を、「　」をつけてぬき出しなさい。【20点】

（「しばらく会えませんが、わたしがもどるまで、みんな元気で、しっかり勉強していてください。」）

★ 3行目の「そんな中、」～6行目の「～手を止めて言いました。」の間に、会話文があります。

テスト85 標準レベル 十三、いろいろな文章を読む(1)

時間 10分 合格点 80点

1 次の文章を読んで、後の問いに答えなさい。

高いとうの中は暗く、刀を打ち合うつめたいひびきと、おたがいの息だけが感じられました。そんな中、「なかなかやるな、ぼうや。」と、先に息の切れた年よりのけんしが、手を止めて言いました。すると、ぼうやとよばれたわか者も、［★］を放り出し、

「いいや、もうおしまいだ。ぼくの刀はおれてしまった。」

と言ったのです。しかし、［あ］のけんしは、［い］の声の様子から、それがわなであることを見ぬきました。

(1) 文章の中の「　」がぬけている会話部分に「　」をつけなさい。【15点】

(2) ［★］に入る言葉を本文の中から漢字一字でさがしなさい。【15点】

［刀］

(3) ［あ］・［い］には、「わか者」か「年より」の言葉が入ります。あてはまる言葉を書きなさい。【二つ10点…20点】

［あ］（年より）
［い］（わか者）

2 次の文章を読んで、後の問いに答えなさい。

春の風にあおられて、ふわふわと麦わらぼうしがとんでいました。白いリボンのついた㋐それを、ルルがまどからぼんやりながめていると、麦わらぼうしは、まるでだれかがおいた［　］に、公園のクマのおきものの頭にすとんとのったのです。クマの体に、そのぼうしは㋑あつらえたようにぴったりでした。ルルは、それを見て、

「すごいわ。ねえ、ママも見てよ。」

と、病気でねこんでからはじめて楽しそうにわらったのです。

(1) ――線㋐は、何をさしていますか。【15点】

（麦わらぼうし）

(2) ［　］に入る、ひらがな三文字の言葉を書きなさい。【15点】

［みたい］

(3) ――線㋑の意味として、よいものに○をつけなさい。【20点】

（　）すき間のない大きさで作った。
（　）集まってひとまとまりにして作った。
（○）注文してのぞみ通りのものを作った。

テスト86 標準レベル 十三、いろいろな文章を読む(1)

時間 10分 合格点 80点

● 次の文章を読んで、後の問いに答えなさい。

山田ながまさは、今から四百年ほど前に、㋐海をわたってシャム（今のタイ国）に行き、㋑地方の王になった日本人です。しずおか県で生まれた山田ながまさは、一六一一年に南方の国ぐにと交流していた商船に乗りこんでシャムに行きました。㋒その当時、シャムの都アユタヤには、商売などのために、日本人がたくさんくらしていました。ながまさは、その日本人町のリーダーになり、町の発てんにつくしました。さらに、シャムの国で王様に対する反らんが起きたとき、ながまさは日本人をひきいてたたかい、王様の強い味方になりました。㋓この活やくによってシャムの王様に気に入られたながまさは、王のむすめとけっこんし、シャムの国で高い役しよくにつくことになったのです。こうして、リゴールという地方の王になったながまさですが、その出世を㋔ねたまれて、さい後はどくを飲まされ、ころされてしまいました。一六三〇年のことです。

(1) ――線㋐の「海をわたって」は、何に乗ってわたりましたか。くわしく書きなさい。【15点】

［南方の国ぐに］と交流していた［商船］

(2) ――線㋑の「地方の王」とは、何という地方の王ですか。【15点】

［リゴール］

(3) ――線㋒の「その当時」とは、いつのことですか。【15点】

［一六一一］年ごろ

(4) ――線㋓の「この活やく」が書かれている一文のはじめの五文字（ふ号をふくむ）を書きなさい。【15点】

［さらに、シ］

(5) 山田ながまさが出世していくじゅんに（　）に番号を書きなさい。【20点】

（3）王様の味方になって、日本人をひきいてたたかった。
（2）日本人町のリーダーになり、町の発てんにつくした。
（1）海をわたってシャムに行った。
（4）王のむすめとけっこんし、地方の王になった。

(6) ――線㋔の「ねたまれて」とありますが、「ねたむ」には、二つの気持ちがふくまれています。その二つに○をつけなさい。【二つ10点…20点】

（　）かなしい　（○）にくらしい
（　）さびしい　（　）苦しい
（○）うらやましい

★ 「ねたむ」⇒他人の長所・幸運などをうらやんで、にくらしく思うことです。

テスト87 ハイレベ（ハイレベル） 十三、いろいろな文章を読む(1)

時間 10分 合格点 70点

● 次の文章を読んで、後の問いに答えなさい。

世界には、言葉や風習などのちがう人びとがくらすたくさんの国があります。考え方などもちがうので、国と国との間でときどきあらそい事が起こります。そうしたあらそいやいろいろな問題をみんなで話し合って平和にかい決するのが、国さいれん合（国れん）です。

国れんは、一九四五年に、まず五十一か国が集まって作られました。その後さんかする国がふえて、今では百九十か国くらいになっています。本部はアメリカのニューヨーク市におかれていて、毎年一回、九月に開かれるそう会では、これらの国の代表が公平な投ひょうで物事を決めています。

国れんで話し合われる問題は、国どうしのあらそい事だけではありません。世界のすべての人が自由で幸せにくらす方ほうについても、話し合われます。そのためには、文化やけんこう、お金のことまで、はば広い分野において、世界のきょう力がひつようです。そこで、国れんの下には、子どものために活動するユニセフ、けんこうを守る活動をする世界ほけんきこう、それぞれの国の文化やれきしをほごするユネスコなど、せん門の組しきが作られています。

(1) 国さいれん合をちぢめて、短い言葉にしなさい。【15点】

（国れん）

(2) 国れんは、いつ、何か国で作られましたか。【15点】

（一九四五）年に（五十一）か国で。

(3) 国れんで話し合われる問題について、（　）に合う言葉を［　］からえらんで、記号で書きなさい。【二つ10点…20点】

・（ウ）どうしの（カ）事
・（イ）のすべての（エ）が（ア）で（オ）にくらす方ほう

［ア、自由　イ、世界　ウ、国　エ、人　オ、幸せ　カ、あらそい］

(4) 国れんのそう会で物事を決めたり、実行したりするときに、大切なこと二つに○をつけなさい。【二つ10点…20点】

（○）世界のきょう力がいる。
（　）言葉や風習のちがいをなくす。
（　）お金を集める。
（○）公平な投ひょうで決める。

(5) 次の国れんの組しきの活動内ようを――でむすびなさい。【二つ10点…30点】

ユネスコ ―― 文化やれきしをほごする。
ユニセフ ―― 子どものために活動する。
世界ほけんきこう ―― けんこうを守る。

★ 物事を「決めるとき」「実行するとき」に分けて、大切なことは何かをさがしましょう。

★「の・で・」は、理由を表す言葉です。

テスト88 ハイレベ（ハイレベル）

十三、いろいろな文章を読む(1)

時間 10分　合格点 70点　点

● 次の文章を読んで、後の問いに答えなさい。

氷がつぎつぎにとけていったので、アザラシも白クマも㋐どんどん住む所がなくなっていきました。こまった白クマたちは、集まって相談してから、アザラシによびかけました。

「今はみんなで力を合わせよう。氷がなくなってこまるのは、㋑おたがいさまなのだから。君たちアザラシも、きょう力してくれないか。」

白クマをおそれて近づかなかったアザラシたちも、氷がなくなることはとても心配だったので、白クマたちの話を聞いてみようと思いました。

「わかった。 あ 、きょう力しよう。でも、何をすればいいんだ。」

と、アザラシのリーダーが、言うと、白クマの中でいちばんの物知りがはりきって答えました。

「ぼくに考えがあるんだ。みんなで行進しよう。㋒ぼくたちがどれだけこまっているか、世界中に知ってもらうんだよ。海でも、りく地でも、どこまでも行くんだ。」

 い 、それを聞いたアザラシたちは、

「まさか、いっしょに行くふりをして、㋓ぼくたちを食べるつもりじゃないだろうな。」

と言って、白クマからのていあんをうたがったのです。アザラシたちが白クマをおそれる気持ちは、㋔それほど強いものでした。

(1) あ ・ い にあてはまる、もっともよい言葉を○でかこみなさい。【一つ10点…20点】
あ（しかし・**そこで**・しかも）
い（および・また・**ところが**）

(2) なぜ、――線㋐のようになったのですか。その理由がわかる部分のはじめと終わりの三文字を書きなさい。【15点】
氷がつ〜**いった**ので。

(3) ――線㋑は、だれとだれがおたがいさまなのですか。【10点】
（**アザラシ**）と（**白クマ**）

(4) 白クマはどんなことをていあんしましたか。【20点】
自分たちが**こまって**いることを**世界中**に**知って**もらうために、どこまでも**行進**すること。

(5) ――線㋒、――線㋓の指しているものを□からすべてえらんで、番号で答えなさい。【一つ10点…20点】
①白クマ　②アザラシ
㋒（**①②**）　㋓（**②**）

(6) ――線㋔は何が強いのですか。□には(5)の□の番号を、（　）には文中の言葉を書きなさい。【15点】
②が**①**を（**おそれる気持ち**）

テスト89 ハイレベ（ハイレベル）

十三、いろいろな文章を読む(1)

時間 10分　合格点 70点　点

● 次の文章を読んで、後の問いに答えなさい。

①**作文コンクールのけっかが発表される**
②先週の五月二十三日に、県の作文コンクールのけっかが、発表されました。わたしたちの学校からは、二名が金しょう、四名が銀しょうにえらばれました。㋐表しょう式は、六月十二日一時より、県みんホールで行われる予定です。
③金しょうにえらばれたのは、四年三組下山田ひとみさん、一年一組やなぎさわまこと君の二名です。銀しょうは、五年一組村西ゆりえさん、五年二組岸田とおる君、三年二組宮部大地君、一年一組うめざわりかさんの四名です。
④今年の題は「しょうらいのゆめ」でした。金しょうを取った下山田さんは、ケーキ屋になって、みんながえがおになるようなおいしいおかしを作りたいと、㋑しっかりした考えを書いていました。㋒やなぎさわ君は、お父さんみたいになんでもできるスーパーマンになりたいと、すなおな気持ちを書いていました。ほかの受しょう作品も、自分のしょうらいについて、よく考え、ていねいに書いていることがほめられていました。
⑤来年の題は「家族について」です。今年えらばれなかった人も、次回はよい作品を書いて、しょうがもらえるようにがんばりましょう。

(1) ――線㋐の「表しょう式」は、何の表しょう式ですか。また、わたしたちの学校からは、何名が表しょうされますか。【一つ10点…20点】
・（**県**）の（**作文コンクール**）の表しょう式
・**六**名

(2) ――線㋑「しっかりした考え」が書かれた三十四文字（ふ号をふくむ）の部分の、はじめの五文字を書きなさい。また、それはだれの考えですか。【一つ15点…30点】
ケーキ屋に
（**下山田ひとみ(さん)**）

(3) ――線㋒の「やなぎさわ君」について書いています。□に合う言葉を入れなさい。【20点】
お父さんみたいに**なんで**も できる**スーパーマン**になることが**しょうらい**のゆめだ。

(4) ①〜⑤のだん落の一つだけがほかとちがう内ようが書かれています。それを○でかこみ、また、それは何について書かれているか答えなさい。【一つ15点…30点】
（①・②・③・④・**⑤**）
来年の作文**コンクール**について。

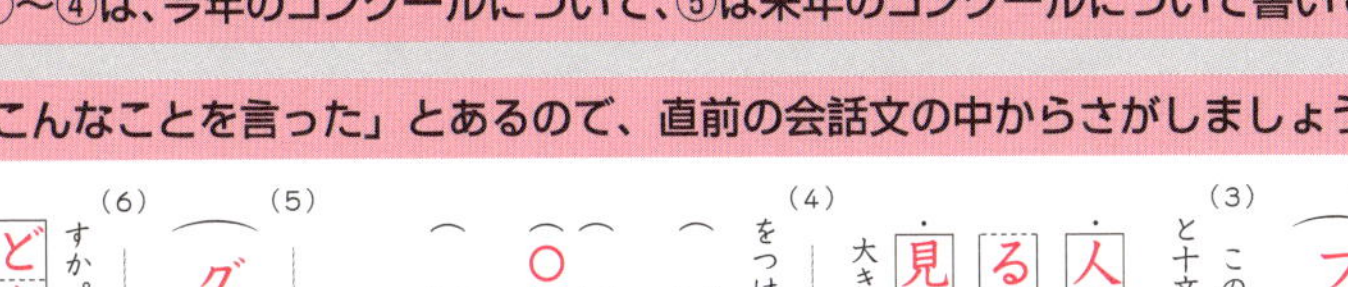
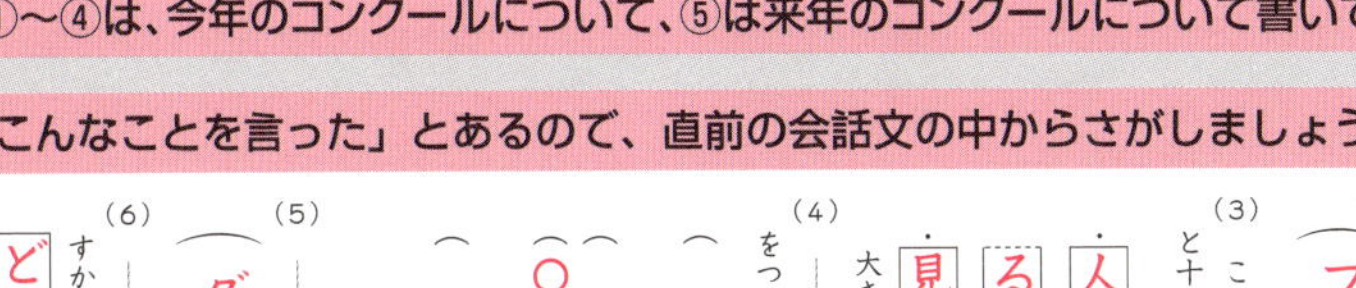
★①〜④は、今年のコンクールについて、⑤は来年のコンクールについて書いてあります。

★「こんなことを言った」とあるので、直前の会話文の中からさがしましょう。

テスト90 最レベ（最高レベル）　最レベに（最高レベル）チャレンジ

十三、いろいろな文章を読む(1)

時間 20分　合格点 60点　点

● 次の文章を読んで、後の問いに答えなさい。

人のせたけほどもある大きなチーズが、緑の草原をかけおりていました。おかの上から落ちてきたそれは、ものすごい速さで転がっていて、止めようとする人びとをつぎつぎとふり落としていきます。それでもなお、チーズにしがみついている男がいました。

「うわあ、目が回る。だれか助けてくれ。このチーズを止めてくれ。」

チーズとともに草原を転がりながら、かれはさけびました。大金持ちで知られているブルンデルでしたが、このチーズをうしなうことはざいさんを全部なくすことにつながるので、㋐どうしてもチーズから手を放すことができなかったのです。

そのきっかけは、ブルンデルの友人、グスタフ・カールのこんな一言でした。

「君にゆう気があるなら、ぼくとかけをしてみないか。どちらが大きなチーズを作れるか、勝負しようじゃないか。」

カールは、大きなぼく場をもっていて、いつも上等なチーズを作ることで有名な男でした。だから、㋑自分が負けるわけがないとわかっていて、㋒こんなことを言ったのは明らかでした。ブルンデルは、そのたいどがしゃくにさわったので、

「わかった。ただし、勝ったほうが、相手のざいさんを全部もらうことにしよう。」

と、わざと強気に言いました。これを聞いたカールは、

「まあ、君がそれでいいなら、ぼくはかまわないさ。」

と、㋓内心ではおどろきあわてていたのに、平気なふりで答えたのです。

こうして、ブルンデルは、意地のはり合いで、全ざいさんをかけたチーズ作りを始めることになったのです。国中の牛にゅうをかき集めて、見たこともないほど大きなチーズを作り上げました。そして、それをカールのところへ運ぼうとしているときに、チーズが草原を転がりだしてしまったのでした。

とっさにチーズにしがみついたブルンデルは、なかなか止まらないので、あわてて、

「だれか止めてくれ。目が回って死にそうだ。金ならいくらでも出すぞ。」

とさけびました。それを聞いた力自まんの男たちが、何人もチーズの前に立ちはだかりました。しかし、つぎつぎにはじきとばされてしまいます。転がりながらその様子を見たブルンデルは、いらいらしてさけびました。

「何をしているんだ。早く止めてくれ。金じゃないなら……そうだ、わたしのむすめをやろう。チーズを止めた者には、フリーデ・ブルンデルをおよめにやるぞ。」

そう言ったブルンデルは、すぐにはっとしました。大切なむすめをこんなことのほうびにするなんて、自分がなさけなくなったのです。

(1) チーズはどこを転がり落ちましたか。【5点】
草原

(2) このチーズを作ったのはだれですか。【5点】
（**フランク・ブルンデル**）

(3) このチーズの大きさをあらわす九文字と十文字の言葉をぬき出しなさい。【一つ5点…10点】
・**人のせたけほどもある**大きなチーズ
・**見たこともないほど**大きなチーズ

(4) ――線㋐の理由としてよいものに○をつけなさい。【5点】
（　）転げ落ちるのがおそろしかったから。

（　）だれも助けてくれなかったから。

（**○**）チーズをうしなったら、ざいさんも全部うしなうことになるから。

（　）上等なチーズをうしなうのはもったいないから。

(5) ――線㋑の名前を書きなさい。【5点】
（**グスタフ・カール**）

(6) ――線㋒はどんなことを指していますか。【15点】
どちらが**大きなチー**ズを**作れる**か、**勝負**しようということ。

(7) ――線㋓はなぜですか。よいもの一つに○をつけなさい。【5点】
（　）チーズ作りの勝負をすることになったから。

（**○**）勝ったほうが相手の全ざいさんをもらうことになったから。

（　）自分が負けるわけがないから。

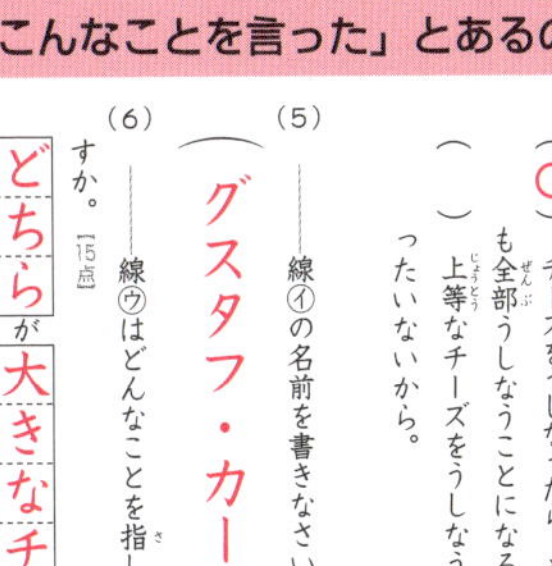
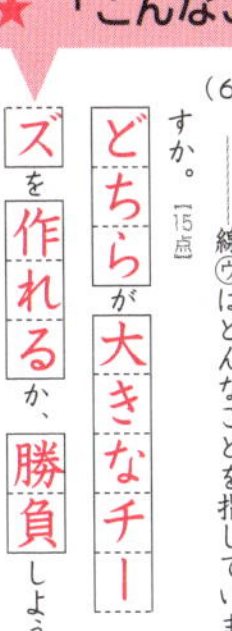

(8) ブルンデルは何を集めて、このチーズを作りましたか。【5点】
国中の牛にゅう

(9) ブルンデルは、転がるチーズを止めてくれたら何をやろうと言いましたか。二つ書きなさい。【一つ5点…10点】
・（**金**）
・（**ブルンデルのむすめ**（**フリーデ・ブルンデル**））

(10) 次の文でブルンデルのことには㋫、カールのことには㋕、どちらでもないものや分からないことには×をつけなさい。【一つ5点…35点】
（**㋕**）大きなぼく場をもっている。

（**㋫**）フリーデというむすめがいる。

（**×**）力持ちだ。

（**㋫**）大金持ちだ。

（**×**）チーズの前に立ちはだかった。

（**㋫**）チーズにしがみついている。

（**㋕**）いつも上等なチーズを作る。

テスト91 標準レベル 十四、いろいろな文章を読む(2)

時間 10分 合格点 80点 点

1 次の文章を読んで、後の問いに答えなさい。

一本のぼうを使えば、小さな力でも重い物を動かすことができます。その方ほうは、ぼうを一か所でささえて、一方のはしに動かす物をおき、もう一方のはしに力をくわえるというものです。このとき、ぼうをささえる場所が物に近いほど、小さな力で動かせます。これを、てこの原理といいます。

てこの原理が使われている道具は、身のまわりにたくさんあります。たとえば、はさみやせんぬき、つめ切りやピンセットなどがそうです。

(1) ——線のことが書かれている部分のはじめと終わりの四文字をぬき出しなさい。【一つ10点…20点】

ぼうを一 〜 くわえる (いうもの)

(2) てこを使うとき、小さい力で物を動かせるほうに○をつけなさい。【20点】

(○) 物とぼうをささえる場所が近い。
( ) 物とぼうをささえる場所が遠い。

(3) 「てこの原理」が使われている道具は、いくつ書かれていますか。【10点】

四つ (4)

2 次の文章を読んで、後の問いに答えなさい。

たまごから生まれたばかりの鳥のひなは、はじめて目にする動くものを親だと思う習せいがあります。これを、「すりこみ」といいます。

自ぜんの中では、ふつう、ひながはじめて見るのは、本物の★しかいません。□、きかいでたまごをかえしたペットの鳥などは、人間を親と思ってしまうことがあります。まちがった「すりこみ」が起こったのです。それは、たまごの中にいる間、親の声を聞かなかったひなに多いといわれています。

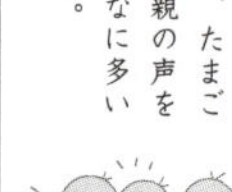
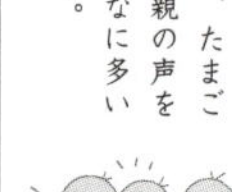

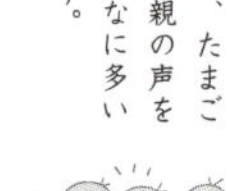
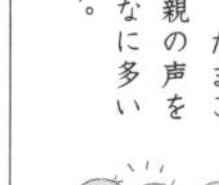
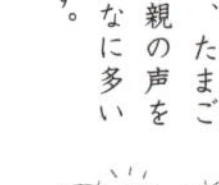
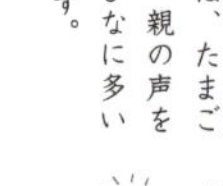
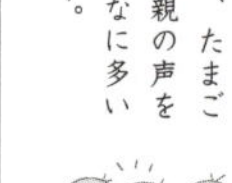
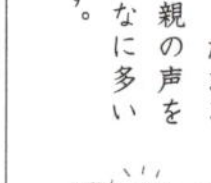
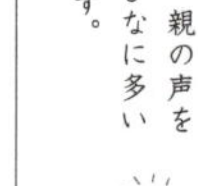

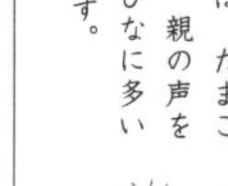
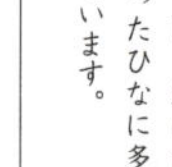
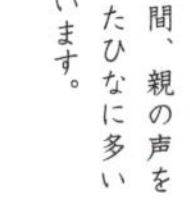
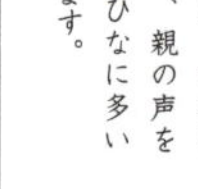

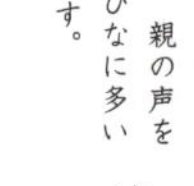
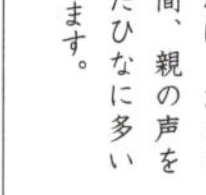

(1) ★には、漢字一文字の言葉が入ります。本文からさがしなさい。【15点】

親

(2) □に入る言葉を、○でかこみなさい。【15点】

〔 だから ・ そして ・ (しかし) 〕

(3) ——線の「それ」とは、何のことですか。【20点】

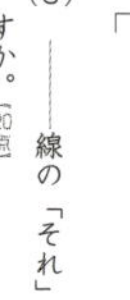
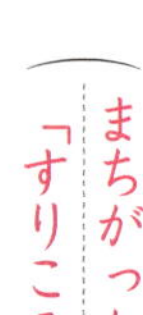

(まちがった「すりこみ」)

テスト92 標準レベル 十四、いろいろな文章を読む(2)

時間 10分 合格点 80点 点

● 次の文章を読んで、後の問いに答えなさい。

楽しかった体けん学習

三年一組の二十八人は、十月十一日にひじ山のう場へ、体けん学習に行きました。実さいにのう場の仕事を手つだって、ⓐそのたいへんさを体けんするためです。

ⓘ当日はくもり空で、あいにくの天気でしたが、気温は高く、長そでシャツではあせをかくくらいでした。仕事の手つだいが終わると、のう場の野さいと肉でバーベキューをしたり、動物たちとふれ合ったりして、楽しい一日をすごしました。

ⓤひじ山のう場では、広い畑でいろんなしゅるいの野さいを作り、牛やにわとりなどの家ちくもかっています。そこで、クラスは、ⓔ畑で作業する係と、ⓞ家ちくの世話をする係の二つに分かれました。そして、畑の係はなすびのとり入れと大根のたねまきを手つだい、家ちくの係は牛とにわとりのえさやりをしました。

お昼ごはんは、畑でとれたなすび・ピーマン・たまねぎなどを使ったバーベキューでした。もちろん、お肉や生みたてのたまごも食べました。とてもおいしかったです。午後からは、ⓚのう場の犬とボール遊びをしました。のう場の犬はふだんは畑を守る仕事をしているそうですが、この日は遊び相手になってくれて楽しかったです。

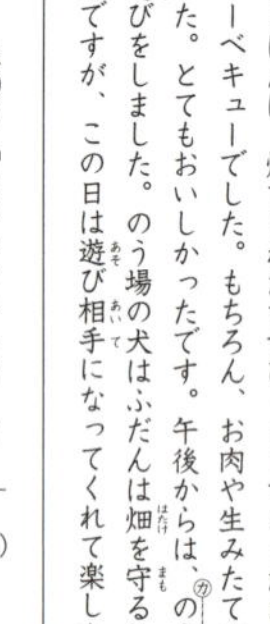

(1) ——線ⓐの「そのたいへんさ」とは、何のたいへんさですか。【15点】

(のう場) の (仕事)

(2) ——線ⓘの「当日」とは、いつのことですか。【10点】

(十) 月 (十一) 日

(3) ——線ⓤの「ひじ山のう場」で見たものに○を、見なかったものや分からないものに×をつけなさい。【一つ5点…35点】

(×) 田んぼ　(○) 畑　(○) 牛
(○) にわとり　(×) 羊
(×) ねこ　(○) 犬

(4) ——線ⓔの「畑で作業する係」と——線ⓞの「家ちくの世話をする係」が手つだったことをそれぞれ書きなさい。【一つ10点…30点】

——線ⓔ
・(なすびのとり入れ)
・(大根のたねまき)

——線ⓞ
・(牛とにわとりのえさやり)

(5) ——線ⓚの「のう場の犬」は、ふだんは何を守っていますか。よいものを○でかこみなさい。【10点】

〔 子どもたち ・ 家ちく ・ (畑) ・ 家 〕

テスト93 標準レベル 十四、いろいろな文章を読む(2)

時間 10分 合格点 80点 点

● 次の文章を読んで、後の問いに答えなさい。

ⓐまよい犬に、ⓘ新しいかい主決まる

六月に、南小学校にまよいこんできた子犬のかい主が決まりました。今まで、みんなで世話をしてきましたが、もうすぐ夏休みが始まると、それができなくなります。それで、ⓤ家族の一員としてかわいがってくれる人をさがしていたのです。

かい主になってくれるのは、二丁目でお米屋をしている、森山さんです。森山さんはさい近、十五年かっていた犬をなくして、さみしい思いをしていたそうです。それで、南小学校の子犬を一目で気に入って、かうことを決めたそうです。そして、この犬を一生大切にすると、やくそくしてくれました。子犬には、幸せになってほしいですね。

子犬の引きわたしは、ⓔ七月十日の予定です。また、その日に子犬のおわかれ会も行います。子犬へのプレゼントなどがあれば、その日までに用意しておいてください。

(1) ——線ⓐの「まよい犬」は、今どこにいますか。【15点】

(南小学校)

(2) まよい犬の世話をしている人に○をつけなさい。【15点】

( ) 南小学校の先生
(○) 南小学校のみんな
( ) 森山さん

(3) ——線ⓘの「新しいかい主」はだれですか。また何の仕事をしている人ですか。【15点】

だれ (森山さん)
仕事 ((お)米屋)

(4) ——線ⓤとありますが、なぜさがしていたのですか。【15点】

夏休みが始まると、子犬の世話ができなくなるから。

(5) 森山さんから聞いたことが書いてあるつづいた三文の、はじめと終わりの五文字（ふ号はふくまない）を書きなさい。【20点】

森山さんは 〜 くれました。

(6) ——線ⓔの「七月十日」に行われることを二つ書きなさい。【一つ10点…20点】

・子犬の引きわたし
・子犬のおわかれ会

テスト94 ハイレベ(ハイレベル) 十四、いろいろな文章を読む(2)

時間 10分 合格点 70点 点

● 次の詩を読んで、後の問いに答えなさい。

今日は六月さい後の日曜日
お姉ちゃんがけっこんする日
朝早くから家の中があわただしい
わたしもつられて出かけるじゅんび

なみだ目になっているお姉ちゃん
お父さんとお母さんに
何やらあいさつしているみたい
わたしは柱のかげからみつめてる

もうすぐお姉ちゃんのけっこん式
今はまだお祭りみたいに
にぎやかだけど
さみしくなるね あ

もうお姉ちゃんといっしょに
ごはん食べられないのかなあ
おふろに入れないのかなあ
ふとんの中でねむれないのかなあ

わたしのやさしいお姉ちゃん
もう一度手をつないで歩いてください
もう一度リボンをむすんでください
もう一度せ中におぶってください

そんなわたしの気持ちも知らないで
お姉ちゃんはとついでいく
今日はおめでたい日だけど
それはうれしくてさみしい い

(1) この詩に題をつけるとしたら、どれがよいですか。( )に○をつけなさい。【20点】

( ) わたしとお姉ちゃん
(○) お姉ちゃんがけっこんする日
( ) やさしいお姉ちゃん
( ) わたしの家族

(2) この詩の中に登場する人は、何人ですか。【20点】

四 人

(3) この詩は、わたしのどんな気持ちが中心になってできていますか。よいものに○をつけなさい。【20点】

( ) わたしとお姉ちゃんの思い出は、とてもなつかしいなあ。
(○) お姉ちゃんがいなくなると思うと、とてもさみしいなあ。
( ) わたしもお姉ちゃんみたいに幸せになりたいなあ。

(4) 「ください」とありますが、わたしのどんな気持ちが表れていますか。よいものに○をつけなさい。【20点】

( ) そんけいする気持ち
(○) よそよそしい気持ち
( ) 感しゃする気持ち

(5) あ と い に入る言葉を、——でつなぎなさい。【一つ10点…20点】

あ —— 家の中
い —— 日曜日

・お祭り
・お姉ちゃん
・家の中
・日曜日

★ 「よそよそしい」は、他人行ぎであることを表します。とついでいくお姉ちゃんとわたしとの間がらから考えましょう。

テスト95 ハイレベル 十四、いろいろな文章を読む(2)

時間 10分 合格点 70点 ＿点

● 次の文章を読んで、後の問いに答えなさい。

ちいちゃんが毎日こわいゆめを見ては夜なきするので、お母さんはどうすればいいか考えました。[あ]、白黒で鼻が長くて足の短い、へんてこな動物の人形を作り、「ちいちゃん、これはバクという動物でね、バクはゆめを食べてくれるの。[い]ね、ちいちゃん。どんなゆめを見ても、もうこわくないわよ。食べちゃうんだもの。」と言って、ちいちゃんに人形をわたしました。ちいちゃんは、ふしぎそうな顔をして人形を受け取ると、[A]見つめました。[う]、それを気に入ったしょうこに、[B]だきしめると、[C]わらったのです。

それを見たお母さんはほっと安心して、ちいちゃんと同じくらいにこにこしながら言いました。

★「さあ、早くねましょうね。バクさんが、おなかをすかせているわ。」

そして、その後、ちいちゃんが夜なきをすることは二度とありませんでした。

(1) [あ]～[う]に入る言葉を、○でかこみなさい。【一つ5点…15点】

[あ]…（(そして)・すると）

[い]…（そして・(だから)）

[う]…（それでも・(それから)）

(2) ちいちゃんのお母さんは、何を作りましたか。【15点】

バクという動物の人形

(3) なぜ、(2)の答えのものを作ったのですか。そのわけが書かれている二十二字の部分のはじめと終わりの五文字を書きなさい。【20点】

ちいちゃん～夜なきするから。

(4) ――線は、何を食べるのですか。【20点】

ちいちゃんが見るゆめ

(5) [A]～[C]に合う言葉を下からえらんで、――でつなぎなさい。【一つ5点…15点】

[A]　・ぎゅうっと

[B]　・じっと

[C]　・げらげらと

　　　・にっこりと

(6) ★と言ったときのお母さんの気持ちに合うものに○を、合わないものに×をつけなさい。【一つ5点…15点】

（×）バクさんがおなかをすかせているので、よかった。

（○）ちいちゃんがバクさんを気に入ってくれてよかった。

（○）ちいちゃんが夜なきしないようになるといいなあ。

★ [A]～[C]は、直後の言葉をかざる言葉です。

テスト96 ハイレベル 十四、いろいろな文章を読む(2)

時間 10分 合格点 70点 ＿点

● 次の文章を読んで、後の問いに答えなさい。

「だめだ、[あ]なってない。こんな色じゃないんだ、あの夕やけは。」

絵かきはそう言うと、でき上がったばかりの絵を[い]とやぶりすてました。絵かきがかきたいのは、この前、海で見た心がふるえるような美しい夕やけ空でした。でも、いくらかいても思ったような絵にはなりません。絵かきは思いました。

「ふつうの絵の具ではだめなんだ。そうだ、何か自ぜんの色がいい。夕やけは自ぜんなものだからな。花や土の中に、きっとあの美しい赤色があるにちがいない。」

そこで、絵かきは、自ぜんの中の赤色をさがすため、旅に出ました。そのと中で何度も美しいけしきを目にしましたが、㋐絵かきは一度も絵ふでをにぎりませんでした。

そして、ついに絵かきは赤の中の赤といわれる色をしためずらしい岩を手に入れました。㋑それをこなにして絵の具にまぜれば、だれも見たことのないあざやかな赤色になるはずでした。しかし、絵かきがそれを使うことはありませんでした。長い旅のせいで、絵かきの体はすっかり弱っていたからです。絵かきは、

「今もわたしの目には、あの美しい夕やけが見えるのに、[う]かけなかった。」

と、さびし気につぶやきました。

(1) [あ]～[う]に入る言葉をえらんで――でつなぎなさい。【一つ5点…15点】

[あ]　・とうとう

[い]　・いよいよ

[う]　・びりびり

　　　・ぜんぜん

(2) 絵かきがかきたかったのは、どんな夕やけ空ですか。それについて書いてある一文のはじめの五文字を書きなさい。【25点】

絵かきがか

(3) 絵かきは何をさがす旅に出ましたか。【20点】

（自ぜん）の中の（赤色）

(4) ――線㋐の理由として考えられるものの一つに○をつけなさい。【20点】

（　）つかれて、体が弱っていたから。

（　）絵ふでを持たずに旅に出たから。

（○）かきたいのは、いつか見た美しい夕やけだったから。

(5) ――線㋑は何を指していますか。【20点】

赤の中の赤といわれる色をしためずらしい岩

★ 直後に「使うことはありませんでした」とあります。何を使わなかったのかを考えます。

★ [あ][い]は文と文のつながり、[う][え][お]はだん落とだん落のつながりから考えましょう。

テスト97 最レベ 十四、いろいろな文章を読む(2)

時間 20分 合格点 60点 ＿点

● 次の文章を読んで、後の問いに答えなさい。

わたしたち人間をふくめて、けものとよばれる動物は、たまごではなく赤ちゃんを生み、おちちを飲ませて育てます。このような動物のなかまをほにゅうるいといいます。

ほにゅうるいがほかの生き物と大きくちがうのは、赤ちゃんを生むことです。ほかの生き物、たとえば鳥や魚、トカゲやカエルなどは、たまごを生みます。そして、その子どもはたまごの中で育ち、やがてたまごのからをやぶって出てきます。[あ]、ほにゅうるいの子どもは、たまごの時期を親の体の中ですごし、赤ちゃんとして生まれてくるのです。

そのため、ほにゅうるいのメスの体には、赤ちゃんを生むためのとくべつな仕組みがあります。おなかの中の子宮という部分がそうです。赤ちゃんは生まれてくるまで子宮の中ですごしますが、㋐その日数は動物のしゅるいによってちがいます。たとえば、人間の場合はおよそ二八〇日ですが、体の大きなゾウはおよそ六三〇日、ウサギはわずか三〇日から三五日です。[い]、生まれてきた赤ちゃんの様子も、すぐに立って歩けるものから、目も開かず毛も生えていないようなものまで、実にさまざまです。しかし、㋑いろいろなちがいがあっても、赤ちゃんが母親のおちちを飲んで育つことは、みな同じなのです。

[う]、㋒そのことは、ほにゅうるいの大切なとくちょうです。それによって、親子が強いきずなでむすばれるからです。赤ちゃんがおちちを飲んでいる期間、親（とくに母親）は赤ちゃんの世話をよくします。体をなめたり、あたためたり、きけんな目にあわないように気を配ったりします。自分のことは㋓二の次で、赤ちゃんのことがいちばん大事なのです。それが、たまごを生みっぱなしのほかの生き物との大きなちがいです。

[え]、ほにゅうるいの親が赤ちゃんをかわいがって育てるのは、赤ちゃんがかわいいすがたをしていて、世話をしたいと親に思わせているからだといわれています。わたしたちが子犬や子ねこを見てかわいいと思うのと同じで、これは赤ちゃんにもとても大切なことです。なぜなら、赤ちゃんは、親からおちちをもらい、世話をしてもらわないと、生きていけないからです。赤ちゃんを見て、親が[★]と思うことは、ほにゅうるいが生きていく上で重ようなことなのです。

[お]、ほにゅうるいの親子のきずなを表すものが、ほかにもあります。それは、わたしたちの体についているおへそです。おへそは、赤ちゃんが母親のおなかの中にいる間、母親の体とつながっていたくだのあとなのです。このくだを通じて、赤ちゃんは、母親の体からえいようをもらい、いらなくなったものを外に出しています。おへそは、まさに親子がつながっていたしるしなのです。

(1) [あ]～[お]に入るもっともよい言葉を○でかこみなさい。【一つ3点…15点】

[あ]［だから・するど・(しかし)］

[い]［たとえば・(また)・たとえ］

[う]［(しかも)・それとも・そこで］

[え]［(また)・けれども・あるいは］

[お]［および・それで・(ところで)］

(2) 赤ちゃんを生み、おちちで育てる動物のなかまを何といいますか。【8点】

（ほにゅうるい）

(3) 子宮について、□に合う言葉を入れてせつ明しなさい。【8点】

ほにゅうるいのメスの体にある、赤ちゃんを生むためのとくべつな仕組み。

(4) ――線㋐は何を指していますか。【8点】

赤ちゃんが子宮の中ですごす日数。

(5) ――線㋐の日数で上と下で合うものを、――でつなぎなさい。【一つ2点…6点】

三〇～三五日　・ゾウ

二八〇日　・ウサギ

六三〇日　・人間

(6) ――線㋑と同じような意味の言葉を同じだん落からさがしなさい。【6点】

さまざま

(7) ――線㋒が指していることを十九文字でさがして、はじめと終わりの三文字を書きなさい。【8点】

赤ちゃ～つこと

(8) なぜ、――線㋒のことが大切なのですか。正しいものに○、ちがうものには×をつけなさい。【一つ3点…9点】

（×）おちちにはいろいろなえいようがあるから。

（×）きけんな目にあうから。

（○）親子が強いきずなでむすばれるから。

(9) ――線㋓の意味として、正しいものに○をつけなさい。【8点】

（　）気がすすまない。

（　）前と同じしっぱいをくりかえす。

（○）後回し

(10) [★]に入る言葉を文章中からさがして、書き入れなさい。【8点】

世話をしたい

(11) ほにゅうるいの親子のきずなを表すものので、体についているものは何ですか。【8点】

（おへそ）

(12) (11)で答えたものについてせつ明している、つづいた二文のはじめと終わりの五文字を書きなさい。（ふ号もふくむ）【一つ4点…8点】

・はじめ…おへそは、

・終わり…ています。

★ さい後のだん落で、「ほにゅうるいの親子のきずなを表すもの」として「おへそ」をとり上げています。

〈きりとり線〉

テスト98 リビューテスト（復習テスト） 5-①

時間 10分　合格点 70点

● 次の文章を読んで、後の問いに答えなさい。

夜の空に見えるたくさんの星のほとんどは、太陽のように自分で光を出している星です。このような星を、こう星といいます。[あ]、多くのこう星は、太陽と同じくらいか、それより大きな星です。[い]、わたしたちの目には、豆つぶくらいの大きさにしか、見えませんよね。㋐それは、こう星がとても遠くにあるからです。

こう星までのきょりをはかるには、ふつうのメートルのようなたんいでは、数が大きくなりすぎてはかりきれません。[う]、星の間のきょりは、この世でいちばん速い光を使って表します。光が一年間に進むきょりを、㋑一光年というたんいにしているのです。一光年は、だいたい九ちょう四千六百七十おくキロメートルになります。地球からいちばん近いこう星はアルファケンタウリという星ですが、地球から四・三光年のきょりにあります。つまり、今アルファケンタウリで光った光は、四・三[★]もかかって地球にとどくのです。

(1) こう星とは、どんな星のことですか。【15点】

自分で光を出している星。

(2) [あ]～[う]に入る言葉を、◯でかこみなさい。【一つ5点…15点】

[あ]（そして・すると）　※「そして」に◯

[い]（たとえば・ところが）　※「ところが」に◯

[う]（また・そこで）　※「そこで」に◯

(3) ——線㋐の「それ」が指すことを一つえらんで、◯をつけなさい。【15点】

（　）こう星がたくさん見えること

（　）こう星が豆つぶくらいの大きさであること

（◯）こう星が豆つぶくらいの大きさに見えること

★ 直後の「こう星がとても遠くにあるから…」どうなのかを考えましょう。

(4) 星の間のきょりを表すのにメートルというたんいが使えないのはなぜですか。【20点】

数が大きくなりすぎてはかりきれないから。

(5) ——線㋑の「一光年」について答えなさい。【一つ10点…20点】

・どれだけのきょりですか。

光が一年間に進むきょり。

・キロメートルで表しなさい。

やく（九ちょう四千六百七十おく）キロメートル

(6) [★]に入る言葉を六画の漢字一字で書きなさい。【15点】

年

110

テスト99 リビューテスト（復習テスト） 5-②

時間 10分　合格点 70点

● 次の文章を読んで、後の問いに答えなさい。

きのうは、夜おそくにタクシーで帰ってきました。タクシーは家の前を少し通りすぎたところで止まりました。㋐そこには小さな川があって、川のわきにはせが高いアシが生えていました。その中に、ほんのり光るホタルを、何びきもみつけました。[☆]クリスマスのイルミネーションのようでした。お父さんとしばらくながめてから、

「こっちの水は、あーまいぞ……。」

と、ホタルの歌を口ずさみながら家に入りました。

夜もおそかったので、さっそくパジャマに着がえました。そして、部屋の明かりを消して、ふとんに入りました。しずかに目をとじると、さっき見たホタルが[★]

ぼくは、うとうととねむりかけていましたが、㋑かすかに目を開けると、ふすまのすみに光るものがありました。そっと近よってみると、ホタルが一生けんめい光っているのです。部屋の中はまっ暗だったので、その光はとても明るく感じました。どうしてホタルは光るのだろうと思いながら、ぼくはいつの間にかねむったようです。

朝になって起きてみると、㋒きのうのホタルはいません。今夜もホタルが光ってくれるかなあと、夜が待ち遠しい気分で学校に行きました。

(1) ——線㋐の「そこ」とは、どこですか。【10点】

（家の前を少し通りすぎたところ。）

(2) [☆]に入る言葉に◯をつけなさい。【15点】

（　）まさか　（　）けっして

（　）たぶん　（◯）まるで

(3) [★]に入る文に◯をつけなさい。【15点】

（　）ゆめの中に出てきました。

（　）部屋の中に入ってきました。

（◯）まぶたのうらにうつりました。

（　）かわいそうになりました。

(4) ——線㋑の「かすかに」と同じ意味で使えるものには◯を、使えないものには×をつけなさい。【一つ5点…30点】

（×）はっきり　（◯）うっすら

（×）かすれて　（×）しらじら

（◯）わずかに　（×）ぱっちり

(5) ——線㋒の「きのうのホタル」とは、どのホタルのことですか。【15点】

（ふすまのすみ）にいたホタル。

★ ふとんの中から見たホタルのことです。

(6) アシの中のホタルを見たぼくの気持ちとして、もっともよいものに◯をつけなさい。【15点】

（　）ホタルが家の近くで見つかるなんて、思ってもいなかった。

（　）クリスマスにもホタルがたくさん見つかるといいな。

（◯）クリスマスのイルミネーションのようで、きれいだな。

111

テスト100 リビューテスト（復習テスト） 5-③

時間 20分　合格点 60点

● 次の文章を読んで、後の問いに答えなさい。

きゅう食の食べのこしをへらそう　まだまだ多いおかずの食べのこしについて

二学期から、㋐クラスの目ひょうとして、きゅう食の食べのこしをへらす取り組みをしています。一学期の終わりに、きゅう食の調理員さんから、「毎日たくさんの食べのこしをすてている。」という話を聞いたからでした。世界には、ごはんを食べられずに死んでいく人もいるというのに、わたしたちはとてももったいないことをしていたのです。

[あ]、みんなで話し合って、きゅう食をのこさず食べることを目ひょうにしました。[い]、一か月がたち、実さいどれくらい食べのこしがへったか、グラフを作って調べました。教室のけいじ板にもはってあるので、みんなも見てください。

㋑このグラフからわかるように、パンや牛にゅう、ごはんの食べのこしは、少なくなっています。[う]、おかずの食べのこしは、相かわらず多いままです。とくに、野さいを使ったおかずは、よくのこっています。

では、どうして野さいをのこすのか、クラスの人に聞いてみました。[え]、「味がおいしくないから」、「野さいの分りょうが多い」などの理由から、野さいのおかずをのこしている人が多いことがわかりました。また、おかずの食べのこしをへらすためにどうすればいいかというしつ問には、「野さいをあまり使わないようにする」であるとか、「味つけをこくする」や「がまんして食べる」などの意見が出ました。がまんして食べることはわたしたちのどりょくでできますが、味つけやざいりょうについてはわたしたちの力ではどうにもなりません。そこで、きゅう食の調理員さんに、今回みんなから出た意見を聞いてもらうことにしました。

先週の水曜日の放か後、調理員さんにのこってもらって、クラスの代表が話をしました。調理員さんは、わたしたちのクラスが食べのこしをへらそうとがんばっていると聞き、とてもよろこんでくれました。そして、味つけや、野さいの分りょうについて意見が出たことも、よく聞いてくれました。でも、調理員さんは、味つけをかえたり、野さいをへらしたりすることに、さんせいしませんでした。なぜなら、きゅう食はわたしたちの体のことを考えて作られていて、味つけや野さいのりょうについても、えいようの㋒バランスが取れるように計算されているからだそうです。だから、すききらいがあるからと野さいをへらしたり、すきな味つけばかりしたりするのは、体に悪いのです。きゅう食には、わたしたちが昼間、勉強や運動に使うえいようが、ひつような分だけ入っているので、のこさず㋓まるまる食べてほしいと、調理員さんは言っていました。

おかずの食べのこしをへらすためには、ただがまんして食べるのではなく、どうしてこれを食べるひつようがあるのかを知ることが大切なのではないでしょうか。

112

(1) ——線㋐の「クラスの目ひょう」を書きなさい。【8点】

「きゅう食の食べのこしをへらそう」

(2) ——線㋐の「クラスの目ひょう」をえらんだわけが書かれたつづいた二文の、はじめと終わりの五文字を書きなさい。【8点】

一学期の終～いたのです。

(3) [あ]～[え]に入る言葉をえらんで、記号を書きなさい。【一つ4点…16点】

（え）すると　（う）でも

（あ）そこで　（　）しかも

（　）たとえば　（い）それから

(4) ——線㋑の「このグラフ」を見て分かることには◯を、分からないことには×を書きなさい。【一つ4点…16点】

（×）毎日のきゅう食のこんだて

（×）一学期のきゅう食の食べのこしの様子

（◯）二学期になってからのきゅう食の食べのこしの様子

（◯）食べ物のしゅるいごとの食べのこしの様子

(5) ——線㋑の「このグラフ」によると、いちばん食べのこしが多いのは何ですか。十文字で書きなさい。【8点】

野さいを使ったおかず

(6) 野さいのおかずをのこす理由を二つ書きなさい。【一つ4点…8点】

・味がおいしくない。

・野さいの分りょうが多い。

(7) 次のうち、わたしたちのどりょくでできることには◯を、できないことには×をつけなさい。【一つ4点…16点】

（×）野さいをあまり使わないようにする。

（×）味つけをこくする。

（◯）がまんして食べる。

（×）きゅう食のおかずを考える。

(8) 調理員さんがさんせいしなかったことは、どんなことですか。また、さんせいしなかったわけが書かれた一文の、はじめの五文字（ふ号をふくむ）を書きなさい。【一つ5点…10点】

味つけをかえたり、野さいをへらしたりすること。

・わけが書かれた一文

なぜなら、

★ 調理員さんができるかどうかも考えてみましょう。

(9) ——線㋒の「バランス」と——線㋓の「まるまる」に、にた意味を持つ言葉を考えて、書きなさい。【一つ5点…10点】

㋒ つりあい

㋓ ぜんぶ

113